知行兼修玉成器

青年学子
参加国家脱贫攻坚
第三方评估的思考

主编　刘学敏　李　强

中国财经出版传媒集团

经济科学出版社
Economic Science Press

图书在版编目（CIP）数据

知行兼修玉成器：青年学子参加国家脱贫攻坚第三方
评估的思考/刘学敏，李强主编．—北京：经济科学
出版社，2020.5
ISBN 978 - 7 - 5218 - 1517 - 7

Ⅰ．①知…　Ⅱ．①刘…②李…　Ⅲ．①扶贫 - 中国 -
文集　Ⅳ．①F126 - 53

中国版本图书馆 CIP 数据核字（2020）第 067738 号

责任编辑：周秀霞
责任校对：靳玉环
责任印制：李　鹏　范　艳

知行兼修玉成器

——青年学子参加国家脱贫攻坚第三方评估的思考

主　编　刘学敏　李　强

经济科学出版社出版、发行　新华书店经销

社址：北京市海淀区阜成路甲 28 号　邮编：100142

总编部电话：010 - 88191217　发行部电话：010 - 88191522

网址：www. esp. com. cn

电子邮件：esp@ esp. com. cn

天猫网店：经济科学出版社旗舰店

网址：http://jjkxcbs. tmall. com

北京季蜂印刷有限公司印装

710 × 1000　16 开　23.5 印张　320000 字

2020 年 7 月第 1 版　2020 年 7 月第 1 次印刷

ISBN 978 - 7 - 5218 - 1517 - 7　定价：78.00 元

（图书出现印装问题，本社负责调换。电话：010 - 88191510）

（版权所有　侵权必究　打击盗版　举报热线：010 - 88191661

QQ：2242791300　营销中心电话：010 - 88191537

电子邮箱：dbts@ esp. com. cn）

目　录

知行兼修玉成器

知行兼修玉成器

附录

序
一

认识贫困，
了解农村，
经受心灵洗礼

　　大约在25年前，我从兰州调到天津工作。有新同事问我：兰州是在沙漠里吗？兰州的街上现在是否还跑着骆驼呢？一连串的发问使我一脸茫然！那时我就想，即使是接受过高等教育的人，对于中国西部也竟然是如此不了解，认知是如此贫乏。

　　时至今日，当我们给出学生同样一个问题时，即使他接受过高等教育，甚至他来自中国西部、来自西部的农村，我们仍然不敢确信他真正了解西部，真正了解西部的农村。

　　其实，这也不难理解。城里长大的孩子自不必说，他们在城里长大，上小学、中学、大学、研究生，一直都在城里读书。他们对于中国的认知似乎就是城市，农村对他们来说很朦胧。除了去发达国家，北上广深便是他们将来的理想工作地。家庭条件好的学生，父母为了让他们开阔视野，假期还会安排他们到欧洲、北美旅行或者短期交流。可以说，他们对于中国农村和农村社会的认知几乎为零。

　　对于那些农村户口的孩子，为了升学，父母也会安排他们到镇上、县上去读书。由于升学压力巨大，即使在假期，父母也舍不得占用他们宝贵的时间而让他们帮助家里干些农活。至于说那些从小就跟随父母在外地务工的孩子，家乡对他来说仅仅是一个"符号"，因为那里只给了他一个身份证号。他们不仅不了解农村，甚至对于农村家乡连基本的认同感都没有了。

因此可以说，现在在读的大学生和研究生，对于真实的中国西部和中国农村知之甚少。

或许有人说了，现在条件好了，城里许多中产家庭收入不菲，很多人家都带孩子出去旅游，不少学生是去过农村、到过西部的。但是，作为旁观者的走马观花、蜻蜓点水是不可能真正融入和了解真实的中国西部和中国农村的。再加上时下一些旅游项目刻意迎合游客的猎奇心理，不时有恶俗表演，把中国农村和中国西部农村社会以一种扭曲的方式向世人展现出来。

然而，当下的脱贫攻坚第三方评估给在读的研究生提供了认识中国贫困农村、了解农村社会的绝好机会。

2017年夏天，受国务院扶贫办委托，得南昌大学的鼎力协助，我和李强老师带领北京师范大学等多所高校170余名研究生，到重庆市万州区、黔江区、武隆区、丰都县、秀山土家族苗族自治县进行"贫困县退出"试评估。学生们顶烈日，冒酷暑，沐甚雨，栉疾风，历时22天，走遍了这些区县的山山水水、边边角角。这次评估共计完成6338份农户问卷，671份村干部问卷，圆满完成了国家任务。2017年11月1日，国务院扶贫办举行新闻发布会，宣布包括重庆市这5个区县在内的全国28个贫困县顺利通过国家专项评估检查，由省级政府正式批准退出。这是共和国自有贫困县以来首次实现数量减少，具有非常重要的时代意义。

在这次调研中，许多学生是第一次如此深入地走进中国西部农村和农村社会，如此近距离地感知中国贫困山区农户的日常生活。他们第一次看到了与作为一个旅行者所看到的完全不一样的场景——如此真实的贫困山区的农村社会就赤裸裸、不加修饰地展现在他们面前，除了用"震撼"二字再也找

知行兼修玉成器

不到别的合适词语来形容了，可以说这是他们人生历程中一次重要的心灵洗礼。在入户调研中，他们仔细询问着农户的生计，认真倾听着农户的心声，真切感受着农户享受国家扶贫政策阳光雨露后的获得感，他们也以自己的专业知识思索着贫困山区的未来发展。

作为这次评估调研的带队人，我通过与学生们的朝夕相处，切实感受到他们的倾情投入。他们能吃苦，肯受累，团结协作，不怕吃亏，用"心"用"情"工作。我看到的是他们的朝气蓬勃、阳光向上。这是一支特别能战斗的队伍！坊间那些认为现在的年轻人越来越娇气和"娘"的看法，其实只是因为他们看到的是荧屏上的"小鲜肉"明星和偶像，而没有与青年学生真正接触。

本书记录的就是学生们在这次评估调研中感悟中国农村社会和贫困山区的点点滴滴。

是为序。

刘学敏

2020 年 1 月 19 日

序
二

行于乡间，
知我国情

2017年7月，坐标重庆，20多天的故事已经镌刻成回忆，久久难忘。

那个夏天，我们带领来自北京师范大学、南昌大学以及其他高校的170多名青年学生，参加了国家贫困县退出第三方评估，对重庆市申请退出贫困县的5个区县进行实地评估调研。回想起评估过程中的一幕一幕，脑海里会浮现出这样的关键词：烤、晕、睡、勇、情。

重庆是我国著名的"火炉城市"之一，最热月的平均气温在26℃~29℃。我们在重庆期间，几乎每天的温度都在35℃以上。如果只是在重庆小住三两日，即使高温，似乎也可以忍耐。然而，我们的学生是连续20多天白天接受烈日的炙烤、夜晚接受高温的闷蒸。有学生写道："最后这几天，太阳似乎更加肆虐，快要把地面烤化了，站着不动都会汗水直淌。40℃高温下，走在乡间的路上感觉鞋都要燃起来了，吹来的风都是热的。"对于高温酷暑，虽然大家出发前都有心理准备，但还是着实感受到了它的威力。面对"烤"验，学生们表示："天气再热也热不过我们心中的一团火、热不过我们工作的热情。"

重庆素有"山城"之称，如果把重庆市的版图逆时针转至一定角度，你会发现它就是"山"字的形态。路是制约山区百姓脱贫的关键，精准扶贫政策实施以来，通往大山深处都有了路，交通条件得以大幅改善。然而，山高路远以及无数的"山路十八弯"让学生们尝够了苦头，他们自我打趣：晕车药和晕车贴是每日的标配，跋山涉水是每日的必修课。一两个小时漫长而颠簸的乘车让他们晕得怀疑人生，下车后顶着烈日走在崎岖的山路上，他们的体力和意志力经受着考验。尽管如此，他们没有抱怨、没有退缩，而是在思考如果不是修了路，深山里的人们如何才能走出大山、见到更加广阔的世界？他们在感慨当地政府修路架桥、为改善山区群众生产和生活条件以及脱贫攻坚而付出的努力。他们对每月数次走过这样山路的基层扶贫干部的辛苦而心生敬佩。

熬夜是备受长辈们诟病的"90后"常见生活方式。在20多天的调研中，因为要完成问卷数据的整理和上传，学生们每天都要熬到很晚。平日因不良作息的熬夜可以靠第二天睡懒觉补回来，但在调研中，每天白天还有高温下翻山越岭的高强度工作等着他们，于是缺觉成为一种常态，坚持成为一种修炼。学生们写道："调研很累，到了点要起床时，总是想着叫室友捶死算了"；对于每天午饭后老师们刻意安排的短暂休息，学生们觉得："午睡是多么奢侈、多么难得，以至于每次听到能睡一会午觉就会开心地跳起来，还管它什么形象呢！"尽管每天都没有睡好，但学生们就这样坚持着："每天出酒店大门的那一刻，我就告诫自己肩负着不可推卸的责任""农户的淳朴热情让我倍感亲切、深深感动，不觉像打了鸡血，全身心地投入工作"。

脱贫攻坚是一场全民参与的战役，在重庆的评估调研中，青年学生走出书斋，变身"战士"，以自己的方式做出贡献。有的学生因天气炎热而中暑，有的学生因体力透支而晕倒，有的学生因山路颠簸而呕吐，有的学生因水土不服而过敏，有的学生因蚊虫叮咬而满身是包……重重困难一直如影相随，但学生们轻伤不下火线，在不严重的情况下，他们都选择自己扛过去。甚至还满怀豪情地写道："舟行绿水上，鸡鸣远山间。谁在烈日下，唯我调研员!"女学生似女汉子、男学生似铁汉子，不畏酷暑，不惧艰险，只为肩上的一份责任。每天看到他们晒得黝黑的脸庞，以及脸上总也擦不干的汗水、透出白色汗渍的衣衫，还有充满疲惫的模样，作为带队老师的我们除了心疼之外，更多是为他们如战士一般的勇敢和坚强而骄傲！

评估团队中的学生来自不同高校，他们当中的很多人最初是素不相识的，经过 20 多天的相携同行、并肩作战，他们结下了深厚友情。独生子女的成长环境让他们带有些许"唯我独尊"的性格，但也让他们更懂得珍惜团队和谐、感恩同伴合作。他们认为："矛盾或者摩擦难免挫伤队友之间的和气，也影响调研效率。我们应该多体谅和关心同伴，保证和睦相处。"他们觉得："之前的朋友大都是同学，而这次我们更像是战友，千言万语都无法准确形容这种'革命'情谊。这种情谊没经历过，这段经历很奇妙。"风雨兼程，终有结尾。离别之时，他们抒情："同甘共苦让我们不忍别离，但去留终究不能由己，只能好好说声再见。""聚散悲欢一杯酒，东西南北万里程！"

漫漫山路记载了我们走过的足迹，炎炎烈日见证了我们付出的汗水。学生们有时会调侃这次真是爬够了山、晕够了车、晒够了太阳，但我从未听过他们丝毫的抱怨和后悔，而更多看到的是他们愿为国家脱贫攻坚而奉献的真挚情怀、勇于担当责任的坚毅神情、用心尽力完成任务的执着态度，以及善待每一位农户的满腔真诚，这一幅幅的感人画面共同构成重庆调研的美妙画卷。

玉不琢，不成器。广大青年学生作为国家建设的生力军，除了在学校里学习和掌握日后服务社会的专业知识和技能以外，理应知行合一，通过在脱贫攻坚实践的大课堂中"读无字之书"，通过在各种环境下克服困难、磨练意志、挑战自我，让自己更快更好地成长为理性、成熟、有才干、有担当的栋梁之材。学生们在参与重庆评估调研中的确收获了很多，有学生写道："20 多天的调研，收获的不只是一段经历、一份记忆，更是永不贬值的精神财富，我为此而欣喜和自豪"；有学生认为："此次调研仿佛是一本西南乡村生活教科书，我亲眼看到、亲身感触了炽热的土地、劳作的双手、淳朴的眼眸。我由外而内发生了改变，晒黑了些许，累瘦了些许，但洞察力和思考深入了很多"；还有学生思考："重庆之行，总有两个字在心中回荡，那就是信仰。信仰是什么？是为了百姓碗里多一口饭而多晒一分钟的烈日，是为了百姓身上多一尺衣而多问一个问题，是为了百姓手里多一份公平而多走一步泥泞的山路。"

20多天，尽管每日奔波，脚步也只停留在一个重庆市；每个县要花费一周时间，却还没有跑遍所有乡村。通过调研，学生们真切感受到中国960万平方公里的真正含义；也体会到因地域辽阔而呈现出差异化的自然条件和人文特点，重庆的山区、江西的山区以及山西的山区都是不一样的，既有自然条件的不同，也有生活习俗的不同，还有人们的心气不同；即使是重庆市下辖的5个县，也是各有特色的。

20多天，通过深入中国农村百姓的真实生活，学生们知道了我们不仅有北上广，还有很多的老少边，几千万的贫困群众还在努力脱贫。学生们了解了中国基层的组织管理以及基层干部的酸甜苦辣。当然，学生们更看到了祖国的大好河山。面对无限风光，他们除了激动和感慨以外，更多的是思考：在奔向小康的路上，我们究竟应当追求什么？是好山好水的静谧田园还是高楼大厦的忙碌城市？和谐发展怎样才能实现？

20多天，大家坚持了下来，这段经历弥足珍贵。相信每个人都会记住炎热的七月，记住美丽的重庆。

李骏

2020 年 1 月 20 日

知行兼修玉成器

山水有情，人间有爱

文/王芬

序

当你明天一觉醒来，

不用按点吃自助早餐，

没了互怼的工作搭档，

不用耳后贴满晕车贴或喝晕车药，坐一两小时的山路车，

在纷乱的车号、组号、村民小组对接下，

让向导不走回头路地带你入户。

被叮了满腿的包已消失不见，

中午也可以任性睡到酣畅，

甚至晚上熬夜也仅是因为贪玩手机，

你是否会想起，

口中常道"僧分曾儿""副口本儿"的日子？

还有组长那句"报一下今天的工作量"，

淳朴的大爷大娘拉着你的手说"你们辛苦了！"

……

（一）感谢遇见

此刻，我坐在家中的书房，回顾调研时的点点滴滴，甚是怀念那可爱的人们，并思考着 20 多天走过的 2 区 1 县 20 多个村子的所得所感。

首先，我想谈谈对于贫困的认识。参加调研之前，我所认识的贫困仅仅

停留在收入低这方面，因为我所见过的最贫困的家庭，只是家里比较穷，没有钱去买一些除满足基本温饱之外的东西。经过此次调研，我对贫困有了更加深入的理解，真的很难想象在当今时代还有吃不饱、穿不暖的人，还有住在快要塌掉的房子里的人，还有看不起病、上不起学的人。相比他们，我庆幸自己一直过着不愁吃、不愁穿、教育医疗住房均有保障的日子，自己真的是好幸福。同时，也希望我们此次调研的结果能被重视，并对贫困地区的发展有所帮助。

其次，这20多天特殊的体验辛苦而又美好。就像我在序中所写到的，每天睡不好也吃不香，腿叮花了，皮肤也晒黑了，但是非常怀念大家一起工作的热情，怀念组长和老师的认真敬业，更怀念重庆老乡们的热情淳朴。

7月17日上午，在丰都县龙河镇文庙村，我和我的搭档肖钦，以及另外一组搭档陈洁和曾强进行入户调研。我们所要访问的几户较远。刚下过雨的山路非常泥泞，车子无法通过，只能步行将近半小时到达。这种情况在调研刚开始的几天，大家有点难以接受，尤其是女孩子，但大家都克服了。后来，当向导告诉我们可能要走很长的山路时，我和搭档都会相视一笑，表示这不算什么。

最后，我想感谢许多人。感谢有这么一次调研，我才能有幸认识这么一群有着大情怀的老师们和同学们。感谢我的搭档肖钦博士这20多天对我的照顾，感谢2组的其他伙伴在我们任务繁重时的及时支援，感谢所有老师的指导和对我们的关心。同时，向可爱的刘学敏老师、亲切的李强老师、认真的刘建生老师、幽默的刘湖北老师、工作狂魔魏丹老师和宋敏老师，以及其他组的所有老师们说一声：你们辛苦了！

（二）学会思考

经过20多天的扶贫调研，在与农户和领导的接触中，我也深入思考了一些问题，也许有些想法不很成熟。

（1）建档立卡户与非建档立卡户的比较。2014年之前，贫困户的认定有很多主观因素的影响，难免会有关系户的存在。2014年开始，贫困户的认定要根据村民决议等多个环节，提高了识别的精准度。但有些真正贫困的家庭还会因为与本村人相处不融洽而评不上贫困户，得不到真正的帮扶。因此，需要进一步建立健全建档立卡户的认定制度，使真正贫穷的农户得到帮助。

（2）贫困村与非贫困村的比较。明显的差异是贫困村的基础设施建设普遍要好于非贫困村，尤其是通村交通条件的差异。贫困村基本可以达到户户通，水泥路直接修到每家每户的门口，极大地降低了农业生产的运输成本，使当地人获得更大收益。而非贫困村因基础设施不完善，尤其是道路不畅通，使生产成本很高，从而限制当地发展经济。因此，关注非贫困村的基础设施建设是今后工作的重点。

（3）帮扶措施的问题。帮扶措施应该因户因人而异，尤其要考虑被帮扶人的实际需求。我们遇到两种特殊的情况：一种是被帮扶人的依赖心理。政府直接给被帮扶者资金和物资使这部分人形成依赖心理，仅凭这类补助去生活，即使自己有能力去赚钱，也因懒惰而无所作为。对于这类有劳动能力的人，要进行"授人以鱼不如授人以渔"的帮扶措施，而不要急于求成，直接发放资金反而达不到应有的效果。另一种是被帮扶人的故土心理。有许多生活在深山里的老人，由于交通不便或受滑坡、泥石流的威胁而导致贫困。易地扶贫搬迁是最有成效的帮扶，但他们本身并不愿意搬离生活了一辈子的地方，这种情况下，就需要做好疏通工作或予以特殊对待。

知行兼修玉成器

似火的重庆，美丽的邂逅

文/赵世杰

　　扶贫没有局外人，帮扶没有旁观者。我很荣幸能够作为一名调查员参与此次贫困县退出评估，也很荣幸能够为共和国的脱贫攻坚事业尽一份自己的力量，更为荣幸的是认识了一群可亲、可敬、可爱的同学，是你们让我的重庆之行收获满满，感慨良多。而这一切的一切都缘起于一个偶然的机会，看到微信群里招募调研员的推送之后，对于农村、农业、农民有着浓厚兴趣的我毫不犹豫地报了名，参加了面试，获得了这次机会。

　　我对于这次调研是有思想准备的，我想到了热情似火的重庆，想到了烈日炎炎的盛夏，想到了充满期许的农户，但我没想到这次调研是如此神圣，我们肩负着使命，承担着责任，贡献着力量，收获着感动。

　　7月18日下午6点，在丰都县某村，入户的工作即将结束，大家将入户时遇到的一些问题反馈给组长和老师，他们针对疑似户进行激烈的讨论，已经完全忘记了返程和吃晚饭。

（一）相遇篇

常言道：前世五百次的回眸才换来今生的一次擦肩而过。由此看来，此次的相识、相知、相伴必是上天注定的缘分。这不仅是一次调研，更是一次美丽的邂逅。

我从北京来，你从南昌来，南北两队相聚于万州，正式开启了重庆调研。调研伊始，我认识了第一位搭档——惠姐。还依稀记得在会议室第一次开组会的场景，还依稀记得一袭白衣的你起身问道："哪位是赵世杰，在哪儿呢？"定眼一看，哦，这便是我的搭档。初次相识，初次相见，总觉得小伙伴给我一种正襟危坐、一脸严肃、献身扶贫、评估专家的既视感。事实证明，我错了。

惠姐在调研中途有事离开，使我痛失了一位亲密无间的搭档。当然，机缘巧合间，又有了一位新伙伴——大壮。第一次见大壮是在黔江经济发展座谈会上，乍一瞅，带着小眼镜，有点像"大仙儿"，会不会和惠姐一样凶？会不会合作不愉快？会不会又被嫌弃？最让我耿耿于怀的是在酒店大厅，大壮问我："哪个是赵世杰？"简直不要太过分！后面才发现，一切都是多虑，是我把小伙伴们都想得"太坏"了，其实大家都挺好的，都挺和善。

（二）相伴篇

怀着激动无比的心情，开始了万州区的第一天调研。没想到，曲折的山路，一个又一个弯儿，一座又一座山，终于在十点半到达目的地。等到了村委会分配完任务，已经是十一点了，便在向导的带领下走进了第一户。

被惠姐嫌弃、嫌弃、再嫌弃，是前几天一起工作的主基调，问卷不会填，json 不会录，影音资料不会整理，惠姐一个又一个不屑的眼神让我倍感压力。

还好，经过几天的磨砺，我似乎开始慢慢走上正道，带领入户、登记信息、填写问卷、录入 json、拍照合影、道别离去，一切都开始变得井井有条。

一次偶然的午后，整理完问卷，完成了既定任务，和惠姐闲聊了几句。发现她并没有我想象中那么凶，其实心地还是很善良。

我终于熟悉了业务、熟悉了小伙伴，完成了一个华丽的转身，开始嫌弃小伙伴，这种感觉真好！当然，我想偷懒的时候，也少不了惠姐的温馨提醒，好好工作，别忘了自己的任务，对得起自己的良心。

在这里不得不提的是大壮，十足的重庆女汉子，懂重庆话，可以跟农户直接沟通，没有障碍，这就省去了我说普通话的费劲儿。还有，大壮善于跟农户交谈，嘘寒问暖。和大壮一周的合作很轻松愉快，毕竟大家都经过了几周的历练，对问卷内容有了把控，工作就变得更加顺畅，效率也有所提高。不管在一起合作的日子里和小伙伴怎样互怼，但分别时还是有一丝丝不舍。

当然，热情似火的重庆不会给我们丝毫情面。中暑、眩晕、呕吐、吃药、困顿一直伴随着我们，藿香正气水、蚊不叮也伴随着我们整个调研过程。不管是正午时分的挥汗如雨，还是调研过后的黑得发亮，都挺难得的，不知道以后还能不能还有这样的机会？多么希望再来一次调研，车上的睡眠总是那么香、那么沉。无论山路多么崎岖，无论路途多么遥远，无论小车多么摇晃，小伙伴依旧岿然不动，酣睡如泥。司机小哥也伴随我们一路，欢乐不停。

还有，除了惠姐和大壮，还认识了一群小伙伴，让我的 20 多天的重庆调研历程多了许多欢乐，少了一些枯燥。

（三）离别篇

"相见时难别亦难，东风无力百花残。"相伴的时光是短暂的，离别的日子总要到来。惠姐不辞而别，说是见不得离别。后来，大壮也在完成任务后，于大部队离去前悄悄走开了。哦，原来离别这么快。我将永远铭记南北两队的小伙伴们在酒店门口惜别的场景，那挥手作别是依依不舍，是情系心间，是感谢相遇，是期待再会。

人与人的相遇真的很奇妙，前一秒你不知道会遇见谁，下一秒不知道谁又是你的过客。但再次相遇时会微笑着问对方：你好吗？就这么简单的一句，多温馨；但似乎又回不到从前。微笑着道别，希望这次离别以后，下一次还能有机会相遇。

（四）思考篇

20多天的重庆调研让我对脱贫攻坚这场硬仗有了更多的了解，也有了一些新的思考。

1. 关于医疗救助

不管是万州、丰都还是黔江，都在农村基本医疗的基础上进一步提高了贫困户的医疗报销比例。毫无疑问，这是很好的惠民政策，但我们发现，很多贫困户都是因病致贫，在一些地区这个比例甚至达到40%以上。也就是说，战胜疾病是消除贫困的一大因素。然而，很多人的疾病是一些慢性疾病，需要长期的吃药才得以维持或控制病情，经常性的用药也是一笔巨大的开支。如何对慢性疾病、长期性用药进行保障是一个需要思考的问题。个人建议首先要将慢性病、长期性用药纳入医疗报销范围。医疗部门可以确定一批慢性疾病清单，患有慢性疾病的人群可以依据清单适当报销，统筹兼顾。其次是加强农村基础医疗保健工作。可以每年派出医疗工作组深入山区对农户进行体检和医疗宣传，加强预防和保健工作，从饮食和饮水的源头消除慢性疾病产生的根源。

2. 关于农户的户口问题

除了大量的"农转非"户口外，还存在一种现象是同一家人有好几个户

　　　　　　　　　　　　　　　　　　　　　知行兼修玉成器

口本，但他们实际生活在一起。这就给我们核算收入带来困难。就其中一人而言，当收入不足时，因生活无保障可能成为疑似漏评，但事实并非如此。个人建议要统筹城乡发展大局，考虑彻底解决非农户口仍然居住和生活在农村的问题，以及非农户因生活贫困可否被认定为贫困户的问题。另外，要加强户籍的管理，分户或合户要有理有据。

7月19日上午，在丰都县某村，入户的第一家住在半山腰，没有路，只有陡坡。坡上的岩石由于常年风化崩解，表面全是小碎石子，加上坡度较大，即使穿着运动鞋也很滑，再小心翼翼摔跤也是避免不了的。庆幸的是，在向导叔叔的帮助下，我们成功入户。

3. 关于扶贫措施的可持续性

贫困户认定与退出的依据是收入是否达到标准、是否实现"两不愁、三保障"。上级政府或者帮扶责任人给贫困户发放牲畜、家禽等，用以发展种养殖业，如果可以在年内有收入，生活在短时间内有了保障。但如果第二年、第三年没有收入呢？年龄大的老人没有足够的能力饲养呢？如何使扶贫措施更有成效，扶贫如何做到因人而异、因户而异？这些都是值得思考的问题。建议要充分发挥产业的造血功能以及安置就业的功能，带动一批农民致富，增加其可持续性收入。

4. 关于危房鉴定

危房鉴定需要专业职能部门在实地考察的基础上完成，由某某镇人民政府、某某县人民政府出具的证明显然是不合格的，也是不专业的。建议危房鉴定一定要由专业部门、专业机构来进行，而且鉴定需要客观、公正、合理。

感谢七月，感恩所有

文/施晨

（一）满载而归

2017年7月6日，我整理好行李，踏上了奔赴调研的征程。据老师介绍，此次评估调研的规模之大、国家的重视程度之高、影响力度之大是前所未有的，我们肩负着党和国家的委托，执行着对地方政府工作进行检查的职责，有一种使命感、责任感和光荣感。

此次调研由南队和北队两支小分队共同完成。队员有来自北京师范大学、南昌大学、中共中央党校、首都经济贸易大学、山西大学等几所大学的硕士生和博士生，我们的带队老师都是相关学科的教授和专家，这是一支高水准、战斗力强的评估战队。

为保证高效配合，北京师范大学的刘学敏教授、李强教授等老师和同学代表一行在出发前来到南昌大学，与南队的师生进行交流和研讨。依稀记得学敏老师说，此次评估调研的战线很长，不仅环境恶劣，还有很多不可抗拒因素和未知因素，我们会遇到很多困难，也会经历很多煎熬，但我们要做好十二万分的准备，迎难而上，因为我们的这段历程将会被载入史册。精准扶贫是中国2020年全面建成小康社会的必经之路，我们每一位评估员将是这条小康之路的筑路人和见证人。学敏老师引用马克思的一段话激励我们，这段话是："如果我们选择了最能为人类福利而劳动的职业，那么，重担就不会把我们压倒，因为这是为大家而献身。那时，我们所感到的就不是可怜的、有限的、自私的乐趣，我们的幸福将属于千百万人，我们的事业将默默地、但是永远发挥作用地存在下去，而面对我们的骨灰，高尚的人们将落下眼泪。"听完这段话后，我越发明白自己的责任重大，决心以高标准严格要求自己。

1. 万州区

7月10号，我们抵达了此次评估的第一站——重庆的万州。当天下午就召开与地方的对接会，目的是了解万州的基本情况及扶贫政策，听取区长的扶贫工作报告。隔日，我们开始正式评估。虽然我与搭档还没有磨合，但我们的状态非常好，带着所有的装备和资料，我们来到第一个战场的吟水村。

我自己非常荣幸地被选为调研员中的骨干，负责在评估过程中的拍摄任务。能够用手中的相机把大家工作中认真的一面、可爱的一面、辛苦的一面定格在瞬间，留下美好的回忆，我感到非常开心。

整个团队在分配组员的时候，会考虑手机系统的差异性、男女工作方式和身体体能的差异性，这样便于形成良好的合作模式，提高工作效率。但是，我的搭档是来自北京师范大学的一名男生，不是因为他比较瘦弱需要我照顾，而是因为我俩都是骨干，在很多时候需要兼顾很多其他任务。因此，为了更好地协调资源、提高工作效率，我们分在了一块。他是特别能吃苦，也很能干，我们磨合了几户人家之后便达成了默契，能够较好地应用工作技巧和询问方式去捕捉评估的重点。

走访过一户户贫困家庭，看到了他们的家庭现状，了解到他们从贫困到脱贫的变化，发现了可能还存在的不足，体会到他们对扶贫政策的认可，也感受到他们迫切希望改变现状的决心。这一幕幕是我在日常生活中体会不到的。农户都非常淳朴和热情，他们对我们的到来表示欢迎和感谢，我们也以认真负责的态度完成自己的工作。

俗话说，计划永远赶不上变化。在万州的第4天，由于种种原因，我们的队伍开始分成两队，在万州区和丰都县同时进行评估，因此，一部分战友需要提前离开万州。这次分别有点出其不意，让我觉得心里有点失落。但我在心里暗暗告诉自己，我们就是士兵，要打赢这场脱贫攻坚战，就要服从组织的决定和安排，尽自己最大的努力完成任务！

直到第7天，我们结束了万州的评估工作，带着对烤鱼的依恋和惋惜，我们和万州区的领导和干部们挥手道别！

2. 武隆区

经过约 5 小时的车程，我们终于抵达了重庆的第二站——武隆区。武隆区是重庆市山最多的地方，这意味着我们少不了翻山越岭。早已经有心理准备的我们并没有对此感到一丝的恐惧和不安，而是更多的期待和憧憬，希望在这里能有一段与众不同的调研经历。

在武隆，我们依然秉承第三方评估的客观和公正，把农户的真实情况放在首位。我们穿山林、走玉米地、爬山路，就是为了到农户家去看看他们的吃穿状况，去看看他们的住房，教育和医疗条件，去看看他们有没有无法解决的困难。即使再难走，我们也要去看，为的就是证实"精准扶贫，不落下一人""全面建成小康社会"不是说说而已！

印象最为深刻的是去后坪乡文凤村，来回车程就 6 个小时，让我们深刻感觉到中国 960 万平方千米的广阔。若不是因为这次调研，这里恐怕是这辈子都不会去的地方。在这里，我们不仅高效率完成了既定工作，而且还欣赏到偏远山区独有的木房文化和美丽风光，这才是无价之宝，是我们平常在书籍里见过文字描述却不能实地感受的地方特色。

虽然我们在很多个夜晚与美梦擦肩而过，但我们从来没有抱怨和不满，更多的感觉是自己的成长和改变。在武隆 8 天说长不长、说短不短，在我们离开时，那些美好的时光和记忆化作一幕幕的场景，伴随着司机播放的《唱响武隆》在我的脑海里循环放映。这一刻心里只有一个念头，武隆人民真幸福！

3. 秀山县

当我们离开武隆前往秀山的时候，在丰都的队伍也已经动身前往黔江了。秀山是我们的第三站，也是终点站。

秀山的风土人情给我们对重庆的印象带来了巨大翻新，具有"小成都"之称的秀山县给人一种安逸温馨、舒适自在的感觉。或许是因为它比较偏远、处于三省交界；或许是因为它适合生活，以至于当年沈从文在这里写下

《边城》；或许是因为它民族文化遗产丰富，处处充满着民族文化和特色；或许是……太多太多的不解，让我想慢慢去品读秀山的发展和变化。

在秀山，原来一直负责问卷和影音的我，也开始了使用 app 录 json 文件，而且从录入到检查一气呵成。在自己变换工作性质的同时，也培养了综合处理问题的能力。每一天平均 8～10 户的定量工作，开始让大家更有动力和目标，让我们在完成任务之前丝毫感受不到疲倦和懈怠。

在秀山，我们确实遇到很多困难。有些女同学由于体力透支而晕倒，被送入医院；有些同学因皮肤过敏过于严重而返程休养；也有同学因天气炎热而不断地吃解暑药。但是，所有这些都没有阻挡我们一起前进的步伐，大家都在用心、尽力地做好每一份问卷，找到每一个证据，让调研结果经得起历史的考验！

有人问我，你在这次调研中有什么收获？我回答：收获了一群有理想、有抱负、团结勇敢、吃苦耐劳的战友；收获了对于扶贫成效和农民真实生活的见证，亦真亦假，耐人寻味；收获了从中央到地方各级干部对于精准扶贫和精准脱贫的思考；更收获了自己对于国家发展的期望和对自身今后学习方向的把控，夯实基础，精准研究！

在重庆评估调研的一路上满载而归，有太多定格的画面、太多美妙的画卷。我知道这次调研不是终点，而是又一个起点，我们会在未来的脱贫攻坚路上继续一起勇往直前。

（二）用心思考

在全体师生的共同努力下，我们圆满完成了评估工作，对国家精准扶贫战略有了更加深刻的认识。对于此次调研中走访的三个区县，由于地理位置、环境因素、经济发展水平和文化背景的差异，各自的扶贫工作也有所不同。在此，我针对看到的一些现象进行阐述。

目前，在重庆市各贫困县乃至全国的贫困县，导致农户贫困的原因大致有因学、因病或残疾、缺劳动力、缺资金、缺技术等。贫困户的评定在程序上要经过自主申请、村干部开会讨论和投票、上报乡干部开会决议、报送县扶贫办审批等流程，每一户都有一个主要的致贫原因，比如，因家中有重大疾病或者慢性病患者，长期需要医药维持生计而导致家庭贫困；因家中有残疾人而缺乏劳动能力，没有渠道获得基本收入导致贫困等。但我在调研过程中发现，政府备案的贫困原因和农户实际的贫困原因有出入，个人觉得要从两个方面来看待这个现象。第一，农户之前确实是和政府备案的贫困原因一致，但在扶贫过程中由于生活中发生意外，使贫困原因发生了变化，但未得到及时更新，说明扶贫信息缺乏动态调整。第二，认定贫困原因的时候，没有全面而深入考虑贫困户的实际情况，这样就不能做到因户施策、给予有针对性的帮扶，而只能采取共性的措施，很容易导致返贫或者错评的现象。

万州、武隆和秀山中都存在另一种现象，比如，一户家中有三个孩子在念书，分别是初、高中和大学，主要是因学致贫。一年后，读大学的孩子毕业了，找到工作挣钱了，该贫困户就脱贫了。假如若干年后另外两个小孩也要念大学，又会导致该农户因担负不起学费而返贫。所以，精准扶贫应该是全方位精准，包括致贫原因精准、帮扶措施精准、脱贫原因精准。

产业扶贫在各区县、各乡镇的做法也不一样，产业帮扶惠及农户的力度和作用有待提高。多数贫困户在产业帮扶过程中只能拿到自己土地的粮食补贴；还有就是靠流转的几亩地，平均每年每亩有150～200元的土地流转金作为产业收入，其余大部分是靠自己在合作社打零工来获得收入。产业扶贫应该在政府的指导下形成辐射带动作用强、可以惠及更多农户的模式，更长久地促进贫困户发展产业，保持稳定收入。

户籍管理是重庆市各县区最大的问题。大多数60岁以上的老人都是城镇户口，但他们可能收入较低，医疗或者住房没有保障，由于是城镇户口，他们不能享受贫困户的政策。而且，这一问题给我们的评估调研带来很大困扰，一家里有多本户口，既有城镇户口也有农村户口，非常混乱。

火热七月

文/吴姊如

（一）感知重庆

这个火热的七月，我很荣幸与这一群来自大江南北的小伙伴相聚于重庆，行走在大山中的边远村落，去见识一个不一样的重庆，去了解那些与土地最亲密的人们，去感受农村热土上的变化与差异，共同为中国的扶贫工作记录重要的一笔。

我所知道的重庆是中国四大直辖市之一，是一个凭借光怪陆离的建筑和繁华热闹的街区而与上海并称为"魔都"的城市，是小时候每晚必看的方言节目里的"雾都"，是一个早小面、夜火锅、很有味道的城市，但独独不是一个仍有衣食难保家庭存在的山区。因此，当知道这个以贫困县为对象的调研目的地是重庆时，我是很惊异的。

在到达第一站万州的第一个夜晚，看着长江沿岸辉煌绚丽的灯光，以及闲适随意地在江边吃坝坝茶的人群，我仍旧心有疑惑，对于重庆的感知仍旧是眼前的都市景象。直到第二天开始调研，到达大山深处、踏入第一户农家时，我才开始真切感知这个不一样的重庆。

在一次次进村入户的调研中，重庆的灯火辉煌都市印象逐渐淡去，而变得越来越清晰的是每日眼前所见的真实农村村落、种植水稻和玉米的田野、淳朴热情的老乡。尤其是老乡们的热情，更令人感到亲切。老乡们在了解我们的来意后，总是以极其认真而郑重的态度配合我们，从而使我们的工作更加有动力、有效率。在与他们的谈话中，我了解到不同的家庭的欢喜或艰难；从他们褶皱干枯的皮肤和病弱的身躯上，我感受到生活的无情和无奈；当然，我更是从他们坚毅的眼神里和爽朗的笑声中，理解了什么是乐天和不屈。

这是一位去给猪喂食的老爷爷，他赤裸双脚、上身。看着他的背影，我想还有多少工作需要我们去做，实现小康还在路上！

这一次是我参加的规模最大的调研，每天同一百多位老师和同学一起工作。我们一起晒了重庆最毒热的太阳，一起经历了暴雨中的跋山涉水，一起与蚊虫蛇蚁斗智斗勇，一起在通往高山的碎石村道上被颠得从提心吊胆到泰然处之。这22天经历的不仅仅是身体的磨练，更是意志的锻炼。正因为这样，才让我对整个团队的每一人都怀着钦佩。相信很多年后，我会记得这一次调研，记得这些认真负责又可爱的伙伴。

（二）思考扶贫

这次调研是对地方政府扶贫结果的评估，在万州、武隆、秀山三地工作时，我作为信息收集和反馈的工作人员，真切地感受到农村生活的大变化，也更清楚地看到扶贫工作中存在的一些难题。

首先，尽管贫困家庭情况各异，但致贫原因主要是因病、缺劳动力或者因学。有些家庭是因为内生动力不足，存在"等靠要"的思想，这部分人将扶贫政策视为福利，依靠国家和政府的给钱给物而生活。虽然这些家庭的贫困状况在短期内会得到改善，但不改变心态将无法凭借自身能力走出贫困。因此，帮助他们正确认识贫困，理解国家的扶贫政策，鼓励他们自己动手发家致富才是扶贫的关键所在。

其次，扶贫政策需要与家庭道德形成合力。在调研中经常能遇到父母与子女分户的情况，而且即使家庭中有好几个子女，父母也是单独门户居住。父母没有经济能力，居住环境和生活条件也达不到"两不愁、三保障"的标准。如果按照老人的现实生活状况，他们是可以被认定为贫困户的，但根据村干部和其他村民的反映，这样的评定结果是无法服众的，这是对儿女不孝的纵容。更有甚者，有些父母因为没有劳动能力而被评定为贫困户之后，将所有的利益和财物都转让给其中一个子女，进而引起家庭纠纷，而老人的生活状况仍旧没有得到改善。对于这样的情况，我认为扶贫工作就不再只是落实政策的问题，更应重视和加强传统文化和道德的宣传与教育，让村民懂得有义务赡养老人。

这年七月，我们在重庆

文/黄京萍

（一）卧听风雨

1. 把起舞的今日写成诗篇，多年后也不遗憾

参加前一次评估时，老师问我："评估是很辛苦的，甚至要去很偏远的山区，你能吃苦吗？能坚持到底吗？"我自认为是个坚韧的人，想都没想就满口答应"能!"那次评估只有 3 天，晕车的我返校以后曾经想过，国评时的舟车劳顿一定不能忍受，不如不去。但看到国评的报名通知时，我还是义无反顾地去了，究竟是什么理由让自己做出这个选择，一开始我也没想明白。

参加国评的第一天下乡，去的路上吐，回的路上还在吐，一天到晚没能吃下什么。晚上回到酒店，一个人在卫生间里边吐边哭，边哭边问自己，后悔吗？好像不后悔，只是骂自己，真是太没用了，不就是山路崎岖晕车难受吗？你哭什么! 不为什么，就觉得胃里什么都没有，还一直吐苦水。现在想来，去留都在一念之间，所幸没有放弃与一群可爱的人相遇。

最后终于想明白。把起舞的今日写成诗篇，多年后也不遗憾。

2. 你说要忘却所有不愉快的片段，把美好事物纯真地走完

第一站，万州。万州很大，印象里没有一两个小时是到不了村部的。加上搭档之间还很陌生，工作起来还需要磨合。开始的时候，熬夜是经常的事儿，不到凌晨一两点是无法完成当天的任务。语言也是一个问题，一开始有些方言确实难以理解，上了年纪的农户对于我们说的普通话也一直摇头说听不懂。因为下乡总要走草丛爬大坡，不少同学被虫子咬得身上长满了包，还

有同学过敏、水土不服、感冒咳嗽。唉！万事开头难。

然而，大家的情绪一直是高昂的。对未知的探奇、对评估任务的坚守、对重庆山区成千上万的农户负责，使我们每个人都充满正能量。

第二站，武隆。武隆很美，记忆里的天坑地缝、仙女山、天生三桥风景独秀。有了万州的合作，南队和北队的小伙伴们都打成一片了。没有了开始的生疏，休息时也打打闹闹，工作起来更是默契十足。

每天中午回到村部集合的空档里，大家都要就上午发现的问题相互小声讨论，老师来了就有同学凑上去反映问题，那场面让人感觉很热闹，也很融洽。

下乡入户的每一天都很充实，发现问题、反映问题、讨论问题。唯一的痛苦就是过敏更严重了，打了针抹了药，看上去好了很多，能睡个好觉真是太幸福了。

第三站，秀山。秀山很热，回忆里是汗水打湿的衣衫、热浪掀动的稻穗和那片玉米地。这是最后一站了，20多天的工作，再充满活力的人也有疲惫的时候。而且最后这几天，太阳似乎更加肆虐，快要把地面烤化了，站着不动都会汗水直淌。四十度高温下，走在乡间的路上感觉鞋都要燃起来了，吹来的风都是热的。莫名地想起粒粒的歌儿"你是我三十九度的风"，边走边不禁苦笑，看来这次真的体验了一把三十九度的风啊。

3. 别忧愁聚散，又何惧放胆

月末，工作接近尾声。这也意味着我们马上就要分别了。回家的念头越来越强烈，大家计划离开的时候买些特产礼物，也有人开玩笑说因过敏起的一身包应该是重庆送给我们的最特别的礼物吧。开始倒数回校的日子，离别的悲伤隐隐约约，旅途再远也终有尽头呀。

临别前的一晚，劝君更尽一杯酒。这一晚，很多人都没睡好。北队的老师和同学们从秀山奔赴万州和丰都继续工作，南队的我们留在秀山，完成最后的工作后返回学校。不长不短的日子里，我们彼此合作，一起下乡、一起入户、一起斗智斗勇。临到分别，想起并肩作战的日子，骄傲且不舍。

（二）静思贫困

1. 扶贫先扶志

很多农户家里并不是特别困难却甘当贫困户，这个问题困扰了我很久。入户时，我接触的几户农户家里劳动力不少，身体也不差，或因为缺发展动力，或当初孩子上学而成为贫困户，像这样的农户完全有劳力自己改善现状，不应是享受国家政策的对象。也有村干部在和我们反映扶贫工作的艰难，有政策帮助村民自然好，但总有一些贫困户就靠国家政策过活，整天游手好闲，不好好努力。还有些老人一生节俭，不愿跑去城里麻烦自己的儿女，守着乡下几十年前的老房子过着清贫的日子，希望得到国家帮扶，但其实上儿女在城里有房有车，过着好日子。

每当遇到这样的农户，心里感觉很难过。国家扶贫政策是为了帮助真正需要帮助的人们，而不是被有目的的人套取利用。扶贫先扶志，要让大家树立靠自己的双手创造幸福生活的观念，以辛勤劳动为荣，以好逸恶劳为耻。

2. 精准扶贫

针对一些家里确实很穷的贫困户，仅仅靠政府补助不是长远之计，如何教会他们一技之长，使其可以靠技术养活自己就显得格外重要。而我们走访的大多数脱贫户是靠自己外出务工来增加收入，很少接受产业技术培训和扶贫帮扶。脱贫以后，没有技术专长、没有长远脱贫规划，一旦再次陷入贫困又该如何保障这些人的生活？问题很多，更凸显精准扶贫的重要性。

3. 踏踏实实扶贫

我不是很明白为什么村干部会如此这般地干涉我们的工作？且不说领路员带着我们绕路，就是在我们访谈农户时，也会有电话打给农户，交代农户怎么回答。基层的干部们确实很辛苦、很不容易，正是因为他们身处一线，更加了解百姓疾苦，更有责任为百姓做实事、做好事，更应该踏踏实实做好各项扶贫工作，坦然接受评估。在此，向那些真心实意为人民办实事的党员和干部们致敬，你们是最可爱的人。

感动常在

文/王红珠

（一）难忘的记忆

20 多天的调研，每天基本上都要在山间地头穿梭，感谢为我们真诚服务的当地领导和向导，让我们感受到他们工作的高效和他们时刻为民服务的宗旨。这是我第一次参加社会调研活动，在调研过程中从陌生到熟练、从无知到熟知，得到了一次很好的锻炼，学习和收获了很多。烈日酷暑没有阻挡我们的坚持，层峦叠嶂没有阻碍我们的激情。我们还年轻，充满活力，也希望在脱贫攻坚中奉献自己的一份力量。

1. 体谅包容，和谐共处

来自北京师范大学、首都经贸大学、中共中央党校、山西大学以及南昌大学的同学一起来万州集合，分为四个小组进行调研。我们属于重庆组的北队，来到重庆后与南队的同学又组合成重庆一组。我们是 7 月 12 日上午到达万州，在万州一共开展了 5 天的调研，7 月 17 日离开万州赴武隆区，在武隆进行了 5 天调研之后，7 月 24 日离开武隆赴秀山，同样在进行了 5 天的调研之后，于 7 月 30 日离开秀山，在万州汇合。

团队很大，管理很难。虽然我们每个队每天的任务量不同，但是每个小组的任务量和分工合作都体现着团队的整体效率。不管是与指导老师，还是与同学、其他小队，以及与自己的搭档，都要分工细致，相互协作，按照命令行事，避免出现重复、遗漏等不必要的问题。

晚上回去整理数据是最麻烦的一件事情，既要确保提交的数据准确无误，又要注意上交速度，因为有可能自己一个人的原因就耽误了整个团队的效率。这就要求我们和自己的搭档之间协调好时间，分工合作，能者多劳，敢于担当。我们来自地域不同的学校，每个人的个性不一，因调研而聚在一起，难能可贵。因为调研过程很辛苦，我们在交往过程中就应该多体谅和关心同伴、保证和睦相处。矛盾或者摩擦难免挫伤队友之间的和气，也影响整个调研的效率。

除了工作绩效，团队中的人情味也是很重要的。如果一个团队效率很高，但是成员之间冷漠孤立、内部矛盾重重，慢慢地整个集体就散了，更没有办法高效完成任务。相反，如果团队成员之间和睦相处，彼此包容，越到最后的疲倦期，彼此之间往往越能够互相加油鼓气，才能使团队再接再厉。

队友在做访谈，老爷爷偶尔听不懂，他就很耐心地用手语表达。

2. 万种不幸，坚守不易

虽然大山深处的生活简单贫苦，但我认为衣食住行能够自给自足，没有大城市里的巨大压力，相对来说生活应当很轻松。然而，事实不是这样，我在走访中遇到很多不幸的家庭，他们在疾病和贫困的深渊挣扎，让我感触很深。

火炉镇一位62岁的老大爷，老伴生病卧床十多年，已时日不多。在访谈中，大爷每每提及老伴就会痛哭，是那种无法控制的抽泣。一开始感觉这个爷爷好像有点做作，但后来每次直接或间接地提到他老伴的时候，他都会控制不住地痛哭，是那种不愿意离开的舍不得，是那种没有办法为老伴分担痛苦的无奈。

在现在速食的爱情观里，只在乎当下的花前月下，还有谁会在乎另一个人的离开？在别人眼中，你的离开可能意味着下一个的开始，不足以让对方伤心痛绝，也不会心疼你的生死和病痛。老爷爷他们那个年纪的爱是看着对方受伤都会心疼，能够承受生活中的一切困难，却承受不了对方受一点委屈。爷爷为爱守候、为爱担当的精神感动了我和小伙伴，也让我们体会到究竟什么是生活和爱情。

另一个为爱守诺的主人公还是一位 62 岁的爷爷。他在 54 岁时接手照顾一个 58 岁的奶奶，奶奶还带着一个残疾孙子。不幸的是，奶奶在两年前查出患癌症晚期。爷爷原本可以一个人住在高山上丰衣足食，却承担起照顾患病的奶奶和一个破碎家庭的责任。

从人的本性来说，一般人不会愿意管别人家的孩子，更何况是个残疾孩子。但是，一个人无论什么时候都不要放弃对生活的热爱和希望，在忧虑未来的时候不如着眼现在，珍惜现在拥有的。

3. 动物温情，令人难忘

由于村民住得都很偏僻，几乎家家都养狗。我们刚走到邹爷爷家门口时，一只小黄狗就欢快地迎着我们。一开始以为这只小狗是看到陌生人来了要咬我们，可是小黄狗过来后摇着可爱的尾巴、欢呼雀跃地围着我们蹦跳，一点没有敌意。可能是太长时间没有见过陌生人，它开心地东跑西窜，差点都撞到了墙。我们访谈时，它一直陪在我们身边，时而温顺地趴在地上，时而充满爱意地看着我们。要离开了，下雨天山路太滑，家里的老爷爷老奶奶不方便送我们出门，于是小黄狗一直紧跟着我们走。我们撑着伞，小黄狗却被雨淋着，雨水沾湿了小黄狗身上松软的毛。我们都已经忘记了小黄狗是为我们送行，而把它当成与我们同行的朋友，我们一起翻越了不知道几座山岭，才发现小黄狗还跟着我们。直到向导开始呵斥，它才不舍地停止了脚步。走到转弯处，我回头一看，惊奇地发现小黄狗还在山岭上目送我们，心头涌现一阵暖流，感动在心中。动物的感情是遮掩不住的，只是我们在匆匆的旅途中容易忽视他们的存在。

在一家农户调研时，一只小猫咪忽然跳到了我的腿上，它凝视着我，仿佛在告诉我什么。它的眼睛一只是天蓝色，另一只是蛋黄色，清澈得可以看到瞳孔的黑色线条。一开始，它只是趴在我的大腿上听我们讲话，后来就闭上眼睛瞌睡，我的动作幅度大一些，它就会惊醒。似乎动物更容易选择信任别人，愿意和人和谐相处。

（二）需要解决的问题

历经 20 多天的第三方评估调研结束了，通过这次调研，我发现导致贫困的原因大多是因病因残而丧失劳动力。山区的农户大多靠外出打工赚钱，没有疾病的农户一般在家里种田、养猪、养鸡，基本都可以自给自足，老年人依靠养老金、退耕还林补贴、农业补贴也差不多可以维持生活，吃穿有保障。但身体出现问题的农户以及年纪比较大的老年人就没法通过劳动挣钱。

当地的扶贫政策能够落实到位，在地方领导和基层干部的带领下，扶贫工作取得了很大成果。据村民反映，乡村建设在最近几年发生了翻天覆地的变化，马路修到户，户户建洋房，网络信息无障碍，合作医疗更惠民。惠民政策的落实、生活条件的改善让百姓不再为衣食住行担忧，更不用为看病、读书而发愁。

我在调研中还发现每个地方的帮扶政策因地而异，脱贫措施分为产业帮扶、易地扶贫搬迁、危房改造、教育扶贫、医疗卫生帮扶政策等几个方面。一些乡镇利用地理条件优势，帮扶贫困农民种植金银花、烟叶、荷花、核桃树、杨梅树、桃树等，有的还在自己的村子发展加工产业。一些村子大力发展养殖业，通过养殖母猪、鸡鸭鹅、奶牛、螃蟹等增加农户收入。还有一些村子利用高科技发展农业电商，线上经营山里的特产，有利于扩大销售范围、增加收入。

一些地方通过易地扶贫搬迁、危房改造、高山移民等措施，把农户迁出泥石流和滑坡多发地带、搬出危房，为贫困家庭解决住房安全问题。在教育扶贫方面，政府为贫困家庭的在校学生提供不同程度的补贴和帮助，包括：义务教育期间的孩子享受免费午餐、住宿补贴等；高等教育阶段的学生可以申请国家助学贷款、享受"雨露"计划等补贴。在医疗保障方面，基本上实现农村合作医疗全普及、村级卫生所全覆盖。

当然，我在调研过程中也发现一些问题。首先是普通农户的不平衡心理，他们也许并不贫困，但物质上的富足没有和精神上的富足相匹配，往往因自我感觉不公平而上访、举报，他们的行为容易影响精准扶贫工作的落实和判断。还有一部分农户反映不公平、干部为己谋私等问题，在人情世故浓厚的乡村，这种情况确实难以避免。但是，其结果却关系到每一个农户的生计问题。我们就是要发现问题，并且促使地方政府解决问题，尽量让这种情况少发生或不发生，让贫困群众都能享受到国家政策。

丰都县某乡因海拔高成为避暑胜地，村里的老支书带领村里人发展旅游业和烟草种植业，使许多人的收入有很大提高。这一户的大叔开了饭店，生意红火，收入很可观，脸上洋溢着幸福的笑容。

其次，还存在一些边缘农户，他们的生活状况有所改变，但退出会给他们的生活带来一些影响，当地政府一般都是采取低保兜底来保障他们的生活。还有一部分生活困难的农户主要是由于自己安于现状、不思进取造成的，他们被评为贫困户会有负面影响。

总之，脱贫退出不意味着扶贫工作的结束，需要继续执行各项扶贫政策，巩固扶贫成果，最终实现全面建成小康社会的伟大目标。

"渝"见你的夏天

文/谭晓悦

（一）真切感触

20天的外出调研，10天的内业工作，重庆之行，忙碌而充实，收获满满。每个深山里的村落，都留下了我们认真工作的身影；每次长途跋涉，都能遇见美丽的风景；每个工作到深夜的日子，都是成长的见证。

因为只有一次调研经验，所以一开始知道要当组长时，我的内心是忐忑的，既紧张又期待。从第一天的手忙脚乱，到逐渐能把控整体节奏，得感谢每位同学的配合和宽容，感谢各位老师的帮助和支持，感谢每个热情周到的工作人员，感谢每个村里认真负责的村干部。

这次作为小组组长参与调研与之前作为普通调研员的感觉截然不同。虽然很遗憾没有跟同学们一起入户访谈，但很幸运能从另一个角度去感受中国农村。因为我的工作内容主要是协调村干部、老师和同学，保证整个调研工作顺利开展。所以，村委会是我在每个村里待的时间最长的地方，村干部是我接触最多的人群。这让我对农村的认识提高到了一个比较宏观的层面。

在重庆这样一个山城，我感触最深的还是基础设施对于区域发展的重要性。虽然调研员们都在吐槽每天两个小时的漫长山路，但是大家心里都有深深的感触，如果不是近些年修了路，这些生活在深山里的人们，要如何才能走出大山见到更加广阔的世界？每次和司机师傅聊天，他们总会感慨以前去这些村子是如何难走，要如何弯弯绕绕才能到达。"要想富，先修路"，到了重庆，我才体会到这句话的真正意义。车子开在每公里造价过亿的高速路上，同学开玩笑说这是走过的最昂贵的路。我每次看着车窗外遇山挖洞、遇谷架桥而修建的路，内心就会深深感叹国家为了发展、为了人民的幸福所做出的努力。

调研员来自五湖四海，我们一起走过万州、丰都、黔江，走进大山深处，走过在山巅与云齐平的村子，走过山谷里面山背水的村子。万州的大瀑布、丰都的鬼城、黔江的风雨廊桥，以及每个同学的笑脸，都是这个夏天最美的回忆。最感动的是虽然高温酷暑，大家仍然坚持工作，毫无怨言；最快乐的是忙里偷闲的夜宵和群里漫天飞舞的自制表情包；最幸福的是在重庆的20多天里，认识了你们，虽然万州一别，从此千山万水，但友谊长存；最遗憾的是分别那天，忙着整理材料，没有和大家好好道别……

感谢团队里南昌大学的伙伴们，你们让我对南昌这个城市有了新的感觉。感谢你们在回家的路上、在旅行的途中、在和同学聚会的时候能立刻停下来，修改录错的数据。感谢你们在我麻烦了大家一次又一次之后，还没有删掉我的电话和微信。感谢你们，最团结、最欢乐、最有爱的二组成员。

（二）理性思考

1. 贫困与非贫困的差距

最直观的感受是贫困村发展得比非贫困村要好。一些贫困村的项目动辄上百万元，但某个非贫困村的村干部说，他们村从2015年到现在投入的资金总共100多万元。贫困村的村委会、村民活动室普遍修得很好，基础设施也好过非贫困村。甚至有村干部直言，他们村就是脱贫太早了，当年因为基础设施建设投入超过了一定数额，所以达到了脱贫标准，但是因为近几年没有享受到政策，所以反而发展不如贫困村。

我想是否在脱贫攻坚取得阶段性胜利之后，政府应当回过头来关注一下当年的非贫困村？同样地，很多建档立卡户这几年在政策帮扶下生活条件已经大为改善，但是一些没有得到政策帮扶的非建档立卡户家庭条件仍然不好，属于边缘户，很可能因为家庭变故而返贫，需要当地政府多加关注。

知行兼修玉成器

2. 发展产业的重要性

在我们调研的村子里普遍存在着这样的情况：如果这个村子能够发展产业，那么农户的经济条件通常就会比较好。因此，找对适宜发展的产业很重要。比如，有些海拔较高的村子发展了高山有机茶叶，市场价格远高于普通茶叶；有的村子引进烤烟厂，带动了很多村民通过种植烤烟增加收入；有的村子借助自然条件发展了中药材产业，村民收入普遍较高。而那些没有产业的村子，村民依然依靠种植传统的水稻和玉米，收入偏低。发展产业需要村干部的积极引进和推动，还需要政府的政策帮助和支持。例如，在黔江的一个村子里，有一家种植万寿菊的大户，他就是自己从外地引进的品种，并没有等靠政策帮扶，而是决定发展这项产业后，根据现有政策寻求资金支持，现在不仅自己收入很高，还带动了村里的一批农户在他的种植园务工，自己致富的同时也帮助了他人脱贫。

3. 基础设施的重要性

在重庆调研的 20 多天，我深刻感受到基础设施的重要性。从村里的基础设施状况就能大致看出这个村的生活水平，如果到某个村小组的路还没有硬化，那么这个村小组必然是村里情况最差的。虽然很多是近几年才硬化的道路，我还是能够感受到国家推动发展的努力，有了路就有了发展的希望。

4. 专业人才的重要性

其实，我以前不是特别理解为什么要专门从现有的机关干部中选派第一书记和驻村工作队，通过这次调研我找到了答案。从市县机关部门选派的第一书记，会对贫困村的发展起到非常大的帮助作用。有的村的第一书记是农业部门的，很快就能够帮助村里发展起特色产业；有的村的第一书记是水利部门的，村里饮水设施就会做得非常好。很多负责任的第一书记给村里带来了资金、项目和产业，自然而然地提高了村民收入，村民对他们的评价也非常高。还有些第一书记到村以后，帮助原来的村干部形成新的工作模式，这样即使第一书记离职后，这个村子还能长期健康地发展下去。因此，第一书记作为外调来的专业人才，对扶贫工作起着非常重要的作用。

乐在躬行

文/王新星

（一）你我不说再见

大概是 6 月底接到导师的通知，说要去重庆进行贫困县退出评估调研。开始不以为然，觉得就是去做做问卷而已。直到我到了北京参加了培训会，才意识到此次调研非同一般。我们要做的事情将载入国家脱贫攻坚事业的史册，这意味着我们肩负着重要的使命。当我到了万州受到当地领导热情接待时，更感觉到肩上的任务重了许多，此次调研任重道远。

出发前，刘老师说明了选我们这些学生做评估的原因，因为我们涉世未深，未被人情世故磨圆，讲得了原则，守得住底线，而且还有自己的理想，有书生意气，我们有对问题刨根问底的热情，能发现最真实的情况。事实也是如此，我们没有任何顾虑，不需要顾及当地政府的各种考虑，不用左右逢源。我们需要做的就是入户调查，将农户的真实家庭情况反映出来，发现疑似户让老师审核。

调研队伍有南队北队两队共一百多人，南队是来自南昌大学的师生，北队是来自北师大、首经贸和中央党校的师生。我们在万州集合，然后分四组进行工作。我们 7 月 10 日从北京出发，11 日到达万州，以后转战其他区县，兜兜转转于 30 日晚上又回到万州。8 月 1 日是一个难忘的日子，我们挥手道别。南队祝北队一路顺风，北队许诺南队有缘再会。

短短 20 多天里走过许多路、去过许多村子、访过许多农户、填过许多问卷、经历了许多事，有些事想得明白，有些事还想不明白。同时也认识了许多人、许多优秀的人，他们都是值得深交的人，工作时认真，工作之余调侃、大笑。他们都是值得长亭送别、酌酒尽欢的人，都是值得日后到了某城必须拜访的人。

20 多天很长，够我们做许多问卷，够我们累得身心俱疲，够我们习惯晕车。20 多天又很短，不够我们把照片拍完，不够我们把自己介绍完，不够我们把玩笑开完。这 20 多天里，在二组很快乐，我们去过最深的大山，到过饮水无保障的村子，走过难走的山路，也去过开发旅游的村子。之前的朋友大都是同学，这次我们更像是战友，这种友谊没经历过。还有我的搭档，我可能是她带过最差的徒弟，她是我见过最负责的老师，耐心且不失礼貌地手把手教我怎么调研。这段经历很奇妙，注定是一段需要慢慢消化、常常回忆的经历……

20 多天的同甘共苦让我们不忍别离，然而去留终究不能由己，我们能做的只能是在离别时好好说再见。最怕别人送，送别总是煽情。

（二）扶贫不是口号

我们在这 20 多天里去了许多贫困村，走访了许多农户，填写了许多问卷，遇到了许多事情。大部分村子政策落实很好，水电路等基础设施基本完善，工作成效显著，村民都比较满意。也有一些村子工作不到位，村民的意见也比较大。

有的农户很知足，我们去时他们很高兴，一直说国家政策好、给了他们很多帮助。当问到满意不满意时，他们会高兴地告诉你"啷个不满意嘛?"他们表示国家给他们的帮助已经很多了，不能再给国家添麻烦了，可以靠自己养活自己。而有的农户就是纯粹的等靠要，自己身强力壮还觉得国家给的不够。因此，我觉得扶贫首先应该扶志，人有斗志才能奋进，才能让生活变好。

对于村子也是同样，一个村子有斗志才能打赢脱贫攻坚战。为了做好扶志工作，村委要做好宣传和动员，有的村子刷有"宁愿苦干，不愿苦熬"

"脱贫不依不靠，发展敢闯敢冒"等标语，这就是很好的方式。村子里要有一股干劲、有奋发图强的风气。只有从上到下都有脱贫的意愿和信心，才能彻底脱贫。政府做好安排部署，规划好脱贫方案。干部要做好领导和管理工作，起好带头作用，探索创新，找出符合村情的因地制宜的扶贫方法。村委是与群众联系最密切的最基层组织，落实各项政策的关键在于处理好与村民的关系，取信于民，让村民看到脱贫的希望，让全村有脱贫斗志。

百年大计，教育为本。解决贫困村教育问题是脱贫攻坚的重要环节。贫困村的教育基础整体比较薄弱，山区里的村子很大，但也许只有一个小学，小孩子上学要走很远的山路。同时，教师资源相对匮乏，而且农户对孩子的教育也不够重视。脱贫攻坚任重道远，授人以鱼更要授人以渔。

在走访贫困村时，那里的孩子们留给我很深的印象。他们年纪尚小，还意识不到贫困问题，因此他们和其他同龄的孩子一样，活泼好玩。尽管山里住得分散，他们也会跑很远的山路去找小伙伴玩。有一天，我遇到一个小朋友在纸片上写东西，我问他写的什么，他说在写三国杀。我很惊讶他居然接触过三国杀，并且会玩，而且惊讶他在自己做卡牌。很遗憾当时没能从书包里掏出一套三国杀给他。

我认为产业扶贫是最直接、见效最快的扶贫方法。走了这么多村子，了解了各村的经济状况之后，我觉得有产业的村子经济状况普遍较好，扶贫成效也明显，村民收入高且有奔小康的意愿与自信。基本上每个区县都有自己的特色产业，比如，万州的一些村子种植特色柑橘和蓝莓，丰都的一些村子有烤烟和李子，黔江的一些村子发展烤烟和蚕桑等。

要想富先修路。有路才能引进来、走出去，只有基础设施条件改善了，发展才有保障。然而，在重庆的贫困县实现这一条却没这么简单。由于修一公里路要花费45万元，而易地搬迁一户平均补贴3万元，所以，少于25户的农村聚居点也不适宜修路。第一天的入户感触极深，我们乘坐考斯特车颠簸了一路，我从车窗向外看了一路。山路很窄，刚够对向错车，而且弯弯曲

知行兼修玉成器

曲。我们花了将近两个小时才到乡政府，接近中午才到农户家，于是终于理解了"偏远山区"的含义。村里人要出趟远门只能依靠每天几趟班车。山路曲折，电动车、三轮车这些农村常用的交通工具无法使用，农副产品只能靠外面来收，交通运输的困难给发展带来许多阻力。

最后，我想说的是一方水土一方人，不同地区有不同的自然条件和社会经济特点，每个贫困村也有各自的致贫原因。因此，脱贫攻坚确实是一个世纪难题，党中央敢于直面这个问题确实是下了大决心，习主席敢于立下脱贫军令状确实有魄力。问题就是贫困，任务就是脱贫。这次调研让我看到了精准扶贫不是花架子，各级政府都在做实事，让我看到了脱贫的希望。不可否认，扶贫工作中还存在一些问题，但是取得的成效更令人信服。

尹老师带领队员们午间在某小学的 2.1 班教室开总结会。42 度的高温，教室没有空调，只有四台电风扇用力吹着，风也是热的。

重庆评估，不虚此行

文/刘威

（一）一次难忘的调研

此次评估对我而言，除了入户调研之外，有更多的时间与心力去观察重庆的山水人情、战友的状态以及各县的扶贫成效。

我的家乡地处路阔地平的山东，我求学于山峻水美的江西，来到楼阙重坐云峦中的重庆，自然与人文的与众不同给了我不小的震感。眼之所及之处，低山丛丛簇簇，挤挤攘攘，山与山间竟忘了给人们留下几尺建房的平坦之地，房子只好建在坡缓的半山腰。对比江西，山峰虽险，但总有盆地，村庄便修建其中。

从城市到村庄，居住越来越分散，山路越来越崎岖，对于大多数的北方队友来说，跋山涉水是个巨大的挑战。一天下来头晕目眩，无心吃饭。幸好，红色、黄色和紫色的蜻蜓，还有路边不知名的各种小野花给严肃的评估工作增添了许多乐趣。20 多天下来，我已然将重庆的常见植被认了个全面。

身体健康是提高工作效率的保障。我清楚地记得，在工作进行到一周左右的时候，周围的同学陆续开始出现排便不畅、胃病、感冒、起疹子、睡眠不足等一系列的疾病与不适，鉴于对评估工作的高度负责，队友们都带病坚持工作，但疾病还是或多或少影响了大家的工作效率。

作为一名体弱队员的典型代表，此次出行 20 日里我也偶尔不适，但未得大病并坚持下来，这对于我个人来说是一个不小的进步。在我看来，我的身体获取能量的方式主要为两种：吃饭和睡觉。为应对艰苦的调研，一定要保证饮食和睡眠。所以，我在调研中基本秉承以下原则：（1）保护肠胃的基础上充分补充营养。重庆当地的饮食可以尝鲜却不能多吃，饭可以吃得多却不可以吃得杂，素食为主，肉食为辅，控制生冷与辛辣。如果吃了太多当地的特色饮食，就应及时咀嚼健胃消食片，否则肠胃受损得不偿失。（2）每天至少睡够七个半小时。此次评估可以说安排得比较科学，队员们有充分的时间保证休息，但是据我观察，因为个人习惯不太好，队员中十二点以后睡觉的大有人在。由于每天早晨有严格的出发时间约束，这些同学自然睡眠不足、体力跟不上。虽说个人的生活习惯比较难改变，但不是完全没有办法，可以在今后的调研过程中设置一条关于早睡的纪律，并时常提醒大家，强调睡眠的重要性，效果一定会好得多。

评估中唯一下雨的这一天，我们需要徒步到山中。刚刚上路，距离目的地还那么遥远，天又下雨，有些气馁。这时，向导一指云雾缭绕的山中小村，"我们就是去那里"，驻足远望，顿觉神清气爽，忘了路途的遥远与泥泞。

20多天的评估下来，我的心变得既柔软又坚硬。对于家境真正困难的家庭，我尽量给予充分的同情，并耐心、尽职地了解家庭环境；对于村干部投入扶贫工作的辛苦，我用心体会并报以足够的尊重，这是我的情感。同时，我也始终没有忘记"两不愁、三保障"的底线，对于达到于收入标准线的边缘家庭，我能够给予的也仅仅只是同情，而不能给予更多的国家政策扶持，这是我的理性。重庆之行让我看到了中国贫困的底端生态，明白了扶贫工作的艰辛，知道了舒适生活的来之不易，学会了珍惜团队作战的经历。总之，重庆评估，不虚此行。

（二）迎难而上

1. 一个修复干群关系的良机

扶贫除了帮助贫困人口实现脱贫的目标之外，我认为另一个明显的作用是拉近了干群之间的距离，这是我从贫困户满意的笑脸上及与村干部交谈的过程中感受到的。

自从 2006 年国家全部免征农业税以后，村干部与农民的关系似乎发生了断裂，村干部的收入不再来源于农业税，而是由上一级政府直接下发，村干部因而对农民的责任感有所下降。另外，农民不需要上缴农业税，村干部没有了强制其缴纳的权力，农民与村干部的接触也日渐减少，干群关系就这样渐渐地疏远了。

精准扶贫是拉近干群关系的一次良机，各级政府应当将扶贫工作落到实处，打破老百姓对政府的刻板印象。落到实处就是要真正解决贫困人口的实际困难，而不是做表面文章和面子工程。但是在入户过程中，我发现很多帮扶责任人到贫困户家中探访的次数很多，但却并没有解决贫困户家中面临的最紧迫问题，导致人力和物力的浪费；或者帮扶责任人提供的帮扶措施与贫困户的实际需求不符，导致扶贫资源消耗。因此，扶贫工作落到实处，帮扶干部态度不卑不亢，干群间的关系自然就会紧密起来。

2. 不忘记每一个农民

在此次评估过程中，农户与我交流时重复率最高的一句话除了"我家里穷"以外，就是"国家的政策是好的，但是到了地方上执行不力"。我问自己为什么这句话的重复率会很高，这其中一定存在一些问题。因此，我对这句话进行了深入思考。

其实，不仅仅在此次评估中，就是在日常生活中，我也经常听到类似的言语，即老百姓认为中央的政策是好，但到了地方就感觉不好，因此出现"告状""上访"的现象。在与农户交流的过程中，我发现国家与中央在他们心中是一个笼统的概念，他们大多数既不知道国家有哪些部门，也不知道国家管理如何运转，他们不知道所谓国家与中央的任何细节，只是一种神圣的存在。地方政府对于农户来说是一个有血有肉的、天天接触的、优缺点完全暴露的组织，农户会具体到某一件事情来阐述，甚至乡村干部的每一句话、每一个表情都能描述得绘声绘色。

另外，我进一步分析得出，说此话的人多是没有得到政府帮助或对政府帮助不满足之人。因此，他们说这句话就分为两种情况：一是地方政府确实存在问题，大家都没有得到政府扶持；二是帮扶过程中由于资源分配不均匀引发了这些人的心理不平衡。

针对资源分配不均引发的心理不平衡也可以分为两种情况。一是由于乡村干部的个人因素，使得确实应当帮扶的人没有获得利益，从而引发群众的心理不平衡；二是由于农户认为自己家中贫穷，可以达到申请贫困户的标准，但是未获得或者少获得了一些利益，从而心理不平衡。若是第一种原因，国家应当有严格的制度保障；对于第二种情况，即政府已经比较公正地提供了帮扶，但是农户却认为家中获得的资源过少或没有，这就相当于政府做了工作，但是满意度却不高。

非贫困户的满意度普遍不高。在我们走村入户的过程中，他们通常表示不清楚评定贫困户的政策、标准、流程等相关事项，自己申请贫困户被驳回也不知道是何原因。因此，在贫困户获得政策扶持的同时，自己的问题却无人过问，于是就心生不满。

在我看来，不管是在江西还是重庆，我都能深切感受到乡村干部为了扶贫事业付出的努力，可以说，自精准扶贫以来，他们的每一滴汗水都洒在了扶贫事业中。为了使乡村干部的每一丝辛苦都有回馈，拉近干群关系，我认为乡村的政策宣传上应当兼顾每一个人，而非只注重贫困的群众。如果乡村干部能够及时宣传扶贫政策、透明扶贫程序，让非贫农户了解国家的政策，知晓评定贫困或低保的底线在哪里，相信每个群众对政府的满意度都会提升。

3. 大路和小路

晕车恐怕是此次评估让一些队员最头痛的经历，我也不例外。崭新的盘山公路得来不易，我无法想象前几年路面未硬化时，途经此处的人是多么辛苦，这让我不忍心再抱怨山路的曲折。但是，由于超重货车的碾压，很多新修公路已经处于破损状态，公共基础设施的损耗到底谁来买单？通向乡镇政府的公路通常都是沥青路面，但是通道村庄的公路，大都是水泥路面，水泥路面造价相对较低，因而也相对容易毁坏。以当前大多数村庄的路面宽度来说，刚好够一辆货车通过，压坏公路是常有的事；如果缩小路面宽度，货车无法进入，农民的生产和生活成本就会增加；如果提高乡村公路的质量，那么造价就会上升，者对村庄来说是一个不小的开支，并且每个村庄道路的情况不同也不能一概而论，如何取舍还需要根据实际情况。

从村庄通往农户家的小路也是蜿蜒曲折，多为泥土路与石板路。由于农户的房屋坐落于山上，坡度陡峭，乱石嶙峋，将小路硬化到每家每户的门口是一项成本极高的工程，更不用说后期的维护与整修。因此，小路难以通户是此次评估村庄普遍存在的问题，使农户出行非常不便。县级政府可以将建小路通户当作一项技术性的工作，组建一个工作组，将建小路主要的困难罗列出来，并对应困难提出成本较低、经久耐用、简单易动手的建造小路的办法，然后将技术交给乡镇政府，在乡村政府的提倡与教习下，让村民自己动手整改通户小路，政府补贴一部分成本。在我看来，全部小路硬化，成本高、易损耗、破坏环境，可以在原有通户小路的基础上，进行微调，这样成本低廉且方便生活。

作为一名普通评估员，虽不能对村庄有整体的了解，但是我可以专注于我的所见所闻，从身边的细微之处了解村庄的扶贫攻坚工作。

知行兼修玉成器

艰难无从避，苦痛可选择

文/王岳

（一）看见生活的浮光掠影

这是我第三次参与精准扶贫第三方评估调研了，然而在出发之前，我却比以往都要紧张许多。其一，这次要去的是不熟悉的西南乡村，不管是自然条件还是人文环境，对我（以及大部分老师同学）而言都是陌生的。其二，不同于以往的省级成效评估，这次要做的是退出县评估检查，调研结果是非黑即白的判断，因而容不得有一点模糊和失误。其三，这次我不再是普通调研员，而是负责了全队日常事务的后勤员，如何能够保证100多人的食、住、行，保证大家全身心投入工作，这是我从未遇到过的挑战。

幸运的是，重庆组的老师和同学们不但身怀绝技、各显神通，更是团结有爱、尽职尽责。每天，大家冒着酷暑前往农户家，再累也不忘礼貌地打招呼，晕车也不叫苦，吃了晕车药继续工作，录入数据、收集材料更要熬到凌晨；老师们既要组织同学工作，又要入户复核，晚上还要开会研讨当天的工作、安排之后的进度……每个人都能让我深深感动，看到他们疲惫但充满热情的身影，我既骄傲又心疼，自愧无法像他们一样优秀，唯有更加努力做好自己的工作，尽己所能为团队尽一份力，帮大家分忧。

虽然这次我基本上没有参与入户工作，但在饭桌闲谈和讨论会议上听老师和同学们说到了不少故事。即便手里拿的是格式化的问卷，写的是冷冰冰的数据，但每个调研员都是在用心了解坐在对面交谈的农户，倾听他们生活的喜与悲，通过短短十几分钟的交谈，瞥见他们生活的浮光掠影。有位奶奶今年70多岁，儿子早就离家出走，奶奶独自养活着两个上大学的孙子和孙女，她没有抱怨自己有多么辛苦，而是满怀希望地把家里和田里都打理得井井有条。有个小伙子很多年前就去外地念书了，但只要有假期，他就要回到老家来，坐在家族几辈人盖的吊脚楼里摆弄他的高科技设备，清风穿过厚重结实的廊檐，吹得他家门前那一片荷花摇摇摆摆。80岁的老人看到调研员前来，笑眯眯地端出自家酿的梅子酒、自己烤的小土豆，十分热情地一再劝大家尝尝，也许直到调研结束他也不知道这些孩子们是来做什么的，只满心欢喜地把他们当稀客好好招待……听着这些故事，我仿佛在一个月内经历了几千个不同的人生。

一边是我们的调研队伍每天起早贪黑，忍耐着高温、疲惫、枯燥，却仍然在说起工作时眉飞色舞。一边是淳朴的乡亲们，住在风景如画的山水之间，虽然物质匮乏，却仍然在说起生活时满怀希望。

在这短短的20多天里，说不辛苦那一定是谎话，但我没有后悔参加这次调研，看到了这些美丽的景，遇到了这些可爱的人。

Pain is inevitable. Suffering is optional. 生活必然起起落落，艰难困苦无可避免，但是否将之视为苦痛，则是我们可以选择的。

（二）对于精准扶贫评估检查工作的建议

与每年年末的精准扶贫成效考核有所不同，本次调研工作的对象是贫困退出县，调研目的是评价该县能否退出贫困县，调研方式既包括评估，也有检查的成分，所得结果只有两个：退出或不能退出。

基于此，我认为在退出县评估检查过程中，首先，应充分注重精确化、标准化和定量化。例如，提前给问卷中相关问题进行赋值，并严格培训调研员，确保每个人都了解这些问题的含义和对应的分值，在调研结束后核算最后得分，据此判断调研县能否脱贫摘帽。

其次，调研过程中有很多问题其实并不存在明确的判断标准，在很大程度上会取决于农户和调研员的主观认识，突出表现在"是否吃穿不愁"和"是否为危房"这两个问题上。因为吃穿不愁基本以农户自己的观点为主，调研员也可以通过农户家里的物品做出判断。从整体上看，调研结果没有大的偏差，但也有少部分农户可以保证温饱，但吃穿水平较低，是否"发愁"难以明确界定。此外，确实结实可靠的房屋和有危房证书的房屋都好判断，但有部分房屋目测非常破旧，又没有鉴定证明。希望在调研中完善一些重要指标的判断条款，并配备专业的技术人员，确保全队的判断是精准的、统一的。

我的导师、师妹、师弟和我，我们四个人全程参与了调研，在工作中熟悉、了解、信任对方，成为真正的一家人。

最后，每个农户都是独立又特殊的个体，仅凭两个调研员十几分钟的访谈，可能会误判农户的家庭情况。本次调研中采用的复核机制可以充分保证判断结果，但有必要进一步总结完善，形成一套"初步访谈＋当天复核＋归队讨论＋补充材料后研判"的流程，确保每一次判断都是经过充分调研和讨论的，尽最大努力避免偏差。

难以忘却的重庆调研

文/郑学盛

（一）经历烈日与骤雨，我们遇见你

重庆，长江横贯，山水相依，有"山城"和"雾都"之美誉，能和一群可爱而优秀的人结伴工作和生活 20 个日夜，三生有幸。很感谢有这样的机会，可以深入重庆的三个区县，领略其自然风光和体察其社会人文。

1. 万州

万川毕汇，万商毕集，绚丽万州，惹人心醉。初到万州，就被这里的城市建设所震撼，高楼依山临水而建，长江大桥气势恢宏，具有城市的大气和繁华，完全看不出这是个贫困县。但是，步入万州的农村，我着实被万州城乡的差距吓了一跳。乡下风景虽好，却有良田闲置、旧房残骸碍人眼球，只因许多农户举家外迁谋生存；农家生活虽渐渐不愁温饱，但山区道路、通信信号等仍然存在问题，导致农民的生产生活不能进一步发展。见此情景，难免惹人叹息。暗藏在繁华背后的贫困，更加令人心痛。走在万州的各个村子，一遍遍想起"脱贫攻坚，不落一人"这句话，恍惚间，仿佛领悟了第三方评估的真正意义之所在，我们是要监督和见证贫困的消失和十四亿人民走向共同富裕的事实。

2. 武隆

美景汇集之地，百姓热情似火，是我对武隆最深的印象。且不说天生三桥的雄伟瑰丽、仙女山的清新秀丽，乌江穿行，陡崖峭壁，处处都是景致。进到农户家里，还不及道明来意，就被招呼着坐下，西瓜、玉米、李子，非得塞到我们手上，仿佛多年未见的老朋友突然造访。谈及家庭情况，都不用我们提问，农户便娓娓道来，述说他们的故事。言语间，我们能感受到他们对眼前生活的自信、对美好未来的渴望、对所得帮扶的感恩。大概这就是中国的农民吧，自强不息而热情好客，潇潇洒洒地面对还不够好的生活，拼尽全力去创造更好的未来。有这样的访问对象是调研的一大幸事，他们满满的正能量感染着我，也激发着我对于扶贫事业更深的爱意，能见证一群可爱的人生活得更好是最有意义的事。

3. 秀山

三省交界，秀丽山城。秀山是少数民族聚居之地，也是我所调研过的民风最纯朴、最真性情的地方。无论是对政策的褒奖还是对村干部一些做法的不满，他们都毫无保留地直接表达出来，丝毫不加掩饰。对于我们评估组的突然来到，他们的热情欢迎和紧张戒备也都袒露无遗。然而，无论是其满意的感恩之辞，还是不满足的小抱怨，我所能感受到的都是对生活满满的热爱。这是我所想看到的真正的乡土气息。而这里又是省界，调研的好几个村，都与湖南错落交织，你中有我，我中有你。秀山的路修得比湖南那边好许多，一边是地标清晰、少有扬尘，另一边则是坑坑洼洼、处处裂缝、尘土飞扬，农户们对此很是骄傲。听他们一席话，我竟觉得生活就该如此，无论贫穷与否，都要有希望、有态度、有"脾气"地过日子。于是乎，这样的调研不仅是有情怀，更是一种惬意的享受。

用 20 天的时间经历烈日与骤雨，看连绵的山和大朵的云，穿越丛林与泥泞，去遇见一尘不染的灵魂。收获的不只是一段经历、一份记忆，更是永不贬值的精神财富，我为此而欣喜和自豪。

（二）愿贫穷成往事，随云烟散

调研必有问题可以发现，我虽浅薄，但也发现了一些，可以稍做点分析。

1. 贫困户识别有待进一步精准

我在调研中发现，一些脱贫户的家庭生活条件要比一般农户好。通过访问得知，他们的家庭结构、收入支出情况、身体健康状况都没有太大的变化，家庭生活条件相比于脱贫前改善得并不是很明显，并且那些一般户的生活状况在这几年间也没有出现明显的恶化。这就在一定程度上说明，有的村庄在精准识别上不够到位，没有较好地甄别出村庄中相对贫困的群体，好在真正困难的农户基本都被评为贫困户并享受帮扶政策。当然，当地基层干部也在不断修正贫困户的名单，2017 年又新增了一批贫困户。这应当是对精准识别的不断完善，也算是评估检查促进了地方精准脱贫工作的完善，也有其积极作用。

2. 户口信息混乱

在我们访问的农户中，有许多已经转为城镇户口，或者家庭部分成员转为城镇户口，却没有另立户口，导致同一户口里既有农村户口又有城镇户口。为确认这一现象，浪费了我们一些时间，影响了工作效率。还有的农户家中成员已故或迁出，但村委会没有相应的信息变更，这也给评估工作造成一些误导。此外，身份证、户口本上的地名信息与实际行政区划名称有出入，也给信息的准确采集造成一些不便。因此，希望地方政府在户口信息管理上更加细致一些，使农户的家庭结构等信息可以在户口上清晰而准确地体现。

3. 基础设施建设有待进一步加强

在我们所到的村庄，贫困户的生产生活条件都在帮扶下得到了改善，但有些村庄的基础设施建设还需进一步改善。山区只有移动的信号较好，联通和电信的基站不够；山路崎岖，一些道路还没有硬化；供水条件差，有些地方甚至需要储存山泉和雨水用于日常饮用……

我印象最深的是，第一个是村子里没有自来水，农户从自家屋后的山坡上引泉水到一个小池子里，再引到家里作为饮用水。第二个是整个村小组只有细细的一条供水管道，各家要用时就把自己家的管子接上去，后面的人家

知行兼修玉成器

要用时再把之前农户的管子拔掉，再接上自己的管子，大家轮流用水，非常不便。

在一些较为偏远的地区，供水、交通、通信确实难以全面覆盖及完善，但基础设施是一个村庄、区县整体脱贫的表征之一，其重要程度不亚于提升农户的吃穿住质量及收入水平。唯有以基础设施建设的大局为重，细致地为每一个贫困户提供帮扶，量身打造脱贫之策，才能真正做到"精准脱贫，不落一人"。

如今的中国农村仍然存在一些棘手的问题，百姓们有的还生活在艰难困苦之中，基层干部也是日夜奔忙。我作为一介学子，虽然不能投身于此，暂且许下一个愿望，愿脱贫之日早些来临，贫穷成笑谈，困苦且随云烟散。

遇到、得到和想到

文/闫帅

（一）一段经历

一段经历，20 多天，三重收获。在此过程中，我认识了重庆，完成了工作，结交了友情。

关于重庆，这是一段遇到、得到和想到的旅途。初来乍到之时，重庆是陌生而又新鲜的，脑海里快速搜寻着同学介绍的美景和美食，期待着未来的一饱眼福和大快朵颐；同时，身体感受着阳光的炙烤，为未来连续的高温工作心生烦躁。到达第一个调研县时，万州的城市风光、起伏的公路、远处的山峦、近在咫尺的长江、好吃的小面都令我充满了惊喜。

工作期间，随着汽车翻越一座座高山，来到整洁干净的村委会，和热情的当地人打着招呼；行走在乡间道路上，眺望着四周的村容村貌，叩访一户户人家，让我觉得和重庆算是有了一次真正意义上的亲密接触。

随着调研工作的继续，我翻过了更多的山，走过了更多的村委会，遇到了更多的重庆人，见识了更多的乡土人情，我开始去观察与思考这里的独特之处。城市坐落在依山傍水的地方，似繁华又似落后；饱含辣味的美食小吃独具一格，少数民族风情与文化丰富多彩，当地群众具有寻常的朴实，过着酸甜苦辣俱全的日常生活。

关于工作，这是一段生疏、熟悉、理解的过程。第一天的工作手忙脚乱，慌乱地从背包中掏出调研的相关材料，拿起手机匆忙拍摄录像，切换到调研 app 并探索式地点击输入；回到酒店慒慒地反馈问题，找出培训手册进行对照式的信息整理。看着流逝的时间，叹息工作的繁重。慢慢地，我做到了将问卷内容熟记心间，调研内容事项信手拈来，app 操作得心应手，信息组织管理挥洒自如。就这样一步步熟悉了工作流程，学会了合理利用时间，做到了从容不迫地切换任务，能够高效率完成工作。做得多了、老师强调得多了、经历得多了之后，对于身体劳累的抱怨自然也就少了，对于工作中问题的质疑也得以解释，对于工作重要性的认识也更加明确，对于圆满完成工作的信心也更强烈。

2017 年 7 月 12 日，万州调研的第一户，不错的开始，值得纪念一下，也感谢队友带我、教我入户访谈。

关于友情，这是一段相逢、相知、相互的经历。来自南北多所大学的我们，怀揣着各自的青春情怀，在长江边上有了一次从路人到友人的相逢。初次见面，我们秉持着多多关照的原则，各自投以对方问候及敬意；再次见面，我们各自拉开了一次非正式自我介绍的序幕，畅谈了个人基本情况、生活和学习状况等；多次见面，我们已不再陌生，多了些调侃，多了些谈笑风生，多了些互相学习，多了些互相理解，多了些互相认同。我们的友情产生于相互学习时的朋辈之谊；发展于共同合作时的偕行之悦；加深于各自返程时的离别之殇。这段友情的大概就是：一男、一女、一分队。

（二） 一些思考

扶贫工作大致可归纳为如下四个问题：谁是贫困户？贫困的原因是什么？怎么开展针对性的帮扶？帮扶效果怎么样？

第一步就是要明确扶贫的对象，即贫困户是谁的问题。国家针对贫困户的识别有专门的规定和流程，结合重庆实地调研和村务信息公开的情况，可以确定地方政府也是这样落实的。但我们在实地走访的过程中，仍然有村民反映贫困户评选的过程不透明，结果不公正等问题。我对此问题的理解是：首先，农户被评为贫困户后，确实在收入、补贴、医疗和教育等方面有显著收益，这就贫困户与非贫困户的心理不平衡。其次，也存在有些村民对贫困户识别政策理解不到位的问题。比如，有些农户只看个人情况，忽视户籍上其他家人的贡献；还有由于重庆户籍管理方面的原因，一些长期居住在农村的非农贫困家庭未被纳入评选对象。针对贫困户识别问题，在现有民主评选、公开公示的基础上，还应建立群众和上级监督的机制，尤其对于村干部等被评为贫困户的问题应重点核实。

关于致贫原因，根据调研期间访谈农户的情况，我发现重庆的贫困户致贫原因主要是因学和因病两大类，因学的比重更高一些。因学致贫的家庭，主要是在孩子上高中或大学期间较为困难，由于花销较多，再加上如果家里收入本来就少，家庭负担的确较大。但在度过这一时期之后，随着家庭新劳动力的产生，家庭脱贫基本不成问题。因病致贫的问题相对复杂一些，脱贫也更困难一些。家庭成员如果得了慢性病或者大病，不仅会增加医疗上的花费，有时还因需要看护人员而减少家庭主要劳动力。因此，针对因病致贫的家庭，有针对性和成效性的帮扶就显得尤为重要。

在帮扶措施方面，通过实地调研发现，这里的帮扶主要有产业帮扶、危房改造、健康帮扶和教育帮扶等。这些帮扶措施主要是基于重庆地区实际的

知行兼修玉成器

地理环境和资源条件以及致贫原因等多种因素而综合形成的。从落实情况和实际效果来看，教育帮扶落实最好、成效最佳，基本上能保证建档立卡贫困家庭的子女教育无忧。另外，万州和黔江等地在危房改造、高山移民方面的工作也相对较好，能保障危房家庭有新房住。一些村子组建合作社，通过发展集体经济、产业帮扶使当地群众增收，效果也比较明显。也有一些村子通过发放种苗、种畜等方式进行帮扶。结合重庆地区的自然条件，我认为通过发展村集体经济带动村里的留守人员务工创收是比较好的方式，尤其是对那些因病致贫、因残致贫、缺少稳定劳动力的家庭而言，是非常有效的方式。

好奇、忐忑、坚持

文/耿洁

（一）百闻不如一见

每次调研都会有很多人生感悟，有忧国忧民的、有慷慨激昂的、有其他种种。大概想用三个词来形容这次的调研：好奇、忐忑和坚持。

先是好奇。重庆给我的印象一直是一个充满惊喜和活力的地方，一直就对重庆充满了好奇，但之前没有机会来重庆。当得知这次可以随队前往重庆时，欢欣鼓舞了很久。满心都是好奇，好奇重庆的建筑，好奇重庆的小吃，好奇重庆的夜晚……最多的是好奇重庆的农村是个什么样子，因为自己是一个北方人，北方的农村是聚居的，道路是笔直的，房子大多是一层的；后来见过江西的农村，是分散分布在比较偏远的山里，道路曲折绵长，房子一层是不住人的。所以，我好奇重庆的农村是如何分布的，和同处南方的江西会有哪些相似，又会有哪些不同？当我真的到达重庆时，一个个的好奇得到了解答，但随即又产生了一个个新的好奇。

一进入重庆万州，我就被重庆建筑的立体感所征服，喜欢这种有起伏的状态，多了新鲜感和活力，大概是因为我 20 多年的人生中所接触到的城市都是平坦的吧，所以好奇心就更重了，特别想四处走走、看看。之后，我被重庆的夜晚所迷惑，火热的夜晚和江边吹风的行人，都是一个城市最迷人的风景。当我开始入户调研时就更好奇了，好奇村落的一切：艰难修建的马路、山上种植的不知名树木、农户家里悬挂的腊肉等。20 多天下来，我很感谢自己的好奇心，它让我对很多事物产生兴趣，进而让我有动力去努力工作。

再说忐忑。其实，每次去调研我的内心都会充满忐忑，担心听不懂当地的方言，担心无法挖掘到最为真实的信息，担心种种突发因素等。这次也是一样，因为从来没有到过重庆，就担心不了解当地的风土人情，担心听不懂当地人的方言，担心无法把工作做好。来之前临阵抱佛脚学了一点重庆话，了解了要去的几个县的情况，但还是很忐忑地踏上了前往重庆的火车。来到重庆之后，每天都是怀着忐忑的心情去工作。一开始的几天，一听不明白重庆话心里就有点打鼓，好在后面慢慢适应了。遇到比较复杂的情况时，也会很慌张，但幸亏老师和组长都会及时提供帮助，就会感到很安心。其实，怀着忐忑的心情挺好的，会使自己的工作认真和仔细很多。

最后是坚持。20多天其实是很长的一段时间，来之前我问过自己是否可以坚持下去，那个时候我觉得自己可以，毕竟吃得饱、睡得好就行了。但来到重庆还是遇到了很多棘手的情况，一开始在万州就突然感冒，然后特别紧张地吃了药，幸运的是慢慢好了起来。到了武隆，突如其来的过敏让我有点慌神，最厉害的那天，老师和我说要是实在不舒服就回家。那个时候我很感动，有那么多关心自己的人。其实也是蛮担心自己的状况，也很害怕耽误了工作，好在去了医院，妈妈也说没事。我告慰自己说：你是仙女啊，仙女是无所畏惧的。过敏慢慢地好多了，我可以继续坚持工作了，继续每天爬上爬下、谈天说地，最后也顺利地完成了工作。十分喜欢这样的自己，可以勇往直前地坚持做完一件事情。

回来以后的第一天还有点不适应。再也不用整理影音资料、不用填问卷和录入json，但突然一下子闲下来，没有同伴一起讨论、一起工作还真的不适应。那一瞬间，我就特别想我的搭档，超级温柔可爱的常盼同学，虽然是分别了，但总会再见的，这20多天有她的陪伴真的超级开心。

说实在的，我真的很喜欢这次调研，它让我看到了基层干部的辛苦，看到了真实的中国农村，认识了很多有意思的人们。虽然我总是同情心泛滥，但乡村就是那样的风貌，大山深处确实很闭塞，不过一切都在慢慢变好。虽然我总是觉得当地政府的工作做得并不好，但我真的很佩服基层的干部们，山路虽远，他们却一直在坚持，值得我们敬佩和尊重。虽然团队中总是会有摩擦，但大家都在积极工作，多么好啊！

（二）百见不如多思

在 20 多天的重庆调研中，我走访了很多农户，见到了不同的家庭组成，了解了各种各样的家庭状况，仔细询问了当地的扶贫情况。在我看来，主要有以下问题需要进一步解决。

1. 户籍问题

没来到重庆之前，我从没想过一个地方的户籍管理可以这么混乱，一家中既有城镇户口，也有农村户口，户籍问题给我们的调研带来很大困难。由于我们此次调研不考虑城镇户口，这些城镇户口实际上大多是老人，他们仍然跟农村户口的家人生活在一起。在评定贫困户或者是考虑家庭状况时，就必须把他们纳入考虑的范围。而在我们评估时，如果其儿子是贫困户，老人与儿子不在一个户口，就必须将二者分开进行调查，其结果必然是和实际有偏差的。而且，户籍混乱的问题拖延了我们的工作时间，阻碍了工作的顺利进行。

虽然说重庆的户籍问题是历史遗留问题，是当时大规模城镇化改革导致的，但当地政府应当重视这一问题，并且有计划地将这些生活在农村的城镇居民进行统计，寻求合理的解决办法，防止漏评的出现。

2. 赡养问题

在本次调研中，我发现经常出现子女并不履行赡养责任的情况。一般来说，当父母不具有劳动能力时，子女应当承担起赡养的义务。按照正常的状况，老人只要有孩子，并且孩子有稳定的收入来源，那生活基本没有太大问题。然而很多孩子并不赡养父母，这就使老人在没有劳动能力的情况下缺乏收入来源，很有可能处于贫困状态。但老人与孩子又在同一户口，按照"两不愁、三保障"和收入来判定，又是没有问题的。这种情况给我们的判定增加了一定难度。按道理说，赡养父母是孩子的责任与义务，然而这种道德伦理问题又极难界定。因此，应当出台相应的政策以保障老年人的生活稳定。

3. 产业支持的问题

按目前的状况，一般因学致贫的相对好一些，会得到教育补助金；因残致贫的可以获得残疾人补贴或者是低保兜底；因病致贫的可以得到医疗补贴。除此之外，因缺技术和缺劳力致贫的农户，往往无法得到有效的帮助。拿养殖业来说，政府往往会提供小鸡和猪仔给农户，但农户有时候并不是很懂养殖技术，一旦鸡养不好生病死亡就会使农户赔钱，家庭状况根本得不到有效改善。虽然每个乡镇都有特色产业支持，但很多情况下并没有使更多农户受惠，产业的缺乏使后续家庭条件的改善比较困难。

扶贫任重道远。尽管目前的工作中仍然存在很多问题，但政策是好的，大方向是正确的，希望政府能认真为百姓做事，争取早日实现全面脱贫的目标。

总得有人去擦亮星星

文/查代浪

总得有人去擦亮星星，
它们看起来灰蒙蒙。
总得有人去擦亮星星，
因为那些八哥、海鸥和老鹰
都抱怨星星又旧又生锈，
想要个新的我们没有。
所以还是带上水桶和抹布，
总得有人去擦亮星星。

——［美］谢尔·希尔弗斯坦《总得有人去擦亮星星》

（一）定格画面

我想把这 20 多天里自己脑海中印象最深的一幅画面写下来，留在这里！

那是一次普通的入户，和往常相比没有异样，非要说的话，就是那天出奇地热，小路上尽是晒焉了的花与草。我们到达这户人家的时间是下午两点半，正是一天中最热的时候。站在门口的是户主的妻子，银加黑的短发，脸色白得很不健康。当我们提出要了解一下家里的情况时，她说："我生病了，可能回答不好你们的问题，我可不可以把我丈夫叫回来，他去地里了。"大约一刻钟后，一个皮肤黝黑、肩宽体胖的大爷回来了，脸上挂满豆大汗珠的他格外热情，一定要招待我们，又是搬凳子又是烧水拿茶叶，忙前忙后，显得有些手足无措……我们劝他坐下，并开始了访问。

知行兼修玉成器

大爷今年56岁，妻子有轻度的精神病，三个孩子都已成家，但是都不太争气，生活过得拮据。家里的房子是30年前修的木质老房子，房檐的一角用柱子撑着，雨天常有水渗下来。不大的卧室里塞了两张床，拥挤却并不显杂乱。他向我们诉说生活，诉说着妻子每月的医药费、不争气的儿子、地里旱死了的玉米以及很久没见面的孙子……然后他递给我一个红色的小本子，说那是他最引以为豪的东西。那是一本退役军人证，里面写着某放射性元素勘探队队员的字样！他望着我，声音有些颤抖地说："真没想到，让我等到了，上面终于派你们来看我们、关心我们了。过了20多年了，我以为国家把我们忘了。"看完他的房子之后，我五味杂陈地离开并向他握手致敬，他把手放在裤子上擦了擦泥土，双手用力抓住了我的手。在我转身的瞬间，他放声痛哭……我从来没见过这种体型的男人落泪，他看起来像是那种从来不会哭的铁人，那一瞬间多年的委屈和心酸一起击中了他！

　　那天回来，我失眠了！他掩面痛哭的画面一直在我的脑海里……

　　这是我走访的第一户人家，一位慈祥的老奶奶给了我第一份重庆热情、第一碗重庆的解暑茶、第一句"要得，要得"，难忘的20多天，从这里开始！

（二）画面之外

　　20多天的走村入户调研体验，个人觉得有两个方面的问题阻碍着扶贫工作的推进。

1. 精准识别是关键

我发现很多脱贫户脱贫前的生活并不贫困，一些非贫困户争相认为自己家也应该被评为贫困户，如果识别不精准就会助长投机农户"等靠要"思想的蔓延以及不平衡的心态。扶贫先扶志的策略在一开始如果没有很好地贯彻下来，就会为后期扶贫工作的顺利推进埋下了不稳定因素。

2. 赡养老人要宣传

从伦理上讲，子女对父母有赡养义务，但在实际生活中却千差万别，不管不问、常年不回家的子女并不少见。对于因赡养不当而生活没有保障的老人，我们所能做得甚少，更多的感受是有心无力。因此，在大力推动经济发展的同时，可否做一些力所能及的事情，比如，修订乡规民约、加大对于尊老的教育和宣传、基层政府对这样的老人提供一些生活上的帮助等。

脱贫攻坚是我们国家正在进行的一项高尚事业，基层干部全身心投入，你我参与第三方评估也置身其中。千难万苦，终不悔被辜负！与大家共勉。

山高路远

文/李露凝

（一） 难忘重庆的好山好水

出生于天津的我，在出发前难以想象同样是四大直辖市之一的重庆，到今天竟还存在 14 个国家级贫困县。来重庆之前，我对重庆的印象停留在朋友圈晒出的各色小吃、洪崖洞的特色商铺和媲美香港的长江夜景。初到重庆，未在主城区片刻停留，我直赴第一个评估地万州区。随着调研工作的开展，重庆山区深处的贫困现状逐渐在我面前揭开。

这是我和搭档走访的第一家农户。访谈结束后拍照时，老人和他的儿子一下子显得非常拘谨，连忙站起来整理衣衫，兴奋地坐定，露出灿烂的笑容。

山高路远可以说是对重庆最贴切的形容。数不清的行政村散落在距离乡镇政府 2 小时山路的大山深处，甚至有些偏远农户的住房距离村委会的车程也在 1 小时以上。我们仅开展一次调研尚如此困难，难以想象住在山沟沟里的老乡的日常出行是何等困难。每每入户访谈问起对扶贫工作的满意度时，农户提及最多的就是扶贫工作开展以来，硬化的道路方便了出行，其后才是各不相同的生活改善。

记得在黔江区一次入户的路程中，向一位村干部问起村里修路的情况。他说，乡镇总共在基础设施改善上投入了近 5000 万元的资金，其中大部分的钱用来修路。在他自己的村子，每硬化 1 公里村路需要 45 万元，这是长期生活在平原的我无法想象的巨大成本。同时，20 多天的入户经验让我深刻地意识到，路是山区的生命线，劳动力的流动、劳作果实的流通离不开一条畅通、稳定的水泥路。

正是长期恶劣的自然条件和交通状况，使山区的许多角落与外界相对隔绝，保留下来了很多原始的自然风貌和淳朴的人文风情。在武隆县浩口苗族仡佬族乡，我走访了一家仡佬族农户。少数民族风情的吊脚木楼面山而建，散养的山鸡在门前的竹林里忙碌觅食。我问老人家里的木楼是哪一年修建的，她说是她年轻的时候。"那时一家建房，四里八乡都来帮忙。从山上砍树，手抱肩扛，房子搭起来要两三年。自家建好再去帮别家，房子一住就是三辈人。"我又问她是不是仡佬族。她说，太老了，记不得了。木楼外的芙蓉江缓缓流过，带走了许许多多。但我知道，淳朴的风情尚存在这大山深处。

近三周的调研由外而内地改变了我，晒黑了些许，累瘦了些许，但洞察力和思考深入了很多。对于出生和生活在大城市的我，此次调研经历仿佛是一本西南乡村生活教科书，带我走进中国大地上广袤的农村天地。我亲眼看到、亲身感触了炽热的土地、劳作的双手、淳朴的眼眸。那一声声"要得，要得""慢慢走"的方言，那离开农家时被农户紧握的手，还有他们的声声感谢，定会成为我和"陌生人"之间最特别的记忆。

（二）扶贫的任重道远

根据我的理解，扶贫工作分为宏观和微观两个层面。宏观上，每个贫困县都需要稳定的产业链，带动地区经济稳步增长，创造就业机会，产生效益。微观上，每个贫困农户要有稳定的家庭收入来源，实现"两不愁、三保障"。因此，乡镇村如何做好宏观与微观两个层面的连接工作显得至关重要。根据我在黔江区金洞乡参加乡镇座谈会了解的情况，具体谈些感想。

金洞乡地处黔江区东南角，东边和南边分别与酉阳县毛坝乡和黑水镇接壤，西边与阿蓬江镇邻界，是个典型的边陲小镇。耕地面积 1.6 万亩（其中水田 5040 亩），人均 1.32 亩，传统农业以种植水稻、玉米、红苕、油菜、烤烟为主。扶贫工作开展以来，当地干部拓宽思路，引进了蚕桑养殖、野山鸡养殖、以及黄栀子、银杏、瓜蒌等中药材种植，并计划开办生态葡萄采摘园。

以中药材种植为例，农户散种的药材与科瑞南海制药厂对接，统一收购，保证了销路；当年市场价格过低时，由于中药材烘干后易储存的特点，可待市场价格恢复正常后出售，保障了农户的收入。对于劳动力不足或全家外出务工的农户，可通过土地流转的方式承包给村里的种植大户，获得分红。

再如，野山鸡养殖，乡政府提供启动资金，帮助农户依山势拉网搭建基地，农户上山捉得野山鸡后圈养，达到一定规模后经统一渠道出售。还有万寿菊盆景、根雕等新型农业，在增加附加值的同时具有当地特色，市场重复度低，具有很强的竞争力。

金洞乡的扶贫措施已取得一定的效果。我认为他们有结果方面的经验可资借鉴。首先，乡镇总体的产业部署至关重要。乡镇干部需要根据自身独特的自然条件与区位条件、传统工农业基础、以及相关政策和市场信息等，明确符合当地实际的指导性产业发展方向，再进一步牵头引进资金与龙头企业，带动乡村发展。其次，农企对接有利于保障农产品的销路和农户收入，其中不乏小微企业的作用。最后，农户结合各家的具体情况，参与到乡镇村的产业发展中，可以采取参加就业与创业，生产资料入股等多种方式，共享扶贫政策带来的利益。

扶贫与脱贫工作需要自上而下的科学布局，更需要与当地特色紧密相关的产业发展的长期支撑。

知行兼修玉成器

扶贫没有局外人

文/张佳

2017年7月12日至8月1日，我参加了为期21天的重庆贫困县退出评估调研，在山清水秀、人杰地灵的重庆各区县，通过聚焦"两不愁、三保障"，对当地农户进行了抽样调查，我的切身感受如下。

从地方政府层面看，在精准制定政策，精心组织实施，层层压实责任方面做了大量的实实在在、行之有效的工作，减贫与脱贫工作成效明显，但在精准瞄准对象方面还需进一步加强，应努力做到不让一户掉队，没有一户浑水摸鱼，要真正做到心系百姓，摒弃一些自私的做法。

从农户层面看，大部分脱贫户的生活都焕然一新，吃穿不愁，住房条件得到很大改善，基本医疗都得到保障，家中无辍学儿童。从农户的言谈中可以感受到他们对扶贫工作的认可，以及对党和政府脱贫帮扶工作的感激之情。但是，从大部分农户反映的事实来看，精准扶贫的成效具有一定的短期性，对于长效扶贫机制，还需进一步探索，要有针对性地进行创新。

从第三方评估的层面看，此次评估工作具有重要意义，深入了解农户的脱贫状况以及目前的生活状态，全面评估精准扶贫、精准脱贫的实施成效，对于2020年全面实现小康社会具有重要意义。

通过参加这次评估调研，我认为，要想真正脱贫致富，要从创新精准扶贫的体制和机制等方面入手。

在体制和机制方面，主要应提升贫困主体参与机制，形成精准脱贫的内生机制。贫困群众是精准扶贫的对象，更是脱贫攻坚的主体，只有贫困群众摆脱贫困，精准扶贫工作的意义才能真正体现。

当前的扶贫模式主要以政府主导，企业参与较少，专家仅仅是提供决策依据，而真正的贫困主体在扶贫体系中的参与度比较低。在实际扶贫工作中，政府部门如果不能考虑贫困群众的相关意见，在一定程度上会导致扶贫工作和贫困群众需求的脱节，进而导致贫困群众参与扶贫工作的热情和积极性不足。此外，政府主导的扶贫项目倾向于引进龙头企业发展特色产业，把当地特色产业做大做强，进而带动当地产业发展，却较少考虑引导贫困群众参与合作社或者集体经济合作经营，使其获得更直接的经济利益，改善他们的生活水平。

为充分调动贫困主体参与扶贫攻坚工作的积极性，形成精准脱贫的内生机制，加快扶贫攻坚的进程，我认为应该从以下四方面着手。

第一，明确目标，聚焦精准。首先要针对贫困地区的自然条件以及贫困群众的需要，因地制宜发展特色产业。同时要意识到只有让贫困群众参与进来，才能带动产业的发展壮大，才能带动他们脱贫致富。要坚持问题导向，以贫困群众为核心，通过建立有效的激励机制，着力提高贫困群众的积极性，鼓励贫困群众通过参与扶贫工作，带动自身的脱贫致富。

第二，优选项目，依靠主体。在申报扶贫项目时，要综合考虑各个地方的自然禀赋以及特色资源、地域优势和劣势，深入基层，了解基层贫困群众对于发展特色产业的意见、想法和要求，再结合专家的规划设计以及企业的需求，优选扶贫项目，使扶贫工作高效而精准。

第三，多管齐下，脱贫致富。脱贫攻坚工作除了需要把政府和贫困群众共同发动起来，还要发动社会资源一起推动。政府引进社会企业带动地方产业的发展，要重视扶持农村经济合作社，把分散的贫困群众组织起来，充分利用人力资源和自然资源的优势开展产业扶持，利用企业的带头作用实现技术的改进和市场的衔接，积极开展土地承包经营权的转让，牲畜托管等试点工作，引进市场化的经营思路，实现贫困群众的脱贫致富。

农村的留守孩子，乖巧无瑕的稚气孩童。孩子脸上的笑容与活泼给我们疲惫的旅途增添了不少乐趣。

　　第四，重视教育，强化培训。一方面，由于贫困地区大多处于交通不便与通信不畅的地区，当地群众长久以来形成"等靠要"的思想方式。政府要通过文化宣传、树立致富典型、奖励脱贫致富的模范等方式，积极从思想上引导贫困群众改变以往被动依靠的思想，主动向脱贫致富的方向前进。另一方面，积极加强农村义务教育和职业培训，培养有文化、懂技术的农村新型人才，避免贫困地区的贫困群众因为教育缺失而造成世代贫困，加强对农民的职业技能培训，培养具有现代化眼光和专业技术的人才，使农民个体尽快成为适应集体生产合作和现代企业生产需要的新型劳动群体，切实把贫困地区的人口资源变成人力资源。

　　做好以上四个方面的工作，扶贫工作一定会告别以往政府的单打独斗，而转变为全社会、全体公民共同的责任，脱贫攻坚就会变成一场人民战争，依靠多方面的齐心协力，共同完成脱贫攻坚任务。

七月记忆

文/冯瀚钊

某天中午，调研员们在村里的幼儿园休息，小班教室内大家排排坐在小朋友的桌椅前，好像突然变成了半大的孩子，欢乐又可爱。

（一）读万卷书，行万里路

在走过山西的夏日与寒冬后，这一次我们又来到了酷暑中的山城重庆。五年前来重庆旅游，看过盛名的洪崖洞夜景、看过魔幻的丰都鬼城，这里的自然环境和现代城市碰撞融合，展示着重庆独一无二的魅力。这一次跟随调研组而来，重庆的美景依旧，但观景已不再是我们此行的目的，车窗外的风景是用来消减我们调研中的辛苦与疲惫。

俗话说：读万卷书，行万里路。重庆之行教会我的远比一本书多，23 天的外业调研和 8 天的内业报告，这份磨练和考验对每个人来说都是不可多得的宝贵经历，也让所有人成长。

细心是必备的素养。入户时，需要耳听六路眼观八方，不放过任何一个细节，尽量挖掘有用的信息；整理问卷时，需要条理清晰、逻辑严谨，不出现任何一个错误；撰写报告时，需逐字核对、逐句检查，准确清晰地表达调研中遇到的各类情况。

较真儿是普遍的工作态度。家庭人口、收支详情、保障金数额等，都是调研员们日常工作中"锱铢必较"的事项。有时，为了核实某一项内容，调研员们往往会通过各种渠道进行确认，查名单、找干部、问邻居。有了这份较真，调研组才能获取到最真实可信的数据。

负责是基本的工作准则。每一个问卷编码、每一个调研员签字，都代表着调研员对农户访谈的责任。在复核时，一些调研员甚至能对农户家庭情况做到"如数家珍"。一份问卷不仅是农户的家庭信息说明，更是一份调研员责任感的证明。这份责任感是落笔前的慎重与落笔后的坚定，正因如此，才有了最终调研结果的科学和准确。

20多天的调研不仅教会我们成长，更给我们带来一份感动。120多人的团队，不论我们来自哪里，都为了同一个目标，做着同一件事情。身边充满志同道合的朋友，每个人各尽所能地发挥自己的特长，互相帮助、互相鼓励，这份合作伙伴之外的感情更加让人感动，必将铭记于心。

（二）细节决定成败

此次调研是贫困县申请退出"脱贫摘帽"，因此我们走访的绝大部分都是脱贫户。根据调研过程中的感受，进一步思考了如下问题。

第一，农户脱贫后劳动技能水平的提高问题。许多农户的脱贫受惠于政府的保障性政策，例如，危房改造。政策落实后，虽然农户住进了新房，住所发生了改变，但自身的劳动力水平并未得到提高，家庭的长期稳定脱贫、生活质量提高仍然存在一定难度。

第二，农户对帮扶政策的理解问题。农户由于自身条件限制，需要村干部对政府的帮扶政策进行宣传和讲解。部分农户对帮扶政策的理解简单且不全面，往往出现农户符合某项政策条件，但因自己不知道而错失机会。

第三，地方台账的规范管理问题。村一级政府台账管理比较混乱，例如，不同领导给出的本村危房改造农户数量各不相同，且没有完整名单进行核实。这样的情况在村里普遍存在，给调研带来了许多困难。

第四，户籍混乱的问题。由于户籍制度改革，重庆的许多农户已经"农转非"。但在调研中发现，许多城镇户口居民只是改变了户籍性质，其生活水平与一般农户无异，甚至更差。但因转成城镇户口，他们不在精准扶贫的帮扶对象之内，即使贫困也无法享受帮扶政策。这种情况在调研中比较普遍，值得关注。

沈宏亮老师在农户家中与农户交谈，看到农户家中开裂的墙体，沈老师甚是担忧，仔细询问农户家中"两不愁、三保障"的情况。

时光流转，情怀依旧

文/朱俊庆

（一）愿不忘初心

转眼间，二十多天的调研已接近尾声，但仍清晰地记得 7 月 7 日刘学敏老师来南大进行培训宣讲时的场景，也记得学敏老师反复强调的那份情怀。那时，第一次感受到真正的爱国主义和为国家献出自己绵薄之力的使命担当。没有经历过战争年代的炮火硝烟，但很幸运，有幸投入一场和平年代的扶贫攻坚战。

从队伍开往重庆前的一次又一次的培训和练习，到调研中与农户的一句又一句的询问与关切；从彼此配合、完成工作，到依依惜别、后会有期。我们一起熬过每一个整理资料的深夜，我们一起分担每一份组织交与的重任，只因心中那份责任和使命，脱贫攻坚，我们义不容辞。

从依山而建的万州，到风景如画的武隆，再到小说中的秀山边城，我们一起走过蜿蜒的盘山公路，顶着烈日酷暑，冒着暴雨泥泞，忍着蚊虫叮咬，只因心中那份坚定的信念和不变的情怀，精准扶贫，脱贫摘帽，我们永远在路上。

作为一个普通青年，感觉 20 多天的实地调研所带来的人生经历，堪比以前 20 年。短暂的相逢，让我更懂得珍惜共同的"革命"情谊；严谨的学长与学姐，让我在工作中兢兢业业，不敢有一丝松懈；身肩脱贫攻坚的崇高使命，让我每一次踏入烈日酷暑都义不容辞、无怨无悔。

感谢沈老师一路上的关怀与照顾，感谢肖老师和曾老师一路欢声笑语的陪伴，感谢学长学姐不厌其烦的悉心指导，感谢搭档的不懈坚持与细心磨合，感谢伙伴们的无私付出，感谢大家给我的生命中增添这份弥足珍贵的时光。

愿岁月静好，扶贫路上，不忘初心，风雨兼程，携手同行，这趟旅行若算开心，亦是无负一生。当和平年代遇上青春热血，愿用汗水洒遍整个苍茫大地，重庆之行，不负韶华。

最后，用马克思的一段话来总结这次调研的感悟与情怀："如果我们选择了最能为人类福利而劳动的职业，那么，重担就不能把我们压倒，因为这是为大家而献身。那时，我们所感到的就不是可怜的、有限的、自私的乐趣，我们的幸福将属于千百万人，我们的事业将默默地、但是永远发挥作用地存在下去，而面对我们的骨灰，高尚的人们将洒下热泪。"

人穷志不穷，立志求学才能拔穷根。"只要儿子有出息，再苦再累也值了。"孩子的爸爸这样说。这家孩子一定有出息！加油！

（二）打赢脱贫攻坚战

确保到 2020 年中西部地区在现行国家扶贫标准下，农村贫困人口全部实现脱贫，贫困县全部摘帽，解决区域性整体贫困问题是我国全面实现小康社会的关键。通过这次调研，我真切感受到扶贫工作的艰巨和复杂！脱贫攻坚确实需要立下愚公移山之志。

首先，我国人口基数大，贫困人口虽比例较小，但绝对数量较多。而且贫困人口广泛分布于中西部的广大地区，不同地区的贫困人口有着多种多样的致贫原因。精准扶贫需要针对每一个体施行帮扶，准确把握每一个体的特殊性，需要极其强大的工作能力和物质基础。

其次，虽然贫困户在态度和认识上积极参与精准扶贫，但是在实际中还是存在很多困难。在我们走访中接触到的贫困户大多文化程度较低，对于国家的多元化扶贫政策很难有深刻理解。即使他们在村干部、驻村工作队、帮扶责任人的帮助下，也只能知道一些名词，并不能理解实质内容。而且贫困户大多为老年人，对新事物和新知识的接受存在很大困难。这样无形之中给基层干部的工作增加了很大难度，也给退出评估检查工作带来些许不便。

但是，真正的困难也许远远不止于此。我在走访中发现有的家庭即使经济条件相对较差，也更愿意自力更生，愿意把扶贫政策给予生活更加困难的人。而有的农户生活条件本就不错，还弄虚作假，骗取优惠政策，这无形中给扶贫工作增加了很大难度。另外，生活水平和家庭收入的衡量和测算本就较为主观，再加上某些人出于某种利益需要而刻意隐瞒，尽管访谈中逐步深挖，但收集资料的信度和效度还是不能完全保证。

我在走访中还发现，贫困户或者脱贫户家庭的墙上公布了该户人家的详细个人收入和致贫原因等，这虽有利于扶贫工作的开展，但是否真正征得了户主的同意，是否侵犯了其个人权利值得思考。对贫困户及其个人信息进行公开，是否真正有利于树立贫困户不光荣，但也不可耻的扶贫观念，是否会对其孩子的幼小心灵造成影响，这些也许都不能轻易定论。虽然贫困户文化水平相对较低，权利意识淡薄，但这也确实是扶贫工作要考虑的问题。

可喜的是，虽然扶贫工作面临重重困难，但是在本次调研实践中深切感受到了贫困户脱贫的愿望，也感受到了村干部、驻村工作队的热情帮扶。双方有效协作，为贫困户参与精准扶贫和顺利实现脱贫提供了可靠保障。在此为真正落实扶贫政策、踏踏实实工作的基层干部点赞。

尽管面临种种困难，我国的扶贫工作毫无疑问是卓有成效和举世瞩目的。相信以我国快速发展的经济为物质基础，以扶贫人员的坚定志向为行动保障，到 2020 年一定可以进入全面小康社会。让我们立下愚公移山之志，打赢脱贫攻坚战，为实现中华民族的伟大复兴贡献自己的绵薄之力！

走进大山，走出大山

文/谢珮

（一）大山会记得

认真的眼神，亲切的交谈。

我之前也参加了多次精准扶贫第三方评估，但是这次是外业时间最长的一次。当调研结束后再回首这20多天时，即使当时看起来焦躁的事情，好像也变成了一种美好的怀念，一起走过的路，一起爬过的山，一起躲过的狗……一切一切都会记得。

十分荣幸有机会结识这么好的老师和师兄师姐，和这么优秀的他们一起合作，以至于说好告别的时候都不许哭，却还是抱在一起默默流泪。在这之前一直觉得自己是个小仙女，去到重庆之后却把自己磨成了一条女汉子，将近四十度的天气里，一面照顾晕车不适的师姐，一面顽强地在各个农户家中周旋；习惯了被师兄师姐照顾的我，也逐渐扛起了照顾师兄师姐的责任。在这20多天里，我们风雨兼程，不断磨合，相互包容与理解。千言万语都无法准确地形容这种"革命"情谊，聚散悲欢一杯酒，东西南北万里程，期待未来的下一次合作。

我们所能看得见的贫困只是冰山一角，还有很多事物隐藏在大山深处，短期之内是我们视野所不能及的。有些家庭的日常生活和我们认知当中的生活好像存在于不同的物质文明中，这是极大的震撼。家中只有三个灯泡，除此之外再没有其他用电的地方；一天两顿饭都是清汤寡水；不合身甚至是不应季的衣物等，都是在挑战着我们对生活的认知。

幸福的家庭总是千篇一律，而不幸的家庭各有各的不幸。有一句话叫作"你觉得岁月静好，不过是有人在替你负重前行"，之前总觉得这类鸡汤不过是无病呻吟，生活本是不易，无论是谁。见过这些各有各的不幸之后，生活幸福感骤然提升。他们当下经历的生活，仿佛若干个十年之前，我们祖辈经历过的生活。最近社会上所谓的"阶层固化"，这个热点的主要关注者大多是中产和预备中产，他们所关注的是自己阶层的固化，而非阶层固化当中最应该被关注的、更为广泛的75%的底层人民问题。如何让贫困人口走出大山，摆脱贫困的束缚，去感受他们不曾见识过的外面，去感受更广泛世界的美好是需要我们去努力的。

中午气温直逼四十度，李闯师兄主动提出帮同行的女生背包，减轻师妹的负担，第一次觉得他的形象如此高大。

（二）与大山对话

1. 刚性标准与伦理道德的冲突

对于建档立卡贫困户，家中无国家公职人员、无商品房等是刚性标准，家的定义一般是指在同一个户口本上的成员，对户籍人口的实际关系考虑有限。走访非建档立卡农户时，有些老人和子女分家未分户，老人住在自己破旧的房屋内，收入来源绝大部分是养老金、粮食直补等政府生活救助金，勉强达到收入线，生活较为困难。但他们的子女另有商品房，甚至是国家公职人员，子女未对老人尽到赡养义务。赡养问题关乎法律，但更多关乎道德，这是政府无力插手的。在一些政策问题上，政府也选择性地降低了伦理道德的因素。因此，当建档立卡的刚性标准与伦理道德产生冲突时，就会使很多实际情况确实困难的高龄农户无法被评为贫困户，无法得到受到政府的帮扶。设定刚性标准的初衷是精准识别建档立卡贫困户，但是这些刚性标准在另一方面也使一些实际生活确实困难的农户受到伤害。

2. "输血式扶贫"到"造血式扶贫"的转变

党中央提出并强调要解决好"怎么扶"的问题，要按照贫困地区和贫困人口的具体情况，实施"五个一批"工程。发展生产脱贫一批就是要引导和支持所有有劳动能力的人依靠自己的双手开创美好明天，立足当地资源，实现就地脱贫。"输血式扶贫"是通过资金或物品的发放，直接提高农户的收入；而"造血式扶贫"的成效需要经过一个较长的周期，通过政府介入的作用逐渐转移到农户通过自身劳动能力创造财富，实现脱贫。虽然各级政府都在积极倡导由"输血式扶贫"转变为"造血式扶贫"，但是在调研中发现，建档立卡户的帮扶方式大多还是"输血式扶贫"，通过增加政府的各种名目的补贴以增加转移性收入，使其收入超过国家贫困线，短期内提高脱贫率；农户自身的发展动力不断下降，对政策的依赖性增强，缺乏长久发展的动力与潜力。

重庆火炉，百炼方成钢

文/凌伟强

信仰在雨水与泥泞中得到坚定，火红的心将我们聚合在一起，倾尽汗水和勇气，来告慰所有为人民奉献一生的先辈和那些不朽的英灵。

（一）从后进到前进的蝶变

重庆之行，总是有两个字在自己心中回荡，那就是信仰。二万五千里的长征是信仰；十四年艰苦抗日是信仰；新中国成立之初艰苦建设是信仰；改革开放是信仰。如今，伟大的时代呼唤伟大的事业，精准扶贫的伟大事业必将在共和国的历史上写上浓厚的一笔，每个人都是历史的见证者，而当自身参与到这伟大的事业中时，在历史悠然久远的距离外，却似乎能够和所有前辈的心同频。信仰，能够连接时空！能够连接人心！

信仰是什么？是为了百姓碗里多一口饭而多晒一分钟的烈日；信仰是什么？是为了百姓身上多一尺衣而多问一个问题；信仰是什么？是为了百姓手里多一份公平而多走一步泥泞的山路。

每个人做事都有目的，都希望达到一个目的。这次的重庆之行，我想很多人的目的也许就是一个，那就是要对得起为人民奉献一生的先辈和那些不朽的英灵，这是一种精神的传承，是年轻一代的宣言和担当。实话说，开始参与到这次活动中并没有这个想法和感受，说俗点就是为了赚点零花钱，充实一下暑期。但是，当自己第一次面对那些从未谋面却十分信任你的老人，在你面前老泪纵横时，那些在贫困线上挣扎的贫困户把自己的苦楚和难处告诉你，把自己的希望托付给你时，自己真的忘记了最初的目的，只是觉得多走一户农户可能就能多反映一个问题、解决农户的一个难处。

七月，正是素有"火炉"之称的重庆的最热时节，我想正是这种为了人民、为了农户的信仰支撑这我们走过来。七月的火炉使年轻一代的信仰百炼成钢。

小分队和老师们合影留念。

（二）引创新活水，浇脱贫良田

我在重庆调研的过程中收获了很多东西，它将使我受益一生。我认为调研中应当处理好三个关系。

第一，与向导的关系是调研员最需要注意的。因为向导很多都是当地与村干部关系较好的人，他们可能会不自觉地隐瞒村里的问题，这就给调研工作造成很大的阻碍。一般来说，有这几种情况：绕远路、谎称农户不在家、用蛇或狗阻碍调研、摆脸色等。对此，调研员必须拿出毫无畏惧的态度，胆大心细地发现漏洞、收集证据。同样，与村里干部的关系也是如此处理。

第二，与农户的关系。农户很多都相信强龙压不过地头蛇，对调研员也是一种想说又不敢说的态度。对此，调研员必须既以情动之、以理服之，还应做好相应的保密工作，使农户相信你。

第三，与队友的关系。在整个调研过程中，必然会和队友产生矛盾和分歧，但这些都应建立在对工作的不同见解上，需要排除为了个人私利而出现的矛盾。对于工作上的矛盾也要耐心说服，不应伤害彼此的关系。

脱贫攻坚，"渝"你一起

文/昝骁毓

7月10日清晨7时，我乘坐在从北京开往重庆的列车上，从未想到接下来的一个月里将会经历什么。

我们第一站到达了万州，经过一个简短的对接会，便开始了长达三周的调研生活。从未接触过调研的我一开始有些手足无措，拿着一份五六页的问卷，面对操着一口我不太能听懂的、浓浓的重庆口音的村民，整个人是发懵的。尽管出门前有过几次培训，但纸上得来终觉浅，还好我的搭档是一位经验丰富的老调研员，跟着他学习如何和农户亲切地交谈。走访几户农户之后，他让我也来试一试。我有些紧张地照着问卷上面的问题一个一个往下问。问了几户后，我逐渐掌握了技巧，换成农户能接受的方式提问。

在我看来，第一天的调研是漫长而艰辛的，却又是印象最深刻的，我在这一天调研中积累了经验，学到了许多与农户交谈的技巧。之后的几天，我不断学习和调整，尤其是关于收入部分的问题，我一般都渗透在许多小问题中，让农户在不经意间说出准确数字，这就避免了直接问收入时会出现隐瞒不报或者是少报数字的情况。

第二站是丰都。相比于万州，丰都的经济稍显滞后。作为三峡工程全淹全迁的地区之一，这里的支柱产业与国家的补贴政策不同于其他地方，当地居民也有自己的生活方式。比如，凤凰社区的居民种植烟草，一年有几十万的收入，他们从不羡慕也不向往大城市的生活，满足于居住在这1500米海拔的地方。

第三站来到了黔江。不同于前两个县，这是一个少数民族聚集地，土家族和苗族在当地人口中占了70%。我在这里感受了土家族与苗族的热情好客，也了解了当地特有的扶贫政策。

在这 20 多天里，首先，我深刻地感受到了祖国地域之辽阔。每天走十几个小时的山路，却仅仅只是重庆几个县的几个村而已。不同地域的村民因生活环境不同，生活习俗与心态也不尽相同。我们去过最远的大山深处，体会了白云深处有人家；走过最难走的山路，感受了重庆山路的十八弯。深入了解中国农村百姓的真实生活，我们明白了国家不仅有北上广这样的发达城市，还有很多老少边穷的地方。同时，我们也看到基层干部的艰辛与付出，正是他们的努力，才使当地村民的生活不断改善。

其次，深刻理解了"要致富先修路"这句话。有些地区还没有达到村村通，许多农户仍要走小路或者是从田间穿过，出行的不便不仅使村民就医或者上学十分困难，也严重阻碍了经济的发展。加之现在农村的车子越来越多，两车相遇时的会车十分危险，一边是山，一边是悬崖。

跟随你的脚步，走你走过的路，看你住过的屋。只有更好了解你，才能精准扶贫，走向小康之路。

再次，我在调研中不断地发现问题，也在不断地思考问题。我发现农户家庭中的青年劳动力普遍外出打工，留下孩子和老人在家，他们打工所得工资一部分寄给家里用来各项支出，但有些家里的子女并不给老人寄钱，老人只能依靠养老金来维持自己的生活。

关于饮水，部分农户用的并非由政府架设管道的自来水，而是将井水、雨水或泉水经过简单处理，储存在水窖中，经接通管道通向农户家的"简易自来水"。这种情况下，水源的卫生条件以及可否稳定供水需要得到进一步重视和改善。

关于住房，由于重庆是山城，我在调研时发现多数村民的房屋建筑在容易发生滑坡的地带，我觉得这样的房屋存在安全隐患。但当问及农户房屋是否安全时，多数农户都回答很安全。

关于医疗，大多数农户都有不愿意看病、看不起病的反映。尽管有医疗保险，但是他们一般能吃药解决的绝对不去医院。

关于收入，在没有去调研以前，我凭感觉认为农户的主要收入来源应当是经营性收入，然而在实际调研中发现，无论是建档立卡户还是非建档立卡户，家里虽然种植水稻和玉米等作物，但一般供自己食用。转移性收入占了收入的很大部分，说明国家的政策补贴还是惠及农户的。

调研已经结束，忘不了我们一起爬过的山、一起走过的路；忘不了流过的汗、晕过的车；忘不了互相帮助、团结友爱。在炎热的七月，在似火的重庆，我们完成了一项光荣而伟大的任务。因为努力，所以骄傲；因为收获，所以满足；因为思考，所以成长。在脱贫攻坚的路上，我们"渝"你在一起！

认识与成长

文/李文静

（一）用心感受

坦率地说，我参加此次调研的最初目的是想看看南方的大好风光，但在这20多天的调研中，带给我最大震撼的并不是南方秀丽的河山，而是对中国农村的认识，以及自己思想认识的变化。

我虽然来自山东农村，但我的家乡并不贫穷，因而自己一直以为全国大部分农村也是如此。以前也偶尔看到过关于贫困山区、贫困学子的新闻，也总是持一种漠然的态度。但通过此次调研，我深刻认识了中国农村的现状，了解到由于自然条件等多种因素的限制，一部分农村百姓还囿于深山之中。他们也向往着小康生活，甚至为此付出比我们更多的努力，但由于外在条件的限制，他们的努力并未得到相应的回报，他们的生活依旧艰难，这让人感到心痛。正如习总书记所言，扶贫路上不能落下一个贫困家庭，丢下一个贫困群众，我们应该做的是撸起袖子、帮着他们一起奔向小康。

由于我的专业是历史学，我在本科学习期间有点儿一味地追求历史而忽略现实。然而，历史与现实是相通的，没有对现实的悲天悯人，何来对历史的感同身受？通过此次调研，我深刻地了解了中国农村的现状，在同情贫困群众的同时，也认识到自己的使命，即：为天地立心、为生民立命、为往圣继绝学、为万世开太平。以前觉得这句话空洞乏味，而当真正深入西南农村、了解到农村百姓的生活后，我才重新理解此言，并愿意为此而奋斗。

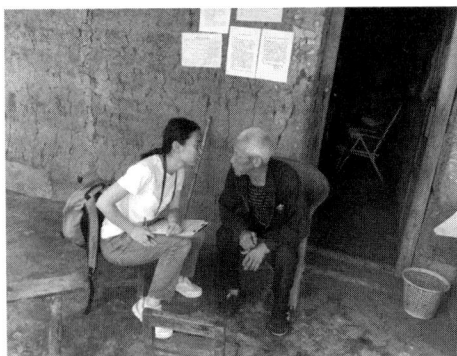

有时候入户访问会碰上老年人，他们年纪大，听不懂或是听不清我们说话。但从他们身上，我们可以看到重庆农村的现状：外出的中青年、留守的儿童和靠天吃饭的老人。

（二）用心思考

在调研中感到群众反映最多的一点就是国家的政策是好的，执行起来却有失偏颇。我不否认扶贫干部的努力与真诚，他们也想将认真落实政策，这不仅关乎他们的仕途，抑或源于自己的理想。然而，农村复杂的人际关系，以及由此衍生的各种小团体利益和裙带关系，却是扶贫工作的一大阻碍。在调研过程中，我不止一次、不止在一个地方听到群众反映有些真正贫困的群众得不到相应的帮扶。诚然，农村的复杂情况和几千年遗留下来的一些弊病不是一朝一夕可以更改的，但国家要想在 2020 年真正实现全面小康，必须对此大破大立。因为在农村如果不雷厉风行，便会死气沉沉。

身为一名共产党员，我相信群众对共产党是认可的，但一些基层干部的所作所为却让群众怀疑他们的信仰。脱贫攻坚是我党的一项伟大事业，是每个共产党员都应以身作则、积极推进。然而在执行过程中，一些基层干部的做法无疑损害了党和扶贫攻坚在人民群众心目中的形象，这对全面小康社会的建设也是有害的，在调研过程中遇到的一些老党员对此也是痛心疾首。我认为脱贫攻坚工作要想取得成功，需对各种政策的落实和基层干部的工作作风牢牢把关，不能让害群之马影响全面小康社会的建设。

知行兼修玉成器

用心成长

文/夏方禹娃

（一）忘不掉的那山、那水和那人

7月10日出发，从北京到重庆，8月2日返回，从重庆到北京。这期间，轮番乘坐了火车、客车和小汽车，驶过了盘旋而漫长的山道，看老黄牛在道路旁悠然走过；也步行走过崎岖而泥泞的小道，不小心吓到林中孵蛋的母鸡。见过山顶烈日下大片的烤烟田，也摘过山中雨后挂满露珠的李子树。拉过爷爷和奶奶老枯而干瘦的双手，也抱过活泼可爱的稚童。重庆的好山好水滋养着淳朴、善良、能干的人民，为这片土地带来了生机与活力。

24天与人的一生相比是那样的短暂，却足以给人留下一段一生难忘的记忆。在这24天里，我们不断重复着与他人的相识与告别，对于这些一辈子只有一次的相逢，我珍惜也感激。20分钟是入户调研时与一个农户接触的平均时间，我们面对的农户可能是外出求学多年、对家里情况一头雾水的学生，也可能是讲着一口浓重方言的老爷爷或老奶奶。通过与不同农户的交流来获取信息是一件颇具挑战性的事情，也是我们调研的最核心工作，更是一个可以给人带来温暖和成长的关键环节。

贫困是一个敏感的字眼，调研员不经意的一句话都有可能戳到调研对象的伤口。尽管在当地工作人员和村民的眼中，我们可能是"来自北京的领导"，但是我们应该在谨记自己工作职责的同时，也要知道我们与农户、当地工作人员都是平等的个体，将尊重作为前提，才能在短短的几十分钟内拉近彼此的距离，相互留下美好的记忆。一杯冰水、一块西瓜，还有老人们念叨的"好辛苦哟、好大的太阳哟"，无疑可以在炎热的夏日里给人带来许多慰藉。

因为得到了很多很多善意和信任，便更想为这些可爱的人做点什么。我曾面对耄耋老人无助的眼泪而心中难过，也因为自己的无能为力而气恼伤心。我曾对于虽然年长却依然坚持劳作、活得有尊严的人表现出十分的敬佩。也因有一天看到群里队员们分享一张农户们灿烂笑脸的照片，并配以"用尽全力守护你们的笑容"的标题而感动。

在这20多天的调研中，我受到很多人的照顾，也收获了友谊。很高兴能和这样一群既有热血又有信念的伙伴们一同完成评估调研。

精准扶贫是一项伟大的事业，记得我的老师说过，当你老了之后回忆起这一段时光，可以骄傲地向自己的后代们述说，我十分荣幸，为中国的进步做出过一份切实的贡献。如果再让我选择一次，我仍会加入这项事业中。

（二）需要重视的几个问题

1. 农村老龄化的问题

每当我们走进一个村子，都很难看到青壮年，村子住着的大多是已经没有劳动力的老年人。年轻人在外务工，常年不回家，而老年人在家种地、看孩子是农村目前的普遍现象。如果老人有能力，家里的田地还可以耕种，否则就只有任其荒芜了。对于我们这样一个人多地少的大国，这是一种资源浪费。

另一方面，除去保障性政策，一些鼓励农民自力更生的扶贫政策几乎都是面向年轻人的，这就造成了一个十分尴尬的局面：老年人对政策不了解，或者由于年龄无法得到政策扶持；而青年人因为外出务工而不能在村里受惠，从而很大程度上影响了政策的有效性。缺少劳动力的乡村发展必然受到限制，而乡村发展达不到一定的生活保障水平，便不能阻止人口的外流，这是一个负向的循环。

2. 村民的自主性

如何制定有效的扶贫政策才能获得稳定且持续的脱贫效果，是每一个扶贫工作者应该思考的问题。在实际的政策实施中,政策本身的合理性是一个考量方面,村民对于政策的理解和接受程度、自身是否有脱贫意愿则是另一个方面。

在调研中,好几个农户和村干部都和我谈及自力更生的重要性,有一个大爷的话给我留下深刻印象。他说:"我们可以依靠国家,但是不能依赖国家。"一味地"等靠要"是无法彻底改变一个家庭的面貌的。无论是新出台的扶贫小额信贷政策,还是各地的特色产业发展政策,都需要农户的自主参与。如果无法从根本上提高农户的自主性,不能使其改变思想观念,扶贫就不可能彻底。

3. 特色产业的重要性

重庆独特的地形条件不适宜发展大田经济,传统作物一般用作村民的日常食用。因此,重庆的不同区县和村子都有其独特的产业,如烤烟、李子、桃、苗绣等。这不仅给农民带来了更高的收益,也更好地利用了土地资源,还带动当地相关产业的发展,提供了更多的就业机会。打造本地的特色产业,形成本地产业的一张名片,在招商引资等方面也可以增加竞争力。

评估中成长

文/赖萍萍

（一）今天有进步

从 7 月 10 日出发前往重庆，到 8 月 2 日返回南昌，24 天的调研给我留下深刻的印象。这不光是我读研以来历时最久的一次调研，也是规模最大的一次调研。由几个高校的师生组成的评估团队中，有来自天南地北的老师和同学，大家密切配合、互相协作、共同完成这次调研。

在第一站的万州区，刚开始与自己的搭档合作还很陌生，后来两个人慢慢熟悉，每天一起讨论遇到的问题，交流调研的方法和技巧，在调研中相互学习、共同成长。

我们每天 6 点多就起床，然后开始坐车、入户、坐车的循环模式。虽然过程很累，但感觉快乐且充实。因为我看到了中国边远山区农民的生活状态，了解了地方政府的很多扶贫新做法、新举措，还有每天来自搭档和室友的相互鼓励，以及与老师的深入交流，每一天都在进步与成长。

接下来去的是有名的鬼城丰都，一个多星期的入户调研工作照常。尽管自己的体力也消耗了大半，但一点都没有要放弃的想法。老师们一遍遍的鼓励是我们坚持的动力；每天去到不同的农户家里，有生活清贫的、也有生活富裕的，聆听他们对政府扶贫政策的看法、对生活难易的诉说会为我们继续下一个任务增加能量；与当地干部交流，聆听他们对于扶贫工作的心得与思考，是我们严格要求自己公正评估的有力支撑。总之，每天都有新的收获。

每每去到深山里，看到 80 多岁的爷爷奶奶或者家庭生活困难的小朋友，我和搭档都会把自己的一些小东西赠予他们，或许只是一支笔，一个手撕面

知行兼修玉成器

包……但是对于从出生到死亡可能都没有出过深山的爷爷奶奶来说，一个手撕面包就是特别奢侈的东西。与此相对照，每次我都会提醒自己，要珍惜当下我们已经拥有的一切。

最后去的黔江是让我记忆最深刻的地方。喜欢黔江的山山水水和它清澈的空气。虽然重复着每天的早起、每天的山路、每天的问卷、每天的大小会议，但我和搭档一如既往、默契合作，每一天都准时完成任务。并且我在调研过程中发现，自己在一点点进步。

虽然每天的工作不变，但每天接触的农户不同。越到后面跟农户的交流越多，自己听重庆话都不再有障碍，每天都能在回来的路上与司机师傅用重庆话打趣一番，这也成了我每天让自己忘却身体疲惫的一种方式。

因为任务调整，我们 29 日离开了黔江返回丰都，然后再到万州。这时候，每个人都差不多累到了极限，但因为使命，也因为年轻，我们坚持到了最后。

调研的最后以小晚会和百人火锅收尾，然后南北两队各自返校。当分别的那一刻来到，真的意识到要分开了，好多同学都落下了不舍的泪水，不是因为不再见，而是因为 20 多天建立的"革命"友谊，舍不得在那一刻说再见。重庆之行让我收获的不仅仅是知识，还有大家团结、坚持、不轻言放弃的精神，更收获了和老师、搭档、同学之间珍贵的友谊。

这一次调研不仅开阔了视野，见到了不一样的农村生活，更让我学会了成长，学会了感恩，学会了珍惜。这短短的 20 多天，给我留下了美好的回忆，感恩！

（二）明天会更好

通过在万州、丰都、黔江的入户调研，我形成了对于扶贫相关问题的一些思考，与大家分享。

重庆是山城，大多数农村处于深山中，自然条件比较恶劣。不管是万州的大地村、楼坪村，还是丰都的河岩村、中坝村、梨地坪村，还是黔江的石桥村、关口村，都是位于深山中。由于这些地方的农户居住分散，有的处于边远地区的农户根本不清楚精准扶贫政策，还有一些帮扶干部对贫困户的帮扶不够精准，也导致农户对帮扶不满，认为扶贫并无实质性效果。另一方面，调研中也会听到干部抱怨群众不理解扶贫政策、不信任政府、不配合干部的工作、达到脱贫标准也不愿脱贫等问题，让我感觉扶贫工作确实难做。

　　从扶贫干部和农户两个层面看，由于两者的关注点不同、获得的信息也不对称，他们各说各理、各有各的难处。干部对于扶贫政策、资源、程序等知道更多，而农户的信息相对要少；扶贫干部帮助农户、预期让农户脱贫是自己工作成效的体现，而农户不愿脱贫是期望维护自己能享受贫困户的"特殊"待遇。在这种情况下，如何让两者以脱贫为共同目标、消除两者之间的矛盾是解决问题的根本。

　　　　　　　　　　　　　　　　　　　　　　　　　　　知行兼修玉成器

行走的力量

文/郭红霞

（一）斗志满满的每一天

在重庆市万州区、丰都县、黔江区进行贫困县退出评估，20 多天收获满满。

每一次工作经验的交流，每一件发生的趣事，每一滴流下的汗水，每一次泥泞道路上的扶持，每一片酷暑中递上的西瓜，每一句大汗淋漓之后的"辛苦了"，不仅是鼓励我在此次调研中坚持不懈的力量源泉，更是我未来想起时便会嘴角上扬的温情。

重庆的崎岖山路令人眩晕，重庆的酷暑让我头昏脑涨，还有入户前的泥泞山路，这次调研任务从一开始就给我一个下马威，中暑、晕车、湿疹我没有一个得以逃脱，再加上经常遇见不熟悉情况的向导、80 多岁语言不通的大爷大娘，这些都没能阻挡我们保质保量地完成工作，对我而言，这是一次精神上的磨砺和洗礼。

与搭档的默契配合和相互扶持是我们完成任务的有力保障。我和闯哥从一开始就明确分工，设计好我们调研的基本流程，并在调研全程及时交流，快速掌握农户的相关信息，有效完成问卷调查，并发现存在的相关问题。而及时和老师、组长沟通是我们能快速反馈、保质保量的根本。在调研中，实时关注微信群的消息，发现问题户及时向老师反馈，路中需要车辆调配及时提出，这些都使我们能够高效完成任务。这样的团队默契让我对协作配合有了更为清晰而明朗的认识，让我对团队的凝聚力有了深刻体会。

随机应变是一种神奇的能力，它能带我们迅速走出逆境，转变局势。例如，遇到不懂路线规划的向导，就先行让向导告知名单上农户在家与否、距村委距离，我们自行确定路线，或者考虑距离或工作量，直接回村委换向导。在入户调研中，随时关注农户的一举一动，通过察言观色对农户所说的内容进行综合判定，而不盲目听从。对故意隐瞒家庭真实情况的农户，根据我们自己的观察和访问，遵循"两不愁、三保障"原则予以判定。随机走访遇到居住较为分散的村民小组，在路边遇到农户时，可及时与其有效沟通，问清基本情况后可以去农户家里走访调查。这点收获可以在未来的工作中应用，让自己在依照既有规则和纪律的基础上，能够随机应变地化解困难。

（二）不患寡而患不均

参与过几次评估工作，我一直在思考精准扶贫的初衷是什么？最终的目的是什么？在这个目标和起点之间又有些什么政策和措施来保障？最初提出精准扶贫是源于全面建设小康社会的宏伟目标与存在大量贫困人口的现实之间的差距。为了改变贫困人口的生活状况，脱贫攻坚成为举国上下统领全局的首要任务。那么，在缩小贫富差距、减少贫困人口的道路上，又有哪些政策呢？2016 年 11 月 23 日，国务院出台《"十三五"脱贫攻坚规划》，从八个方面细化了相关路径和措施。比如，产业发展脱贫、转移就业脱贫、易地扶贫搬迁、教育扶贫、健康扶贫、生态保护扶贫、兜底保障、社会扶贫等。在我们实际的调研中，地方政府也是在认真贯彻落实各项政策。然而，在政策落实中也存在一些问题。

1. 基层干部是扶贫工作的关键，应充分调动他们的主观能动性

政府为使扶贫资金有效运作，防止滋生腐败，把大部分资金直接发放到农户手中，没有给予地方干部足够的能动性、主动权，可供集体运作的资金极少，不能发挥应有的效益。就危房改造政策来说，资金如果单独发放到农户手中，大多数农户会因贫困很难筹集到剩余的资金进行

　　　　　　　　　　　　　　知行兼修玉成器

危房改造，而如果集中建设公共住房，不仅能节省资金，还能有效解决农户的居住问题，但现实中这种用扶贫资金集中建房是违规的。

基层干部为体现工作成绩，应付各种检查，往往选取短期能见成效的修路、硬化等基础设施建设，而对见效周期长的农业种植、养殖等积极性不够。基层干部没能在岗位上发光发热，只能硬着头皮、填表造册，按要求完成任务，进一步导致基层干部与农户之间的不信任。基层干部是最了解农户与农村情况的人，他们才是攻坚前线的大部队。所以，要想脱贫，政府就应该简政放权，充分调动他们的主观能动性。

干部和群众之间存在不信任的问题。主要表现在农户大呼政策万岁，却数落地方干部的不作为。地方干部对农户也心生畏惧，生怕一个上访就使自己的工作不保。按理说，一个是帮扶、一个是被帮扶，两者应该是相互信任、非常和谐的。干部按照规矩做事，有规章制度和法律的约束；同样，农户无故刁难或者故意中伤干部，也应依照相关规定进行处理。只有这样有章可循、有法可依，才能使干部心定、农户心安。

另一方面，地方干部对上级只能是应付检查、默不作声，缺乏必要的反馈问题机制。没有基层干部对于政策执行过程中存在问题的反映和建议，一项政策的贯彻很难做到不偏离轨道，而且也很难完善机制与体制。实际上，在检查基层工作成效的时候，应更多听取他们的声音，这样会更利于政策落实。同时，可以依据法律和规章制度、对于干部的工作职责进行约束。

2. 集中精力扶贫，也应兼顾非贫困村和一般农户

我在实际调研中发现一个很奇怪的现象，就是脱贫户家里的状况比一般农户好，贫困村的道路和用水状况比非贫困村好。

由于资源有限和政策倾斜，贫困村可以获得更有利的条件进行基础设施建设，贫困户可以获得更多的支持来发展生产，而非贫困村与非贫困户却没有这样的机会，这实际上不利于全面解决"三农"问题。脱贫攻坚需要通过解决农村的生产、农业发展来实现，因此，在考虑解决贫困户"两不愁、三

保障"的问题时，可以适当兼顾解决一般农户的耕作、养殖、务工等问题。

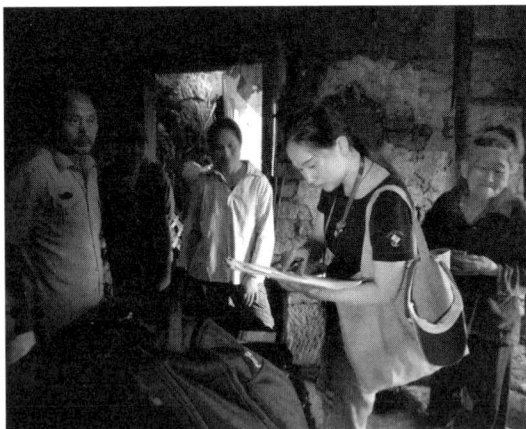

农户家中没有坐的地方，我们站着完成了整个调研。

3. 农民生怕家里不穷

"不患穷而患不均"，这种心理在农村更为严重。农户以往生怕自己家里穷而被人笑话，而现在农户生怕自己家里不够惨、不够穷，存在相互攀比、"等靠要"的思想。因此，对全体农户进行思想教育和政策引导是刻不容缓的任务。还有一个现象就是许多农户在农村建了外表豪华的楼房，但里面却空空荡荡，家具也很少。这种攀比之风带来大量的资金浪费，如不扭转观念会成为很大的社会问题。

　　　　　　　　　　　　　　知行兼修玉成器

沉思归处

文/姚翠

（一）锻炼与挑战

为期近 20 天的调研活动已经结束，20 多天里，我们面对酷暑，坚持了下来；面对泥泞的山路，坚持了下来；面对突然来袭的暴雨，坚持了下来……我从一开始就对调研充满了好奇与期待，能够带着饱满的热情投入这份高尚的事业中。一路走来，我从刚开始的第一天做 5 份问卷，到最后能够一个上午做 5 份问卷，锻炼了自己，也挑战了自己。

在这次调研中，我体会到了搭档与团队的重要性。很荣幸能够与北京师范大学的杨磊成为搭档，刚开始合作的时候，我心里充满了胆怯和焦虑，害怕自己的工作进度跟不上他，担心两个人在工作中出现分歧，然而，所有顾虑和担心都在我们做完第一份问卷的时候烟消云散。我们在头一天就进行了任务分工，之后还反复进行模拟训练，经过这样一遍遍的磨合，我们对彼此的性格有了了解，也让我们在实际操作中提高了效率。除了在工作中的互相理解，让我感动的是搭档对我的关照和谦让。记得在调研工作进行到快一半的时候，我中暑了。于是，他主动承担了我当日的后期工作，并且在之后的每天中午出发之前，他都帮我把药准备好。很庆幸能够遇见一位有担当的搭档，也很感动能够在需要帮忙的时候，他一次次的义无反顾。因为调研让我们相遇，也让我们迅速成为很好的朋友。当然，也非常感谢各位老师和同学们的关心和体贴，我感觉心里特别温暖。

此外，我也懂得了与人沟通的重要性。在与农户进行访谈时，我们刚开始还比较拘谨，到后来就变得比较接地气。为了在短时间内获得我们想要的信息，我们学会了与农户更加亲切地交流，从而提高了工作效率。当然，这背后也少不了整个团队的配合和高效，为使每一个调研员尽可能便利地到达农户家，团队管理者正确分配任务也起了很大的作用。

调研虽然已经结束了，但学无止境。我希望自己能够在每一次的调研中都能学到更多的东西、认识更多的人，让自己在未来的学习和生活中走得更加从容、更加自信。

（二）行百里者半九十

20 世纪 80 年代以来，经过不懈努力，我国的扶贫工作取得辉煌成绩。然而，扶贫越到后头越是遇到难啃的"硬骨头"。在重庆每天深入农户家中做问卷，以及与老师在各村的随机走访过程中，我对扶贫工作形成一些初步的认识。

老师和同学们在专家大院的合影。虽然自己还不是专家，但会努力打造专家形象和属于自己的那片天地。

1. 提高扶贫措施的精准度

习总书记 2013 年 11 月在湖南湘西考察时，提出了"精准扶贫"，"扶贫要实事求是，因地制宜。要精准扶贫，切忌喊口号，也不要定好高骛远的目标。"

通过访问农户，我发现大多数的扶贫方式还是局限于"免费发放树苗、鸡苗、幼畜"等，相对比较单一。贫困户有不同的致贫原因，有的是因学致贫，有的是因病致贫，有的是因缺少技术或劳动力而致贫，如果对于他们的帮扶措施都是一样的，就难以做到真扶贫。我对此的思考是：应当分类指导，坚持精准扶贫。一是强化精准到户，认真开展贫困人口核定和统计，摸清贫困人口的规模、分布、构成和特点等基本情况，因户施策，逐村逐户制定帮扶措施，而不是一味地采取统一的帮扶措施。二是加强精准培训，授人以鱼不如授人以渔，只有通过培训提升贫困家庭劳动力的各种技能，才能让他们真正练就脱贫的本领。

2. 关注脱贫后再返贫的问题

在本次调研中，我发现因病返贫和因学返贫的可能性很大。例如，一个农户家庭的大儿子已经毕业，但小儿子即将上大学，按照家里目前的情况，会因小儿子的上学返贫。对于因学返贫和因病返贫的情况，我认为一是按照"班子不散、力度不减"的工作要求，教育系统继续开展教育扶贫等系列工作，切实巩固脱贫攻坚成果。二是健全健康扶贫机制，大力实施部门联动机制，继续强力推进精准扶贫医疗救助工作，对因病致贫对象分批次、分阶段开展常态化的精准医疗救助，实现农村贫困患者救助全覆盖，更有效地防止因病致贫。

3. 改变部分农户"等要靠"的思想

除老弱病残以外，一部分低收入农户的思想保守，观念落后，行为懒散，自身没有发展动力。同时，一部分农户"等靠要"的依赖思想较为突出，只等"输血"，不愿"造血"，自我发展愿望不强。对于这种情况，我认为一是要强化农村党员和干部的思想认识，建立一支高素质的农村扶贫开发队伍，以高度的政治自觉和责任担当，积极营造"赶比超"的脱贫氛围。二是对农户进行思想教育和沟通，将"贫困不可耻但也不光荣"的观念深入人心，让群众能够主动想方设法脱贫致富。三是驻村干部应该对帮扶对象的家庭改善情况进行评比，对于那些自食其力、积极向上的群众给予表彰，在群众之间形成"赶比超"的脱贫氛围。

唯有亲自去，才有故事说

文/汪欣欣

每段记忆大抵都有个起点。重庆多山，当我们的车子在山中曲折前进时，便开始了这次调研的记忆。重庆的山水与人情在脑海中一幕幕浮现！

7月的盛夏，我们在国家扶贫的第一线。那些由司机师傅和村民向导带领我们穿梭在乡间小路的日子、那些和我的搭档肩并肩挨家挨户奔走的日子、那些与朴实村民交谈的日子、那些在阳光下挥洒汗水的日子、那些在雨中爬山打滑摔跤的日子、那些和伙伴们在村委会吃盒饭和西瓜的日子、那些在会议室开会讨论的日子、那些深夜坐在地上数问卷的日子、那些来时风雨归时亦风雨却偶见彩虹的日子……场景多得数不清，每一场景都因为那些独特的风景让人记忆深刻。

没有资格去评说此次调研的意义有多重大，作为在扶贫第一线的调研员，用眼睛去看、用耳朵去倾听、用心去感受，去了解中国的农村现状，尤其是了解民生艰辛，这是我以后追求努力的生活底色。

我在农村出生、农村长大，骨子里的农村情怀让我更加关注中国农村的发展。我的家乡也处在群山绿水的怀抱中，从前被称为"穷乡僻壤"，今天被称为"乡村中的国际大都市"；从前这个乡村因为缺少交通干道而显闭塞，与外界沟通甚少而显落后，但却使那些闻名中外的徽派建筑得以保存，在今天看来是一笔不可多得的财富。凭借这些旅游资源，我的家乡开发了旅游产业，村里人的生活完全改善了。旅游产业的发展带动了其他各方面的发展，最先改变的就是与外界联系的通道。修造隧道、硬化公路甚至是前两年开通连接中国南北的京福高铁，让我家乡的旅游事业更加生机勃勃。当然也有问题存在，在旅游业生机盎然的背后，是村民褪去本真追逐商业的气息，是村民追逐商业而丢失传统文化的遗憾。

还记得那天去的大溪乡，这是一个让人只看一眼就爱上的地方，山水掩映成趣，过往的渔船在山水间穿梭，微风袭来，河中泛起的层层涟漪，倒影斑驳，一切在日光下显得是那么宁静与舒适，让人不忍心打扰，更想狠下心来把这片世外桃源藏起来。惊讶于这个贫困村有着如此得天独厚的旅游资源，也惊讶于在这里遇见的人们是那么朴实，让人多了份思考。用旅游来改变是不是显得很急躁？好像大家所追求的脱贫就是致富，但是如果我们仅仅用金钱和物质来衡量脱贫的标准，是不是会让我们陷入一个难以找到初心的无限循环中？

从小就见过、至今仍浮现在脑海的一句话，就是在很多农村的墙上都会看到的一行红字：要致富、先修路。毋庸置疑，这句话对于闭塞落后的农村是非常重要的。还记得这次调研我们去过的一个村，因为没有路，我和我的搭档在大雨中整整翻过了3座大山和很多座小山才到达农户的家中。没有路，自己种的果实没法运送到镇上去交易；没有路，想建造一个像样的房子也无法运送建筑材料；没有路，好像与外界缺少了联系。走过很多村，走访过很多农户，大家好像对于路的渴望是那么执着。脱贫攻坚，路是前提！

每天的归程都是黄昏，乡村在日落时更显宁静，日色在山水之间渐渐隐没，泛起大片红晕。在山的另一边，黄昏则是城市最繁华的时候，日色渐渐隐没于楼海中，华灯初上，星光在人群喧闹处明灭。余热退去，霓虹与清风拉起一道冗长的夜幕。一山之隔，夜幕之下，让我们多了份思考，我们是否该守住山那边宁静的天地？我认为脱贫攻坚不仅仅是扶贫，更重要的是让农村与城市更好地相得益彰，让生活在不同环境的人在各自的世界里活出最真实的自己。

最后想说的是，在这个光怪陆离的人间，没有谁可以将日子过得行云流水。但我始终相信，走过平湖烟雨、岁月山河，那些历尽劫数、尝遍百味的人会变得更加生动而干净。时间永远是旁观者，所有的过程与结果都需要我们自己去承担！感谢老师们提供这样的调研机会，感动所遇见的伙伴们和在调研中遇见的那些朴实的村民们，感恩我处在这样一个不断寻求进取的国家，让我能够领会生活的艰辛，看到不同生活状态下努力生活的人们，进而鼓励我用自己的力量去成为对社会有用的青年人，为实现中国梦做出贡献！

在扶贫工作中，干部认真为百姓做事，农户就一定会感恩回馈。比如，丰都南天湖镇梨地坪村，这个村子在贫困户评选中程序公正，而且政府以扶贫为契机，建设了居民新村，同时大力推进基础设施建设，推进公司（协会、大户）加农户的产业发展模式，帮扶农户加入烤烟合作社，使贫困户基本每户每年有 6 万元收入。由于扶贫工作成效显著，农户的满意度高，干群关系和谐融洽。总之，扶贫工作任重道远，不管是扶贫干部还是农户，都要朝着同一个"脱贫"目标而努力。

看小仙女的大长腿！是用来翻越栏杆、深入调研的。

我的重庆调研之行

文/程纵

　　首先，十分感谢老师们给我们参加这次调研的机会。我们在调研中付出了许多，同时也收获了许多。总感觉自己脑海里有千言万语，但真到形成文字的时候，却不知从何说起。

　　第一件事，我是农村出身，由于种种原因，小时候家里也很贫困。但当我在调研中见到真正贫穷的人时，我的内心有种说不清的感觉。一个家庭，男人身体不好，妻子精神有问题，还有两个孩子和一个老人，全家只靠低保维持生活。我在调研中都不敢看孩子们那清澈且干净的眼睛。他们也许并不明白自己正在经历着什么，我对此也无能为力，只能送给他们一些吃的，希望他们能像我小时候一样，体会一下吃到新鲜东西时那种短暂的兴奋与快乐。圣人曾说，穷则独善其身，达则兼济天下。确实，这句话没有错，我们现在还没有兼济天下的能力，想做的事有很多，但也有太多的无能为力。"安得广厦千万间，大庇天下寒士俱欢颜，风雨不动安如山。"直到那时，我才身临其境地体会了这句话的真正含义。

　　第二件事，我们在半路上遇到了拦车的人。我的第一反应就是要下去看看。但是，这会不会耽误我们的工作进度？老师和同学们会不会觉得我太鲁莽？当时想了好多好多。早些时候我看过的一篇文章里说，少年老成其实是一种庸俗的本性，当时还没有那么深的体会，现在想想却有另一番感悟。也许世间确实有太多约定俗成且我们改变不了的东西，但我们是年轻人啊，如果我们都认为无法改变，被世俗的框架约束，那么靠谁去改变？其结果就是这些东西越来越根深蒂固。少年强则国强，少年智则国智。最后，我还是想坚持自己，即使知道改变不了什么，也会像飞蛾扑火一样去尝试，谁能知道我老了还有没有这种无所顾忌的勇气？

调研期间，我不负众望地晒成了和当地人一样健康的小麦色，重庆果不负火炉之名。

第三件事，我们这次重庆调研得到了当地政府的高度重视，但是我们必须要明白，只有我们被赋予了一个特殊的身份才会受到如此重视，我不得不相信社会确实是有阶层的。一个人可以因为身份而站在比较高的位置，也可以因为失去身份而被打回原形。阶层是一个很难打破的东西，而且随着社会的发展，阶层固化确实越来越严重。农户在调研中的反应可以总结为：穷的想尽办法说富，富的变着法子哭穷。虽说知足确实是很好的品质，但满足现状确实也是寒门再难出贵子的原因之一。

总之，能经历如此大规模的调研真的十分庆幸。深入基层也让我们走过了一段不一样的心路历程，我相信这会对我将来的人生产生很大的积极影响。最后，感谢每一位兢兢业业的老师，感谢每一位可爱的小伙伴。

半月重庆

文/苑晓欣

2017 年 7 月 10 日，来自南昌大学、北京师范大学、中共中央党校和首都经贸大学的我们，登上了开往重庆的列车。怀揣着一份对于国家扶贫工作的热情和对于未知的好奇，我们义无反顾地来到重庆这块热土。7 月 12 日至 8 月 1 日期间，我们辗转于万州—丰都—黔江—丰都—万州，从终点回到起点，用自己的汗水在重庆的大地上烙下自己的脚印，为此次调研画上圆满的句号。

22 天中，我们走过 20 多个村庄，听到了 130 余段故事，遇到了数不清的各色人物。这些日子的调研使我对于贫困及其成因有了更多的了解，因病、因残而导致家里缺少劳动力，或者家中劳动力稀少且需要供养孩子上学。后者情况尚属一时之难，但病痛和残疾则是长期问题，一时难以得到有效解决。

慢性病中较多的是类风湿性关节炎，因其导致的关节功能障碍会导致劳动能力的丧失，将一个家庭拖入贫困的深渊。小病中出现最多的是胃病，有可能是因为当地人吃饭多为两餐，且饮食中大量使用花椒和辣椒等刺激性香料，喜欢食用腊肉和腊肠等食物，饭后爱喝浓茶等原因造成的。残疾的比例也是极高，这可能与农村人多住在交通不便的地方，因就医不便导致治疗延误或病情恶化；也有可能与农民文化程度不高，缺乏孕前、孕中和孕后的护理有关系。例如，我走访的第一户，一家人居住在离村子很远的地方，来往都是绕山而行，从村上到他家开车约有半小时，家中的两个儿子都是残疾人，父母二人都没有读过书，这样的例子并不是少数。

在就医方面，贫困户都有新型农村合作医疗保险和大病医疗保险，但农民往往习惯于大病小病先自己扛，扛不过去再去医院。而且，重庆的新型农村合作医疗制度对于零散用药并不予以报销，这对于发病率极高但算不得大病或慢性病的胃病而言，很多农民都是靠自己掏钱买药，使家庭经济困难，人均收入达不到标准。

这些日子的调研让我对于重庆的风土人情和基层扶贫工作有了更多的了解。我认为首先就是"要致富、先修路"。交通方便就可以引进公司投资，改善农民生活；交通方便就可以促进农民外出务工，因而改善生活；交通方便就可以促进文化知识传播，提高农民的文化及卫生知识。但由于政策倾斜，我在实际调研中发现，贫困村比非贫困村还富，还要交通方便，而非贫困村的路反而未得到修缮。

其次是感受到农民的朴实。在问及"您对自己脱贫是否认可"时，大部分人表示感谢政府的关怀，并表态自己绝不拖 2020 年全面实现小康的后腿。

最后是我对于国家政策及各级干部的赞叹。扶贫是块硬骨头，但是所有人都撸起袖子要啃下这个硬骨头。国家政策利好，投入大量资金；基层干部是先锋队，他们洒下大量汗水，努力将政策落实到每个贫困户。在群众心中，基层干部就是国家形象的代表。但由于农村是一个十分明显的血缘和宗亲社会，基层干部的工作不好做，很多时候需要依法合规，还得符合人情，稍有处理不当，便会里外不是人。

我的 2017 年暑假收获颇丰。长期处在校园中的我在调研过程总近距离接触农村这片热土，深刻了解了国家的扶贫工作，意为扶贫工作贡献自己的绵薄之力。

我和重庆有个"约会"

文/张鹏飞

历时近一个月，调研一个市，深入三个县，走访数百农户，这是我这个暑假经历的最忙碌的一次调研活动。能参加此次实地调研是我的幸运，也将是我人生中一笔宝贵的财富。在此期间，我认识了更多的人，对"大兵团"协同作战积累了经验，简而言之可用"有惊无险"来概括。

首先是"有"（游）。重庆又称"山城"，我们所到之处都是群山环绕，延绵不绝。深入武陵山区，畅游于群山之中，走在蜿蜒曲折的山间小道上，在感叹大自然的神奇之余，我们的队友还要抵御晕车带来的痛楚。但任何挫折都无法阻止我们践行肩负的使命，"游"于山中，直面村民、采集信息、发现问题，是我们此次调研的主要目的，虽然艰巨，但我们充满信心。

其次是"惊"。重庆作为直辖市有其独特的发展定位。不同于普遍大城市具有的共性特征，我们所到的区县处处是风景。雨后的山间烟雾缭绕，农家若隐若现，胜似处于仙境中。仙女山、鬼城、万州大瀑布等优美的风景给所有人以强大的心灵震撼。同时，当你认识到还有相当多的人口处在贫困边缘，又给我们另一重震惊。

再次是"无"（务）。"务"指的是我们的工作。我们一共走访万州区、丰都县、武隆区、黔江区、秀山县等五个区县，入户7000多户，信息采集5000多户。这么大量的数据需要同学们每天使用软件快速整理，因而加班到深夜已成为常态。但同学们都很务实，踏实肯干，即使中暑晕倒、被蚊虫叮咬，仍然坚守在调研第一线，努力去完成这项光荣而伟大的任务。

最后是"险"。此次调研面对的挑战较多。一是路途险峻，在前往农户家时，经常要走盘山路，晕车成为我们面对的一大问题。由于农户居住比较分散，我们都是跋山涉水去走访，既要克服晕车的困扰，又要保存必要的体力去完成入户调查，这是更高的要求。二是天气炎热。调研期间，几乎每天都是 40 度以上的高温，为了圆满完成任务，同学们都在挑战自己的身体极限，没有轻言放弃者。最后就是与农户的沟通。从最初的听不懂到后来能讲一口重庆味的"僧分曾儿""福口本儿""你能挣好多钱噢?"我们不断地适应环境、挑战自我，只为肩上所担负的责任。

21 天走过 5 个县，我们挺住了，完成了这项神圣而伟大的任务。这是一次难得的机会，我从中收获颇多，所积累的为人处世、团队协作经验都将成为今后漫漫人生路上宝贵的经验。同时，这也是一次重要的历练，促使我成长，能够应对各种艰难险阻。

仿佛是一场蹉跎

文/张丰羽

　　20多天的重庆调研结束了，现在想起来就像是一场梦境。7月11日，在经过接近24小时的漫长火车之旅后，我们终于抵达了山城重庆。作为一名第一次来到巴蜀之地的北方人，目睹了有着难于上青天之称的层峦叠嶂、危途巉岩，不禁暗自称奇，也明白了为什么诗人们对于名山大川总有着抒发不完的情感，更不用说早有耳闻的重庆美食，我一下车就仿佛闻到了火锅的香味。

　　山河虽然壮美，却会为我们的调研带来很大的难度。在20多天里，我们走过了无数的盘山路，经过了数不清的过山车一般的颠簸，遇到了山体滑坡阻挡前行的公路，还遇到了被滚落的石头砸毁房屋的农户。在这20多天里，我们走过了公路、山路、泥路，有些同学还在田间穿行，可以说经历的好多事情都是我过去20年内没有遇到过的。由于工作安排十分紧凑，根本没有多余的时间四处看看，火锅也是最后一天才吃到，但经历了20多天的辛苦之后，吃到的火锅让我感到格外鲜香。

　　在这次调研中，我比上次承担了更多的职责，于是熬夜到一两点便成了常事，每天在睡眠严重不足的情况下还要进行入户访谈，这对我来说也是一次很好的锻炼。虽然路途艰险，但我们还年轻，有好多事情就是要趁年轻去体验、去体会。时间总是过得飞快，韶华白首也不过在转瞬之间，既然如此，还不如趁着年轻多走、多看、多想，做出一两件轰轰烈烈的大事。这次扶贫调研虽然可能称不上轰轰烈烈，但也足以在我们的生命中留下浓墨重彩的一笔。我想青春大概就该如此。

　　调研已经结束，但我觉得这次调研中反映出还有很多当地政府需要进一步改进的地方。

首先，通信条件仍需改善。在调研过程中经常出现手机没有信号的情况，也存在村子里网络不通、村民无法上网的情况。在网络如此发达的时代，不能接入互联网就好像与世界断开了联系一样，村民无法接触到更广阔的世界，对于脱贫致富也十分不利。因此，想致富不光要修好公路，信息高速公路也同样重要。

其次，当地"农转非"现象需要有力对策。由于城镇户口不是我们的调研对象，所以，即使这些人生活条件很差，也无法被评为建档立卡贫困户。这次调研中就有很多非农户籍人口，他们住在农村、生活在农村，除了是城镇户口，其他和农村户籍人口没有任何区别。就因为户口问题。他们明明家中也十分贫困，却无法享受贫困户的帮扶政策，这个问题需要得到解决。

脱贫攻坚任重道远，问题也要一个一个地解决，这样才能在 2020 年实现全面脱贫的目标。

虽然山城的天气十分火热，调研工作也在如火如荼地进行。调研十分艰苦，所以休息也十分重要，看看小伙伴们的睡姿就知道下午还有一场硬仗要打。

知行兼修玉成器

和大家一起的 20 天

文/李雪平

　　从 7 月 11 日至 31 日，我参加了重庆精准扶贫第三方评估，先后跑了 5 个县区，通过走访、座谈等方式开展调研，与贫困农户进行了深入交流。在此过程中，我有些许感悟和思考。

　　消除贫困、实现全体人民的共同富裕是中国特色社会主义的本质要求。随着社会经济发展，由于个人素质和资本积累的差异，个人收入差距扩大的趋势加剧，因低收入、失业、疾病等因素造成的阶层性贫困发生机率大大增加。扶弱济困是中华民族自古以来的传统美德，源远流长，精准扶贫充分体现了我党全心全意为人民服务的宗旨。

　　在入户之后，我的心情一直难以平静，连续几天晚上久久难以入睡，眼前不断浮现出原来只有在电影或电视里才得以一见的画面：歪歪斜斜、黑乎乎的小木屋，盖着灰尘的简陋锅灶，木板床上残破的被褥，陈旧的老式木头柜子，几乎见不到任何家用电器……整个屋子给人的感觉就是压抑和艰辛。还有村子里长满青苔的石子路、泥泞小道、小木桥……这一切都让我们感受到扶贫工作的艰难。

　　在进行扶贫帮困工作时，做好物质上的扶贫与做好思想扶贫同等重要。生活困难的人承受压力的能力总是很弱，他们中相当一部分人认为自己是命中注定要受穷，再怎么努力也没用。一旦有了这种思想，他们就不会有雄心壮志去苦干创业。要想帮助他们，首先应该让他们从思想上站立起来，鼓足他们克服困难、战胜困难的勇气，帮助他们不等不靠、依靠自力更生去脱贫。

　　贫困不只是经济概念，更关乎基本的公民权利和发展能力。正如诺贝尔经济学奖获得者阿马蒂亚·森所说："贫困不是单纯由于低收入造成的，很大程度上是因为基本能力缺失造成的"，比如与医疗、养老、教育、住房等民生支出相对应的公民获得健康权、养老权、教育权、居住权的能力缺失。所以，国家要大力完善教育、医疗、住房、养老等社保体系，把贫困群众的冷暖放在心上，让他们住得起房、看得起病、上得起学且老有所养，这才是脱贫的真正意义。

实施精准扶贫，单位越小越精准，内容越实越精准。从调查情况看，一些地方由于存在上下协调与沟通不畅、乡村缺乏项目和资金自主权等问题，一些地方的合作社对农民的带动能力较弱；一些合作社的项目与资金并没有落实，土地流转项目覆盖的贫困农户很少。扶贫工作任重而道远。只有把精准扶贫、精准脱贫作为主攻方向，坚持城乡一体化与精准扶贫相融合、区域开发与到村到户扶持相结合，做到对象、目标、内容、方式、考评、保障"六个精准"，实现真扶贫与扶真贫，才能让贫困群众真正得到实惠，加快脱贫致富奔小康的步伐。

知行兼修玉成器

没有硝烟的战斗

文/邢乐

　　2019 年的七月很特别、很难忘，给我们每个有幸参与其中的人都留下了一笔宝贵的财富。从重庆回来已经有几天了，但脑海里一直呈现着 20 多天的"战斗"画面。忘不掉那火辣辣的太阳，忘不掉一天天的翻山越岭，忘不掉一户户淳朴的农户，忘不掉那一串串的统计数据，忘不掉一群群精神抖擞的小伙伴……评估工作真的很苦、很累，但是我们都坚持下来了，没有小伙伴掉队。"虽苦犹未悔，虽难犹未退"是我们这个大队伍的精神。

　　今天的中国已强大，但仍然有 7000 万贫困人口生活在社会底层。为了实现 2020 年全面小康的中国梦，2013 年习近平总书记在湘西调研期间提出了精准扶贫的方略，并且提出"六个精准"作为扶贫工作的基本方针。在精准扶贫方针的指引下，我国的扶贫事业取得了很大成就，帮助了无数的贫困群众脱贫致富。

　　在重庆调研中，我发现各地的扶贫力度是很大的，扶贫的方式以及最终的效果也是很不错的，但仍然存在有待改进的地方。首先是一些生活比较困难的农户未能成为贫困户，不能得到更好的帮扶，当然也会引起一些群众的不满。其次是帮扶措施需要更有针对性，不能仅仅停留在现金直接给予层面，这样不仅不能让贫困农户摆脱长期的贫困，更会让贫困户产生依赖心理，要整体提升产业与技术帮扶的力度。

　　重庆是著名的山城，山地多、耕地少，这对依靠种地来维持生存的农户是很大的障碍。因此，实施产业扶贫一定要精准，要重点发展适合于重庆山区条件的产业，并且改善产业扶贫合作社的运行机制，尽量让贫困农户参与其中，调动贫困户的积极性。其结果不仅能够促进合作社的发展，更能够解决一部分贫困户的就业，增加农户收入，使贫困户实现脱贫。

由于大多数贫困户缺乏专业技能，不能找到稍微好点的工作或者自己进行创业。调研中发现，许多农户反映没有参加过，或者是觉得没有用就没去参加技术培训。究其原因，主要是许多技术培训流于形式，并不适合贫困户的需求。还有就是贫困户的文化素质比较低，接受培训有一定难度。因此，帮扶干部应该针对贫困户的自身素质以及技术的难易程度，制订合适的培训计划，保证培训效果。当然，扶贫之路是漫长的，需要全体干部和群众携手前进，众志成城才能够取得成效。

坚持、勇敢、合作、感动、成功这些词汇是我们 20 多天"战斗过程"的真实写照。这次评估的成功关键在于所有老师和同学们的坚持。面对无尽头的崎岖山路，我们必须坚持每一步的攀爬；面对火一样的太阳，我们必须坚持进村入户；面对入户中遇到的种种困难，我们必须坚持问下去。

在走山路的时候，经常会遇到河流、滑坡、碎石、蛇以及以往没遇到过的任何东西，我们都能勇敢地面对，因为与那些居住在山里的孩子和老人们相比，这些困难又算什么呢？

当然，在调研中最重要的是合作，包括与老师的合作、与小组同学的合作，最多的是与我们的搭档合作。而合作过程中最多的就是感动。

我的搭档是个北方小伙子，很有担当，调研中一直很照顾我。走山路时会帮我背书包，入户时会主动走到前面帮我挡住农户家的狗，晕车时会给我递上药、送上水。感动于此，我每天都会精神抖擞、开开心心地调研，无论要走多少路、爬多少山。在高温的炙烤下，我的搭档终于还是发烧住院了，但是他在医院短暂休整两天后又重返队伍，陪着我走村入户。每天调研结束后，他还要赶往医院挂水，看着他满手的针孔，我很难过。合作让我们的友谊变得更坚固。

若干年以后，我相信当再回忆此次调研时，我们一定会为自己付出的努力和洒下的汗水而骄傲。加油，扶贫梦！加油，中国梦！

走过七月，见过重庆

文/宋莹莹

（一）难忘调研的日子

20 多天里，走访过 20 多个村庄的 200 多家农户，所到之处看到的是青山绿水，感受到的是淳朴民风，但这并不能代表农户生活的全部。大病时无力医治的绝望、因孩子没钱读书父母不得不背井离乡去务工时的无奈、住在危房中时刻担心倒塌的恐惧，这一切的一切都在告诉我们，精准扶贫还有一场攻坚战，需要我们继续努力。

"两不愁、三保障"，看似简单的六个字，实现起来并没有我们想象得那么容易。如果不是亲身经历，你永远难以想象有些人的生活是这个样子。我看到一家老少十口人挤在一处土坯房里，听到农户告诉我自己 19 岁的儿子因患白血病无钱医治而不幸离世，目睹 7 岁的小女孩被蚊虫叮得满脸是红包……这一切都是以前的我难以想象的。"精准扶贫"曾经对我来说只是一个词汇、一句口号。亲身参与后才感受到自己肩上的责任。不漏下一个贫困家庭，让每个贫困户得到精准帮扶，需要我们每个人的努力。

20 天的时间里，我们顶着烈日酷暑跋山涉水，再艰难的条件都没有影响我们那颗坚定的心，因为我们知道，我们所从事的是一项高尚的事业，尽管力量没有那么庞大，但我们的一点点努力，都可能在农民脱贫致富的路上发挥作用。

20 天的调研是经历、更是成长。希望我们走过的路、流过的汗、收集的数据，不仅能帮我们成为更好的自己，更能让当地人民拥有更美好的明天。

（二）扶贫也需因地制宜

我在调研的过程中发现，制约农村发展的最大问题之一就是资源未得到充分开发，包括自然资源及人力资源的开发。自然资源没有充分开发主要是政府没有合理地引导与支持，以及缺乏相应的技术人员，没有形成产业化，以至于当地老百姓没有受惠。

爷爷、孙女和调研员，总觉得他们在各自想着什么，尤其是孙女。

人力资源开发的问题主要表现为农村的人力资本存量和素质不足的问题，大部分农村劳动力因文化水平有限，只能从事最基本的力气活。而且据我了解，外出打工的农村劳动力是城市建筑工人的主体。当问及政府为农户提供的技能培训，回答大多是养殖和种植方面的培训，缺乏针对性很强的培训。没有针对性的培训于农户的技能提升没有太大作用，不能激发农户参与的积极性，也难以取得预期效果。

对此，我认为当地政府可以根据当地的实际状况，因地制宜推进自然资源开发和人力资源开发，并将人力资源开发与当地的特色产业发展有机结合起来。

此外，需要进一步加强农村基础设施建设，为经济发展铺路。"要想富，

　　　　　　　　　　　　　　　　　　　　　　知行兼修玉成器

先修路。"我在调研过程中深刻理解了这句话的意义。农民身处大山,因交通不便难以"走出去",更不用说"引进来"。大量农户反映因交通不便,自家的水果、牲畜等无法贩卖出去,致使他们不能获得农业生产的收益,也影响了农村经济发展。同时,交通不便也造成孩子读书的不便、农民思想的保守。加强农村基础设施建设,特别是改善交通条件,是贫困地区脱贫中亟待解决的问题。

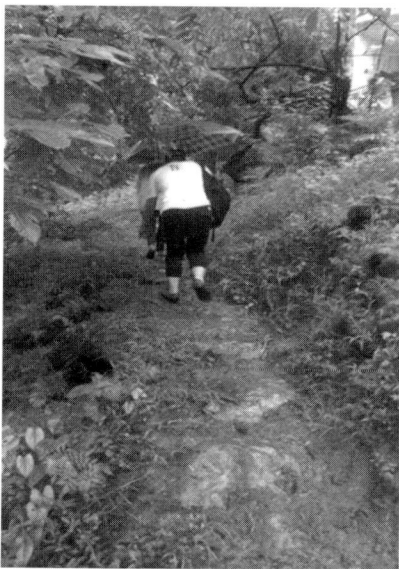

泥泞的土路再滑,磅礴的雨再大,也阻挡不了调研员把评估工作做好的心,绝不因为天气情况而轻易放弃被访农户。

另外,应当大力发展特色产业,引导农村劳动力就业。大部分地区拥有自己的特色资源,如猪腰枣、李子、金银花、银杏等,但这些特色产业惠及的农户较少,对农村劳动力的吸纳有限。因此,应当依据当地的特色资源进行因地制宜的产业开发,加强产业对劳动力的吸纳作用,并培育专业技术人才。

最后，要引导劳动力合理流动，促进农村规模经营。劳动力的合理流动是农村进行适度规模经营的契机，劳动力外出不仅可以开化人们的思想，更容易学习先进的技术与经验。要积极引导当地劳动力外出务工，同时通过实行适度的土地规模经营，保证农村生产的稳定，改变落后的生产方式与管理模式。适度的规模经营有利于发展成果惠及大部分农户，缩小农村贫富差距。

翻山越岭来找你

文/陈茜

　　什么是贫困？一个月之前，我对贫困的理解是基于某卫视的交换真人秀节目。节目呈现的大概就是一间茅草屋、一锅迎接客人的炒鸡、一个扁担两桶水，还有主人公一口老黄牙和眼角褶皱中透露出的善良与坚定。

　　火车到达重庆的那瞬间，我有一种体测 800 米时的紧张，脑补了一下习大大宣布全面建成小康社会时我的骄傲，怀揣着一份神圣的使命感踏上了征程。

　　身为当代大学生，我在调研中看到了党和国家对扶贫工作的重视，老师们再三强调要深入群众、全面取证、实事求是，不接受各种形式的糖衣炮弹。如此严格的要求，说明我们并不是在走过场、搞形式主义。

　　身为普通群众，我看到了基层政府的不易。一个政策的下达与落实，不仅仅依靠国务院、省委省政府，而是直接与群众接触的基层干部。他们需要落实上面下达的任务，也要接受群众的质疑。他们手把手地将一个个贫困户拉上车、送一程，帮助他们脱贫。虽然我们只在一个村落停留一天，但可以感知他们 365 天的努力。

　　身为调研员，当我们顶着酷暑一家一家去走访时，我体会到了人间百味。一方面，脱贫户家庭情况的改善让我由衷地为自己的国家而骄傲；另一方面，我也看到由于政府工作不到位而使部分农户家依旧深陷贫困的深渊。直视贫困的冲击与震撼，让我以为自己是把利剑，能够为人民伸张正义；当部分农户因自我小利而曲解基层干部时，我也会掺入个人情感而忽视基层干部的辛勤努力。现实教会我如何做到耳听为虚、眼见为实，建立自己的判断标准。

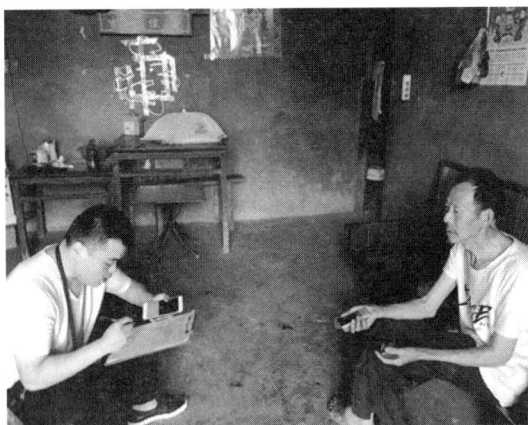

我的搭档在做调查，虽然一起合作了8天，但从他身上学到很多，不同的学校和专业之间的碰撞和交流让我收获颇多。

回归正题，关于满足"两不愁、三保障"是否是脱贫的标准问题，我在调研过程中一直在思考。很多农户的脱贫都离不开政府的补贴与帮助，近一年两年的收入见长，满足了"两不愁、三保障"，政府开心地说：你脱贫了！农户也开心地领回脱贫证书，笑着对我说：对脱贫认可。那脱贫之后怎么办呢？我并没有看到很多农户的后续潜力收入。我认为，真正的脱贫是授人以渔，而不是授人以鱼。但是，农户的文化水平普遍较低，只能靠劳力吃饭，很多家庭甚至劳动力匮乏。虽然当地政府也推动特色产业发展，使农户有产业分红，但受地域条件影响，产业如何保持稳定发展并盈利也是需要高度关注的问题。

短暂的重庆调研让我受益颇多，收获了一身蚊子包，收获了一群互怼互爱的队友。我在调研中看到了村支书额头的汗珠，握到了阿婆粗糙的双手，听了阿公跟我讲共产党的作为，检查了小弟弟的作业本，偷偷喝了山上的泉水。常常会回忆起农户那淳朴的笑脸和亲切的话语：辛苦你们咧！要得！……

或许翻山越岭只为一家，却总是不忍心把任何一人丢下。

知行兼修玉成器

和你们在一起

文/何睿

再次参加精准扶贫评估是在自己的家乡，因而总有一种特别的感觉。此次的调研对象都是重庆经济发展相对落后的区域，在外人看来这些地方很贫困，而作为重庆人的我，更多看到的是发展。

我记忆中的重庆还是乡镇主街路坑坑洼洼的模样，而现在许多村里面的路都是硬化的。我记忆中的农村都是围个小院、家家户户住的木房子，而现在大部分农村人都住在楼房或在城镇买房。我记忆中的交通还是坐在货车后面、颠颠簸簸的状态，而现在部分农村人已经自己买了小车，出入方便。

尽管还有很多农村家庭的生活条件不是很好，很多村庄的饮水及其他基础设施也还存在问题，但是我们不能否定农村的巨大变化。有问题就要去解决，重庆还有它努力的方向。

夏天的重庆是很热的，重庆人在夏天一般也会选择在较为凉快的时候出门，或一直待在空调环境中。而我们的调研员大多都未感受过如此高温的天气。很多调研员即使中暑，在不严重的情况下都选择了自己扛过去，尽量不请假。重庆的路很不好走，车子在山路上拐来拐去，很多人都会晕车，再加上有时车子上不去，还得靠自己走路，但调研员们都坚持过来了。这一切都让我深受感动，我佩服此次一起调研的、来自天南海北的同学们。

当然，在此次调研中，我也看到农村发展中存在的形形色色的问题。例如，如何应对农民得大病时致贫与返贫、山区的饮水设施怎么合理修建等，但我觉得对于扶贫问题的思考，更多的应该是脱贫方式和农业发展的博弈。我发现只有小部分农户是靠农业生产脱贫，而大部分脱贫甚至致富的途径都是采取非农业经营，即：出去务工或者做生意。不从事农业生产，农村那一片片的荒地会不会越来越多？我国的耕地红线如何保得住？这之间的博弈又该如何处理？

无疑，农业大户或者合作社包地成片种植等形式可以缓解这种尴尬，然而，因为重庆山地丘陵的地形，这种大规模的种植方式推行起来有一定难度。欣喜的是，政府也意识到这个问题，在探索产业扶持的扶贫方式，通过免费给农户发放种子、树苗、农药、化肥、牲畜等，鼓励仍在家务农的农民发展农业生产。这种扶贫方式是正确的，需要进一步思考怎么才能更快速地促进农业生产发展？政府还能采取哪些更有利的措施，在扶贫的同时推动农业发展？扶贫的问题有千千万万，在扶贫的路上也会有越来越多的人加入，这样问题就会被一个个地有效解决。

此次调研收获很多，谢谢老师的教导与同学们的合作，让自己多了一份成长！

知行兼修玉成器

责任担当，使命光荣

文/惠梦倩

山水无情，高山青水阻碍多；人间有爱，扶贫评估情谊深。

自 7 月 11 日正式启动的重庆市贫困县退出评估于 8 月 1 日圆满完成，对于每一位评估员来说，这 20 多天可能既是漫长的，又是转瞬即逝的。在跋山涉水、走村入户的日子里，大家几乎都面临过恶劣自然环境的挑战、身染微恙的不适以及内心矛盾的冲击。但是，从来没有一个人说过放弃；虽然偶有抱怨，但都坚持相互配合、心存热爱地完成任务。

对于我个人而言，此次评估是心存遗憾的，由于行程的冲突没能与大家一同并肩战斗到最后，未能一起庆贺最终的完满胜利，可能由于遗憾，对于此次评估有了更深的感情。看到大家分享成功喜悦之时，我的内心五味杂陈，回忆与搭档一起跋山涉水入户时搭档对我的照顾、任务繁重时其他小组同学的支援帮助、午间休息时大家的玩笑逗趣，还有老师们亲力亲为去最远农户家复核的行为，以及他们在日常对我们的关怀照顾与鼓励，让人既想笑又想哭，也更加想念。短短 20 多天，正是由于任务的艰巨及环境的恶劣，让人与人之间的感情更加深厚浓重；正是由于评判的分歧与分工的配合，让我们的表现更加真实，就算有矛盾、有分歧，但依旧关心着彼此，这才是最真和最好的情谊吧。感谢如此美好的机会结识大家，也感谢评估让我们有了对情谊、对贫困更直观而真实的感触。

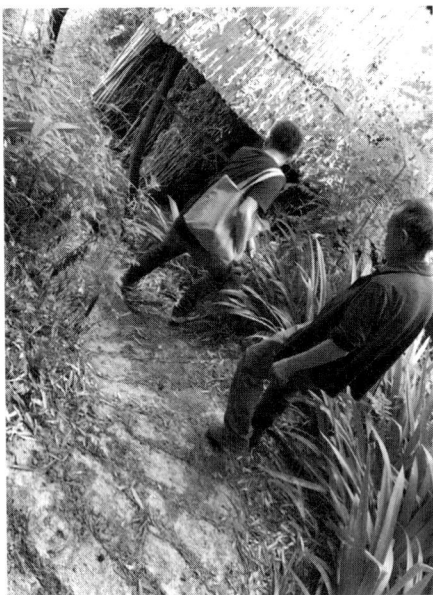

路遇荆棘时，你为我开路；沟沟坎坎时，你走在前面。忘不了你的搭手相助，忘不了你的温馨提醒。都说队友是用来互相嫌弃的，但我觉得队友是用来互相帮助的，感谢这次奇妙的调研之旅，也感谢我有一个这么棒的搭档！

　　我曾参与多次扶贫评估，也走过了很多贫困县区，但此次参与重庆评估、再加上后期个人又前往广西的所见所闻，让我对于扶贫有了更深的体会。在重庆处处可见"扶贫先扶智"的标语，但实际上除了义务教育以外，真正扶智的措施并不明显，很多地方的技能培训落实并不到位，无法保证农户的素质提高，从而带来由于技能与素质缺乏而无法实现顺利脱贫的问题。因此，扶智不应局限于单纯的义务教育或专项教育，更应是广而告之的思想教育，可以通过广播、扶贫干部走访等形式，将先进的思想理念传播开来，引导贫困群众实现思想素质的提高。

　　说到这里需要提及扶贫干部，他们为了带领贫困群众走向富裕，付出了高于一般公务员工作量几倍的努力，但往往由于自身精力有限及方式方法的不到位，无法实现相应的效果。很多时候，他们走访农户做最多的可能只是单纯的慰问或政策宣传，并不能给予农户最切实的技术指导或帮助。因此，选派对口单位组建驻村工作队，加强对扶贫干部的培训是提高帮扶成效的主要内容。

很感谢能有机会参与评估，感谢结识了一批可爱的伙伴。路漫漫其修远兮，我们将在扶贫道路上肩负使命、不做旁观者，为全面脱贫、实现建成小康社会的目标而贡献一份力量。

扶贫小谈

文/杨妞妞

有一种苦涩的甜美叫精准扶贫，我们向往而相遇。时间如白驹过隙般一晃而过，重庆之行无情落下帷幕。炎炎夏日，我们一起走过万州区、丰都县、黔江县，20多日的入户访问让我感触颇深，一方面是其中的宝贵情谊，另一方面是这座山城的脱贫攻坚之举。

氤热的空气里夹杂着躁动的内心，鬼晓得在这期间有多少次想撂挑子不干，但每次都被农户的热情击成粉末，当农户拿出家里的好茶甜瓜招待我们、张罗着要给我们做饭、一遍遍重复着"党的政策好，习总书记带领得好"的时候，我就痛恨自己之前想法的愚蠢，并在心里骂自己好几遍。虽然常常被一份份问卷压得有点喘不过气，但有时也沉浸在工作结束早的优越感中。最享受的莫过于归程车上的小憩时光，那段时间大脑是放空的。你问我在想什么？我也不知道，但就是很美好。晚上，挤在床上谈天说地侃未来，青春年少的书生意气，誓比天高的豪言壮语，让我每每想起就不禁笑出了声。

当然，美好总是与不完美不期而遇，幸福感动常在，失落心寒也不可避免。有的干工作认真、尽心尽责；而有的人却为了应付评估，大热天里拉着腿脚不便的老人搬着行李去亲戚家以解决所谓的"住房问题"。在入户期间，也有农户频频举报地方政府在贫困户评选时的不公正。自古至今都说基层干部是父母官，他们日日和老百姓打交道，如何使"政策好"转变为"政策落实好"？干部的一言一行要如何配得上百姓的一句句"啷个不满意"？这是一个需要长久思虑的问题，而绝不仅仅是在评估检查时临门一脚。

部分困难户依赖国家政策支持使政策变了味，扶贫成了养懒汉。"脱贫先立勤，扶贫先扶志，扶贫必扶智"，可困难群众才是脱贫攻坚战的主角，少一些"我被脱贫"的被动性，多一些"我要脱贫"的主动性，那么脱贫就会顺利许多。罗曼·罗兰说过，用一只干净的手和一颗纯洁的心去战斗，用自己的生命发扬神圣的正义，这是一件优美的事情。我想，这种精神在脱贫攻坚战中更是必不可少的，聚沙成塔，集腋成裘，量变的累计终究会引发质的飞跃，脱贫攻坚不是一时心血来潮去做的事情，而是需要干部和群众长久的努力。只有日夜浇灌心里的种子、加以呵护，才能长成参天大树。

跋山涉水

文/苏珊

    2019 年夏天，我有机会去到重庆的大山深处参与脱贫评估，虽路途遥远，又有些水土不服，但疲惫之外还是觉得特别有意义。我亲眼看到了大山深处的农村现状，感触很多。

    在入户调研的过程中，有几户农户留给我的印象很深刻。其中一户全家有四口人，无人外出务工，仅靠农业种植为生，户主的妻子和大儿子智力低下，基本无劳动能力，小儿子刚要就读二年级。在我踏进他家院子举起手机拍照的那一刻，家里的小儿子举着镰刀从旁边的玉米地里跑了出来，晒得黝黑的脸上挂满了汗珠，炎热让他的脸蛋变得红红的，看到我的一瞬间，他立马跑进了屋子，连我唤他一声"弟弟"也没有应答。我们坐在黑乎乎的屋子里和男主人交谈，他的语气里透露出的无不是生活的疲惫和无奈。看着那个小弟弟，我在想，等十几二十年过去以后，这个小孩子的人生会是什么样子？会不会也像他父亲一样辛劳？我特别希望扶贫干部和帮扶责任人能够帮助这个小孩子，让他通过接受教育改变人生。不一定需要多么飞黄腾达，只要不被贫穷所累，喜乐无忧就行。我也特别期待他能在以后的生活里落落大方、谈吐得当，他清澈眸子里的光芒也能幸运地保持着我那天午后看到的样子。

    第二户人家是一对年近 70 的爷爷奶奶，通向他家的路又陡又曲折，虽然已经修成水泥路，但光滑的陡坡路还是让我和小伙伴两个二十出头的人在到达他家的那一瞬气喘吁吁、满头大汗。奶奶说，由于家中没通自来水，她只能翻过山头去挑井水。我两手空空地走在这条小路上都觉得既危险又辛苦，那么对于年近古稀还要挑着水行走的两位老人来说岂不是更危险？尽管基层干部在帮助村民脱贫、改善他们生活方面已经做出了很多努力，但如果能够在落实工作时更多地站在农户的角度考虑得再周到细致一点，可能会使工作成效更好。

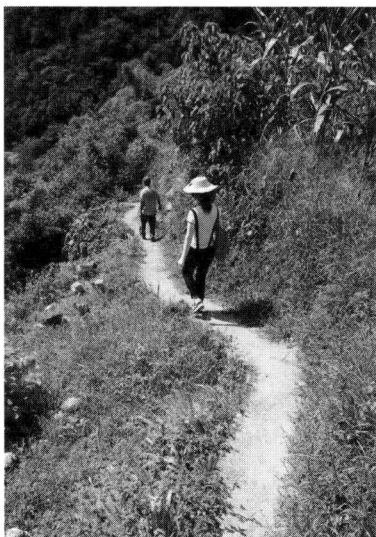

向导大叔带我和搭档入户调研，三个人午后两点走在曲折的山路上，奔波了一上午的我们明显体力不支，被大叔远远地甩在后面。

还有另外一户，我在看到他家的房子时问过当地负责人，为什么他家的住房条件很差却依然没有得到危房改造？负责人跟我说政府下拨的危房改造资金不足以支撑该农户建一座新房子。当地的补偿标准是每人 1 万元，全家四口人只能拿到 4 万元补贴。按照当地的物价水平，建好一座房子至少需要10 万元，如果一定要该农户享受危房改造政策，重新修建房屋，只能给他们造成更大的经济负担，使他们更加贫困。我觉得这也是基层干部在精准扶贫工作中面临的一个难题，希望国家相关部门能够拿出更好的政策来帮助这一类贫困户。

在路上

文/刘庆燕

7月的北京炎热炙烤,第一次来到北京师范大学接受出发前的专业培训,就被北师大师生的表现触动,一个人只有具备足够的自信与能力,才得以支撑起强大的气场与魅力!

北京到重庆的车程26小时,重庆到万州需要1小时40分钟。经过漫长的旅程,终于见到山城真面目。窗外长江上客轮鸣笛,传说中的山与水如此这般美丽。于我而言,在山亦在城,无数的新奇与好奇亟待探索。在庞大的团队中,我只是一个小小的个体,面临未知的20多天,真正的考验才刚刚开始。想起朴树的"生如夏花",七月,属于你们,属于我们。

(一)发现中国

7月12日万州始,7月31日万州止,跨越3个区县(万州、丰都和黔江),走访了20多个村落,倾听了100余段农家故事,翻越了无数的山(事实上并没有走出过山)。

1. 投身调研,发现中国

自然的中国,960万平方公里的国土如此辽阔,每日奔波,脚步却只在重庆的20多个村落。高山叠嶂,挡不住人们改变生活的热情;公路绵延,连接着村落与外面的世界。感慨自然条件与人文差异的同时,感动于重庆人开山辟路的精神:人总要有一种执着的精神,为自己的生存与生活寻找到一种自然舒适的最佳状态。

社会的中国,不仅仅有我们熟知的北上广,鳞次栉比的高楼大厦、通达的交通、时尚的生活方式引领着时代的潮流。深入山城，了解到农村百姓的真实生活，才知道在中国还存在几千万的人们为自己的温饱而挣扎。开裂的土坯房、阴暗的瓦木房、无保障的饮水、疾病缠身的无奈。我有心无力地想施予帮助，却发现在没有物质保障的时候，精神的关怀显得微不足道。

基层的中国，一个大国的运行离不开基层的组织与管理，社会的和谐发展少不了基层干部的努力和付出。我在调研中深刻体会到人民公仆的职责意义，也在思考不作为背后的深层原因。

2. 经历成长，发现自己

团队协作与搭档合作的前提一定是建立在信任与沟通的基础上。团队中的每个人不仅仅是一个个体，更应是团队中不可或缺的一部分，此次调研也是一次让我不断地剖析自己、发现自己的经历。习惯成自然的做事风格，不同环境的为人处世，涉世未深的稚嫩思想，用经历换成长，才是最美的收获。

在充满诱惑的环境下保持真诚、质朴、纯粹的思想很难，但如果知道什么是适可而止的物质满足、什么是真正应当追求的精神财富，我们才能不断提升自己的价值观。无论好山好水的静谧田园，抑或高楼大厦的忙碌城市，每个人都在寻求自己认为的最好生活状态，但在忙碌的路上不要忘记停下脚步思考自己当初为什么出发。不忘初心，方得始终。因为努力，所以骄傲；因为收获，所以满足；因为思考，所以成长。

（二）认识扶贫

了解到很多基层的扶贫措施，看到了很多帮扶责任人带来的慰问品，听到了很多领导干部给予的精神慰问，然而，大山深处的人们依旧努力在实现"两不愁、三保障"，我不禁思考扶贫真的能够实现脱贫吗？

我在感慨村民真诚质朴的同时，却被村民不敢真正表达自己的心声震撼。他们不知道如何获取自己的既得利益。印象最深的一句标语是：扶贫先扶智！如何真正脱贫、如何实现社会公平、如何全面建成小康？脱贫才是第一步，扶智才是根本。

扶贫先扶智，治穷先治愚，教育扶贫是应当是扶贫的重要内容，是扶贫精准性、针对性、有效性的客观体现，也是从根本上实现贫困人口脱贫致富、遏制贫困代际传递的重要途径。扶贫的工作重点应由过去单纯重物质转向更加重人力资本开发，更加重视人口素质提升问题。村民不敢表露自己心声的深层次原因是思想的匮乏，而要真正摆脱自己贫穷的境况，只能靠自己的内生动力。

只有"扶智"才能摆脱对大山的依赖，跨越大山的阻隔，才能寻得自己的生存之道。

我们的扶贫之路

文/党昱謖

（一）山区中国梦

7 月，初到万州，映入眼帘的便是重庆独特的多山地貌，蜿蜒秀美的长江流水。在感叹层层叠叠、依山而建的城市形态之外，更被重庆人热情、火辣的生活状态感染。重庆退出县评估检查便在无比期待、充满好奇的心情下展开。

从 7 月 12 日开始，我们的队伍便开始在重庆万州区的评估。40℃的高温酷暑，一弯接一拐的盘旋山路，虽说提前做了心理准备，但其艰难程度有些始料未及。

第一天中午，到达普查村已接近正午 11 点，越野车停在水泥路边，远远望去，山坡上零零散散有几座房子，也并不知道有没有人在家。正左方便是进入村庄的一条土路，路两边生着高高低低的野草，尽头处只能看到未经修剪的树木。太阳炙烤着大地，没有一个村民的身影。与我而言，此时不仅是高温带来的难耐，更有来自没人在家如何完成评估的压力。

刘建生老师带着我们几组学生下了车，冲进了热浪。我随着老师一会儿走在杂草丛生的土路，一会儿走在仅有一脚宽的陡坡，还走了一段临着池塘的水泥路，一直走到了村庄的深处、路的尽头。虽是短短的十几分钟的路程，到农户家里时我已满头满脸的汗水，不禁为自己平时吃苦少而感到有点惭愧。我想用袖子擦擦汗，却尴尬地发现防晒衣并不吸水，只好让一颗颗汗珠留在袖子上。

第一天的工作进展并不理想，在与乡镇沟通、寻找向导方面花费了很多时间。直到太阳落山，我们才勉勉强强完成了既定的工作量，回到酒店已经接近晚上 11 点。万州工作 3 天之后转入丰都。我们队伍的人员也度过了磨合期，进入高效率工作阶段。有幸的是，我能够前往黔江区、武隆区、秀山县，算是对重庆 5 个县都有了深入的了解。

此次重庆调研最让我震撼的就是如此重重峻岭、山多水长之地，竟有 40% 的人口出外谋生，有些村甚至达到了 60%，不禁让我惊叹义务教育和精准扶贫对中国人口迁移的巨大影响。

此次调研队伍由南北方几所大学联合组成，老师们来自人文地理、土地管理、社会保障、乡村治理等多个研究领域，同学则来自五湖四海，有着各自的专业特长。对于我来讲，此次调研除了开阔视野、填补了一些知识空白以外，更重要的是结交了一群有趣的朋友。重庆评估，不虚此行！

（二）扶贫在行动

针对此次重庆评估，我主要有以下几方面的思考。

1. 精准扶贫需要高度重视，农村发展也应全盘谋划

脱贫攻坚是国家一号工程，也是各级领导干部、各部门、各乡镇最重视的一项工作，有些地方甚至提出"一切工作为脱贫攻坚服务，一切资源向脱贫攻坚聚集"等口号。我觉得这种"服务"与"聚集"可能存在工作重心过于偏向，导致领导干部（尤其是县委书记及扶贫办主任）过于紧张的问题。其结果可能会忽视农村发展的客观规律，错失其他方面发展的机会。

2. 帮扶干部及第一书记在扶贫中遇到前所未有的挑战

首先，有些帮扶干部受自身能力和资源的限制，无法彻底解决贫困户的困难，甚至有些地方将辖区内的医生、教师全部纳入了帮扶干部的行列，帮扶能力与精力大打折扣。其次，很多帮扶干部连续几个月不休息，甚至出现了病倒、殉职的情况，对帮扶干部的定位、职责还需要进一步明晰。还有就

是第一书记到村后，能够帮助村里解决一些实际困难，但是有些地方的第一书记与村干部的工作方式、处理问题方式有差异，需要一定的磨合期。

3. 危房改造中要重视传统民居的保护

此次调研对象涉及一些土家族、苗族等少数民族村落，所以对少数民族传统民居的保护问题也格外令人关注。目前经 D 级危房改造而建成的房屋主要是现代化的、砖混结构的统一住房，很少有地方将原来的建筑风格保留下来。这可能会造成传统建筑艺术的流失和消逝，这个问题也值得关注和思考。

征程

文/孙少华

（一）没有旁观者

七月，意气风发、踌躇满志的我们踏上去重庆的征程，脱贫攻坚没有旁观者，我们即将从事的是一项伟大的事业，可以在共和国脱贫路上留下浓墨重彩的一笔，每个人都充满了激情与期待。

在三周的调研中，我们吃尽了苦、流够了汗。为了评估三个贫困县区的扶贫工作，我们探访了一个个贫困村，见证它们全面脱贫之路；我们走进无数穷苦的百姓家中，聆听他们真正的心声。

每天早晨，我们带着昨夜工作的丝丝疲倦，在昏昏沉沉中醒来，匆忙地在自助餐厅扒拉几口早饭，赶在 7 点 40 之前站在酒店一楼大厅等候今天的入村车队。上车之前，还不忘在耳后贴上晕车贴或吃点晕车药，和司机寒暄了几句，便抵不住倦意在车上呼呼入睡，因为接下来迎接我们的是两三个小时的车程。汽车在蜿蜒起伏的山路上前行，补完觉后精神百倍的我们在颠簸中醒来，在向导的带领下探访一户户农家。每一个农户都有属于他们自己的传奇故事，作为过客的我们驻足聆听，用笔记下他们的诉说。

见到过生病卧床的老人、乖巧懂事的孩童、默默流泪的老妇、侃侃而谈的壮年，他们的身影深深烙印在我的脑海中挥之不去，他们的人生经历一次次戳中我内心最柔软的地方。而我能做的只有把自己身上的零食全部分给年幼懂事的儿童，把一遍遍的祝福送给多病却开朗的老人。最重要的是用问卷记录下他们最真实的生活，用纸笔为问题户据理力争，哪怕为他们的生活带来一点点改变，也足以了却我们的心愿。当然，为农户翻山越岭、跋山涉水的基层帮扶干部也不能忘记。唯有我们做到科学严谨、客观公正，才能用事实说话，为正义发声。

调研结束，内心却久久不能平静。每每想起和大家一起调研的日子，不管当时如何艰苦，现在回想都是一生难以忘记的宝贵经历，或掩面而泣，或欣慰一笑。十分怀念和大家一起并肩作战的日子，无论何时，一张张熟悉的面孔都能勾起那一段无法忘却的美好时光。他日相见，一切如常，相视一笑，问一句：往来天欲雪，能饮一杯无？

（二）更需加把劲

在为期三周的调研中，我从专业的视角对本次评估中发现的问题进行了思考。

1. 形式主义如何去除

2017 年 8 月 1 日，人民网一篇《扶贫干部因为通宵填表累倒了，贫困户会感激吗?》的报道横空出世，文中描绘的扶贫干部一个月要填 90多个表，一天到晚都在忙着整理各种档案材料、填写各种表格。大量的时间都花在填表和应付检查中，留给干部解决贫困户实际问题的时间还剩多少？如何让扶贫干部花更多的时间在真正为农户解决实际问题上是值得深思的问题，填表固然重要，但不要忘了扶贫的真正意义。

2. 调研员如何做到价值中立

当看到留守的儿童、病危的老者、啼哭的妇女，我们年轻的心不由地隐隐作痛。但是，作为第三方评估的调研员，我们不能被农户的情绪所感染，因为知道每一次论断都需要真实的事实和证据支撑，而不是一时的感情用事。有一次，在调研一个农户时，我和搭档也产生了矛盾。搭档和农户很聊得来，也很同情农户的遭遇，农户在为自己未来的选择纠结，搭档开始给农户出谋划策。事后，我们有很大的争执，我认为我们只是他们人生中的过客，客观中立的调研员，不应给他们的人生道路做出选择。而搭档认为调研员也是有血有肉的人，交谈中以心换心提点建议也不为过。作为调研员、有血有肉的青年，如何在调研中中立自己的价值态度、明确自己的职责是每一个调研员应该思考的问题。

3. 户口问题困扰扶贫工作开展与评估

户口问题在重庆的调研中十分突出。因为一些历史遗留原因，重庆的很多农村户口转为城镇户口，因此不能被评为贫困户。但是户口已转为城镇户口的村民依然住在农村，过着清贫的生活，纵使生活再艰难，都不能得到各种帮扶。因为很多农户的户口本都在外面打工的子女身上，导致无法查证户口究竟是农村还是城镇，不得不后来再打电话求证。另外，很多村庄为了提高家庭人均收入，会让老人和子女在同一个户口上，但是老人和子女事实上是分户的，子女也有自己的家庭需要供养，因而很多老人居住在很破的土坯房，过着"无儿无女"的生活却还不是贫困户，不能受惠于帮扶政策。

该农户丧偶丧子，在跟她要电话号码时得知，电话已经停机几天却不知晓。让门上的 D 级危房改造字样出现在合影中，以说明该农户的特殊性。

崇山峻岭路在前

文/陈帅帅

（一）走过你走的路

  时间飞逝，20多天的重庆贫困县退出评估调研已经结束一周。回顾这段经历，思绪万千。从7月12号到7月31日，我们每天早出晚归，跋山涉水，辗转20多个村庄，每个小队要走访一百多户家庭，从未完整地休息过一天。不得不承认这段时光对于我们这些久居校内的大学生来说，在身体上和精神上都是一个极大的考验。北方来的队员因水土不服而罹患湿疹；众多活蹦乱跳、身强体健的小伙伴因天气炎热而中暑；有些小伙伴因行驶在高低起伏、绵延曲折的山路上的汽车颠簸而呕吐不止；蚊虫叮咬、蜜蜂追蜇俨然成为家常便饭……尽管我们偶尔也会抱怨和诉苦，但是我们都没有畏惧，更没有退缩，女孩子把自己当成女汉子，男孩子把自己当成机器人，冒着酷暑，顶着烈日，胡乱地抹一把防晒霜，喷两下驱蚊液，贴两片晕车贴，雄赳赳气昂昂地上了山、下了乡。

  在调研过程中，我们对农村、对生产力落后的贫困山区有了十分深刻的认识，这是在教科书中永远无法体会到的。此次调研，打破了我以往对基层政府不作为的偏见，使我充分认识到基层政府还是做了大量的工作，也了解到他们工作过程中遇到的客观困难。党的干部中绝大多数还是想做事、肯做事的好干部。这是个好现象，希望我们广大的有为青年、高校毕业生等摒弃对公务员这一职业的偏见，充实到公务员队伍中，多为人民做实事、谋福利，为中华民族的扶贫攻坚战而艰苦奋斗，为实现全面小康贡献青春。

（二）改变你想改变的事

在评估中我发现尽管基层政府做了很多工作，付出了大量的心血，也成功地使众多贫困户摆脱了贫困，但是，依然存在很多问题需要继续解决。

这是我们去入户调查的日常。山路很多，有的地方连石板都没有，有的地方又陡又滑，一不小心就会摔倒。路上蚊虫很多，荆棘丛生，但这丝毫不能阻挡我们的工作热情。

1. 帮扶政策与农户意愿的契合

精准扶贫的专项贷款、易地扶贫搬迁、产业发展等输血与造血措施的出发点是好的，但是未必能达到预期目的，原因是政府的初衷和农户的打算难以"情投意合"。你让我建宅，我不能建，孩子找对象嫌山区条件艰苦，不愿到山区居住；你让我养殖，我不能养，市场萧条，亏本的人有前车之鉴；

你让我种植，我没有技术，也没有劳力；你让我易地搬迁，政策资金投入不足，目前条件尚不成熟。总之，你有你的美好愿望，我有我的难言之隐。尤其对于一些自身发展动力不足的农户，政府就是救苦救难的菩萨。欲壑难填的依赖心理使他们躺在救助的温床上裹足不前，特惠政策"断奶"之日，也许就是他们返贫之时。

反思这些现象的原因，我认为是人为地高估了农民的素质，忽视了农民先天禀赋的内在决定因素，以及他们所处地理位置的客观局限性。

2. 重形式，缺实质，工作就是填表

大量的表册雪片般地飘向基层，看似疏而不漏、细针密缕的设计，企图把涉及扶贫的所有信息都打捞上来。但遗憾的是，设计主次不分，工作精力平均分配，重要信息因精力投入不足而被忽视。

从现实的角度看，即使基层干部坐在办公室里"5＋2""白＋黑"拼命地加班加点，也跟不上上级救场如救火般的催促，他们哪里还有时间进村入户？如果大家都进村入户，把时间消耗在来往路上和群众交流的时间里，也许早已错过了上级限定的工作时间。按期完不成任务、跟不上大局部署还得接受问责，各级官员大会小会上说得最多的一句话就是：工作不力，立即撤职。

我想，与其繁文缛节地搞形式主义，为什么不删繁就简地抓实质要害，把干部的精力解放出来，进村入户摸清底子以后再确定战略部署？梨子什么滋味，吃了才知道；鞋子合不合脚，穿了才知道。顶层设计与基层现实基础怎样珠联璧合？政策创意怎样接上地气？实践会给出做好的答案！因此，在扶贫工作中还是要注重理论与实践相结合，做到实事求是、知行合一。

美丽的相遇

文/刘珊珊

（一）山路十八弯

这次调研是几个高校的强强联合，时间长，任务重。我们辗转 3 个区县，去过很多乡镇，见到了各类人群，也听到了很多故事。

每天七点前起床，八点之前出发，要去的路程最近的半个小时，最远的差不多 3 个小时。调研很累，累到每天早上 5 点就醒了睡不着，然后在床上翻滚。而且，大山里七拐八拐的道路让我想起了李琼的"山路十八弯"，这样的山路对于来自平原地区的同学来说是头号困难，很多小伙伴在路上晕得七荤八素，直到后来，我们习惯了上车就开始睡觉以避免晕车。还有就是在恍惚之中总感觉自己瘦了，但用宾馆的秤称了一下，好像什么也没有发生。调研结束回到学校快一个礼拜了，作息时间居然还没有转变过来。20 多天的时间不长不短。由于我前面有过几次调研经历，工作起来比较得心应手，能够根据以往经验和方法来提高工作效率。很幸运跟这么多老师和同学一起学习成长，一路上有欢声笑语。老师们全程陪着我们，跟随我们一起入户并复核。同学们深入村子、倾听民意、了解最真实的贫困现状，做出最公正的评估。

22 天的调研让平时在校园里无忧无虑生活和学习的我们了解了外面的世界，知道了还有很多家庭过着贫困的生活。

最后，感谢组织给我配了一个有想法、有主见、放纵不羁、爱自由的搭档，见谁都能聊上几句，谢谢你这 22 天里的一路相伴。

（二）许以期待

这次调研去了很多地方，印象最深刻的是去了重庆市丰都县太平坝乡凤凰居委。这是一个海拔平均 1500 米的高山村庄，温度要比其他地方低很多，是一个避暑的好去处。凤凰居委位于长江南岸，丰都县东南边陲，面积 5 平方公里，辖 3 个村民小组，共有 202 户 928 人。这里文化底蕴深厚，自然、历史、人文资源丰富。有神秘的溶洞、茂密的森林（覆盖率达 90%），这里的居民主要以肉牛养殖、烤烟、乡村旅游、反季节蔬菜、中药材种植等为业。

凤凰居委成功脱贫的经验主要通过发展产业实现贫困群众的增收。首先，积极发挥传统产业优势，种植烤烟 950 亩、中药材 300 亩，并且建立了烤烟专业合作社、中药材种植互助小组、玖纺农业科技有限公司，通过创新利益联结机制，实现了统购、统销、利润分成、统一技术指导，并解决了一部分务工就业。通过抱团取暖，引导形成了种植大户、贫困户"共生共赢"的利益联结机制，成效明显。

其次，发掘乡村旅游的潜力，组建乡村旅游协会，实施全居委贫困户的入社全覆盖，为每户提供游客的入住需求。此外，响应国家"大众创新、万众创业"的号召，鼓励常年在外务工农户回乡创业发展，比如发展清水养鱼、垂钓、农家乐等项目，实现劳动力就地消化，带动一方经济发展。

但是，同为非贫困村的丰都县龙河镇文庙村的情况却不容乐观，两者之间有明显的差距。村中的部分道路尚未实施硬化，加上山路狭窄，调研员要花费很大力气才能到农户家里。这里的一个贫困边缘户给我留下深刻印象。老两口年龄较大，上初中的孙女穿着洗旧了的红色卫衣，笑容里透露着一丝腼腆。小女孩的妈妈在她很小的时候就去世了，爸爸一个人在县城务工，她平时跟爷爷奶奶生活在一起。爸爸的工作不是很稳定，但是家里的主要收入来源。家里种了一点庄稼，吃饭也没有多大问题。小姑娘说她的衣服平时是老师送给她的，自己也会买一点。虽然这家的"两不愁、三保障"没有问题，但调研员判断这家是处于贫困跟非贫困的边缘。而且这个村子也没有特色产业，很多家庭的主要收入来源仍然是传统务农，所以这个村子的经济显然比不上其他地区。

细细想来，同处大山深处，同样是非贫困村，有的地方可以安居乐业、生活富足美满，而有些地方情况不容乐观，甚至比贫困村更要糟糕。这也许跟各级领导现阶段将更多的资金与精力投放在贫困地区，而鲜有人去关注非贫困村的发展有关。对于非贫困村的贫困户，希望能得到政府更多的关注，同时也要加强自身能力的建设，早日脱贫。

俗话说：要致富，先修路。我们在调研中发现，如果通往村子的道路不好走，这个村子的经济必然会相对较弱。因此，对于贫困山区的农村，我认为首先要修好通村的水泥路。其次，可以突破以村经济为单位的格局，在更大的集体单位内进行资源和资金的整合，实现富村带动穷村的共同发展。

肩负重任，我们同行

文/宋昭

（一）青年的社会责任

此次调研始于万州，终于万州。之前就莫名喜欢重庆，这次则更加喜欢万州。当然，武隆和秀山也在其列。

老师说过我们还年轻，还不能体会到这次调研对于我们的人生有多么重要，等过五年或十年，当你回忆到这段岁月，你会发现这个七月绝对是你人生最美好的一部分。作为政治学专业的学生，虽然不精通地理学的知识，但无时无刻不感受到此次调研于国家、于人民的重要意义，以及自身肩负的、沉甸甸的责任感。

近一个月与中国最基层的村委或社区的干部接触交谈，对我理解中国政府与政治有很大的帮助。而我也深知，从去年开始并将持续数年的精准扶贫第三方评估规模之大、规矩之严、规则之细、规范之慎都是史无前例、前所未有的，可以说是要载入国史的。若干年后，会有人记起国家在 21 世纪打响的这场脱贫攻坚战，会记起一群学生不畏严寒酷暑完成了第三方评估任务。后人将如何评价取决于我们现在的行动，之前常说我们活在历史中，可以说我们正是书写历史的人。共和国的脱贫攻坚旗帜上，有我们这个团队成员的名字。每当想到这里，我都会意识到我们的评估关系一方百姓的福祉，那种使命感、光荣感和责任感油然而生，没有参加调研的人是不能够体会的。

我们在当地受到了热情的接待，我们团队所能回报的，除了道不尽的感谢，只能是以更加认真负责的工作态度去感恩这座城市。希望今后也可以各位老师一样，能够做一些大到影响千万人福祉、小到使自己团队难忘一生的事业。

（二）脱贫之希望

前往武隆区后坪乡的路上，我开始思考有关扶贫的问题。那天早上，司机师傅告诉我们今天要去的那个地方很遥远，需要四个小时车程。现在是全程的硬化路，我不敢想象在没有柏油路的年代，这山上村寨的人们下山进城一趟要多久？

不禁想到在 20 世纪八九十年代屡禁不止、当下依然未彻底消亡的拐卖妇女儿童案，就像李杨的电影《盲山》里反映的那样，交通封闭是最大的根源。与外界的互动呈现为只出不进，尤其是女性对嫁出大山具有极大的渴望。封闭让山里呈现极其严重的性别失衡，与外界的"失联"让传统重男轻女的思想更加根深蒂固。性别失衡下的大量光棍本质上是一种客观人性压抑，而传统重男轻女观念则是一种主观上人性压抑。

在如今的信息时代，交通和通信在日常生活中占据主导作用，交通不便真的会成为一个地方出现很多问题的根源。当然，交通的便利会加速山内人口的向外流动，但此时人口流动是双向的。同时，信息和资源都会以前所未有的规模进入山区，将激活这里的一潭死水。我始终相信人民群众尤其是中国农民的智慧，只要让那些"乃不知有汉"的山区与外界打通，他们总有办法去追赶和超越。

面对中国地图，整个西部何尝不是整个中国的大山区呢？这里是当年拐卖人口的重灾区，也是当下人口流失的严重区。某些地方的天价彩礼，更是折射出西部发展的两难和无奈。这个问题似乎正是交通的便利造成了东部对西部资源的进一步汲取，但国家宏观调控下的巨大转移支付是弥补市场缺陷的重要途径。对于局部的山区发展也是这个道理，从早年的"走出大山"到当下的"建设大山"，从之前把大山视为阻碍到如今视其为资源开发宝地，

知行兼修玉成器

从这个意义上讲，重庆的发展潜力依然巨大，势头依然迅猛。

5000多万的贫困人口是我们全面建成小康社会的短板，各省市都签下了脱贫攻坚的军令状。作为大学生的我们，不应该是这场全民参与的、没有硝烟的战争中的旁观者。此次调研，我们身负重托，我们的评估结果小则关系到基层官员之乌纱，大则关系一方百姓之福祉。所以，我们更应该高度重视此次以及今后的精准扶贫、精准脱贫的调研，统一思想，严明纪律，以身作则，将自身发展与国家建设统一起来，使个人能力在为人民服务中得到锤炼，使个人价值在为人民服务中得到升华，为实现"两个一百年"的奋斗目标、实现中华民族伟大复兴的中国梦而不懈奋斗。

用心做好这件事

文/杨磊

（一）高尚的事业

看到这次评估调研的招募通知，我毫不犹豫地报了名。起初，我抱有些许私心，因为我正在进行毕业论文的资料搜集，专门研究贫困人口瞄准的问题，想借此机会到重庆了解当地的贫困人口瞄准、退出、扶贫成效及问题等情况，希望能为我的论文提供一些新的视角和观点。感谢能有这个机会参与这次评估调研，它让我对中国边远农村地区的现状有了更深入的认识和了解，使我对贫困问题有了更全面的思考。

这次是我经历过的最长时间的调研，也是意义最大、感触最深、成就感最强的一次调研。从万州到武隆再到秀山，我们的足迹遍布 20 多个村，110 多家农户；我们的汗水洒在大山深处与地里田间；我们的付出在每一个农户的感谢声中得到肯定。

这是一项高尚的事业。刘学敏老师在动员会上向我们讲述了这次调研的重大意义，我们身上有着重大使命，我们是代表国家去完成脱贫攻坚的评估工作，这不仅是一份使命，也是一份责任、一份担当。

这是一份艰苦的任务。说实话，调研很苦。白天顶着烈日跋山涉水，入户走访；晚上挑灯夜战整理资料，不畏疲劳。每一位老师和调研员的脸上都写满了疲倦，但没有人叫过苦、喊过累。

这是一件执着的事情。脱贫攻坚已进入深水区，每一位扶贫工作者都需要具备执着的精神和毅力，苦干再实干。与此同时，我们的评估也是任务艰巨，需要每一位调研员保持执着的心态，认真对待每一份调查问卷，用心观察每一家农户的真实生活状态，确保没有一户家庭漏评或错退。只有用心做好这件事，才能真正助力脱贫攻坚这项高尚的事业。

（二）对贫穷的思考

中国的脱贫攻坚成效显著，为全球减贫事业做出了重大贡献，得到全世界各个国家的赞誉。我国的扶贫工作之所以取得如此大的成就，得益于精准扶贫理念的深入贯彻和精准扶贫工作的强有力落实，这为世界各国的减贫工作提供了宝贵的经验借鉴。然而，全球贫困问题一直未得到消除，多年来的反贫困政策大多没有达到预期的效果，原因何在？

在这次评估中，我看到了贫困户稳定脱贫、贫困村产业发展、贫困县经济腾飞的显著成效。不少贫困村通过发展特色产业，使脆李、脆桃、荷花等产品走出村庄、走向全国。同时，我也看到这些年扶贫工作中暴露出的一些问题。有些贫困村未能根据自身情况发展产业，收益不佳。有些贫困户虽然名义上脱贫，但实际上缺乏自身发展能力，抗风险能力较低，一旦遭遇风险，很可能导致返贫。

精准扶贫的关键在于扶持谁、谁来扶、怎么扶三个问题。

首先，扶持谁在于精准识别贫困人口，找准贫困对象。在调研过程中，我屡屡听到群众反映贫困户评选不公的问题。对于生活特别困难的人群被认定为贫困人口似乎容易很多，也容易得到认可。但对于大部分生活状况相差不大的农户来说，识别较为困难也容易激发矛盾，如果程序不透明就有产生不公平的问题。

其次，谁来扶的关键在于政府的工作是否落到实处。贫困户都有一对一的帮扶干部，他们的职责是帮助贫困户解决实际困难，提升其自身发展能力，实现稳定脱贫。但需要注意，不能满足往往浅表的给油、给米、给钱，对于贫困户要有实质性的帮助，使其真正实现脱贫致富。

最后，怎么扶的关键在于采取什么方式促进发展。有些贫困村没有根据村庄的实际情况，而是盲目照搬其他地区的模式发展产业。例如，有的村庄近几年发展了柑橘、茶叶、金银花等多种产业，但都未成规模，成效不大，未能形成属于自身的发展模式。

我认为，扶贫是一项艰巨的任务，贫困不可能依靠一项扶贫政策就全部解决，涉及很多复杂的因素，包括穷人本身、整个农村的人文环境、乡村精英等。我曾经读过阿比吉特·班纳吉的《贫穷的本质：我们为什么摆脱不了贫穷?》一书，他认为，扶贫政策大多以失败而告终的很大一部分原因在于政策没有直击问题根源，因为我们太不了解贫穷、太不了解穷人的生活，我们一味地以自己固有的思考方式为穷人制定一套逃出贫穷的策略。我想，当前的扶贫工作中出现这样或那样的困难和问题，很可能也是因为有些扶贫措施没有吻合穷人本身的需求，没有从穷人的日常生活方式和行为抉择中透析贫穷问题，也没有真正地去了解穷人的心声，为他们制订一套符合自身发展的脱贫计划。所以，我们需要立足实际、深入调研、开展研究，认真听取最底层群众的心声，坐在办公室里永远想不出有效的反贫困政策。

知行兼修玉成器

收获

文/李蓓

（一）难忘山水人情

时间过得飞快，一转眼为期 20 多天的重庆调研就结束了。在这次难忘的调研中，我听了许多的故事，认识了许多可爱又有趣的朋友，看见了许多美丽的风景，也对当前我国的农村生活现状有了一定的感受。无论是这段经历，还是新结识的朋友，都将是我人生中的宝贵财富。

在开始调研之前，我对山城重庆的美丽景色以及重庆的特色美食充满期待，更对第一次与其他高校的伙伴合作充满新奇。

火车穿梭于一个接一个的隧道，让人以为天一直未亮。在早上 6 点到达万州时，我看见窗外薄雾环绕着青山，我知道山城到了。在接下来的 20 多天里，我们每天都在感受山城的魅力，它的美不需要刻意去找，就静静地待在我们每天进村入户的路上。在海拔 1200 米的高山上，天上的云仿佛触手可及；在老乡家的院子里，随处可见山城特有的云雾缭绕的山间美景；在上山的路上，带路人指给我们准备打造成旅游景点的天坑；还有偶尔遇见的山泉及溪流……这些都是普通旅游者无法触及的美景。

不仅是山城美景留给我们深刻印象，热情又可爱的山城人民同样让我们感受到这座城市的美好。在此次调研中，我们深知去过的村子和见过的人今后都可能很难再次见到，因此我们倍感珍惜。每一天陪伴我们的可爱司机大哥以及向导，每天工作结束之后，我们都会真诚地感谢他们一天的帮助。在进村入户时，我们见过热情好客的村民，从他们身上能够感受到农民的淳朴善良品质；我们去过家有残疾儿童的家庭，感受到亲情永远不会因为家中条件拮据、孩子身有残疾而减少；我们见过许多因学致贫的家庭，感受到他们克服家中困难也要坚持供孩子上学的坚强。对于乡镇、村干部的辛苦，我们更是寄予充分的理解，如果说我们是国家全面实现小康社会的见证人，那他们就是奔向小康路上的、辛勤的劳动者和建设者。

去过许多家中有小孩的家庭，这位小女孩对我们的到来特别好奇，眼睛一直看着我们写了些什么。

在这次调研中，除了难忘山城重庆的美景，还有与北师大、首经贸、山西大学、中央党校的老师和同学们的相遇。我们并肩作战、相互协助、共同完成了一天又一天的调研工作，真心祝愿你们在今后的日子里一切顺利。等下次再见时，我们一定都变成更好的自己。

（二）共助扶贫大业

作为第三方评估的一名调研员，从我的视角对我国扶贫工作提出一些看法。我认为，当前存在的各种问题都可以归结为一个"急"字。地方政府急于摘帽、基层干部急于做出工作成效、帮扶干部急于让贫困户脱贫。心中存着"急"弦固然是好，但操之过急、急于求成便往往容易导致相反的结果。

　　　　　　　　　　　　　　　　　　　知行兼修玉成器

首先，在精准识别的过程中，应按家庭情况及致贫原因将贫困户划分级别，对于那些较难脱贫的家庭，可以适当放宽脱贫年限。其次，除了重点关注贫困户，对一些较容易因意外而陷入贫困的非建档立卡户也给予适当的关注。最后，要落实产业帮扶等能够长期而稳定地增加贫困户收入的帮扶措施，村集体应该带头引领整个村子的产业发展。

　　另外，作为调研员的我们，在评估的过程中常常容易受他人影响，在村民所说情况和村干部所说情况中迷失自己的判断。因此，作为调查员，最重要的是要提升我们自身的判断能力，学会把握关键、寻找证据、独立判断。

脱贫贵在行动

文/程泽荣

（一）理解扶贫

初闻重庆，脑海里最先冒出来的就是"山城"二字，接着便是火锅，小面等美食。出生于西北的我，临行前对当地的贫困状况是不以为然的，青山绿水对黄土高坡，细雨连绵对经年干旱，有此得天独厚的自然条件，何以致贫？于是怀着疑惑踏上了此次调研之旅。

在20多天的调研中，"养儿养女不用教，酉秀黔彭走一遭"是让我记忆最深的一句话。这里的自然景观虽然秀美，但人们的生活却很贫困。俗话说"想致富，先修路"，但在崇山峻岭间修出一条条直通农户家的、三米宽水泥路，的确是一项艰辛的工程。再加上这里泥石流、山体滑坡等自然灾害频发，让农户脱贫之路变得更加曲折。为此，我对致力于脱贫攻坚的每一位村民及干部表示由衷的敬意。

在团队调研中，最幸运的莫过于有一位默契的搭档。上天眷顾，我的搭档是一位阳光外向的女孩。她在工作中数次因晕车、酷暑而不适，但从未请假休息，一直坚持工作并出色地完成每天的任务。而且，她还大度地和我分享她多次评估调研的经验和感受，让我受益良多。在此对她送上我最衷心的感谢，希望未来她可以实现自己的理想，因为爱笑的人运气都不会差。

此外，团队中很多成员都曾给予我帮助，原谅我无法挨个提及他们的名字，他们每个人身上的优点都值得我去学习、去看齐，他们乐于助人的品质让我记忆深刻。希望多年后，我们仍能再次相聚，正如："星耀前尘路三千，

知行兼修玉成器

欣抚清弦赴旧约；月色空将泉石浣，莲动似有故人来。"

精准扶贫是一项惠及贫困人口的政策，虽然社会上时有误解与讽刺之言，但高贵的善举不应被泼冷水，这是一项值得我们拼尽全力去实现的事业。如果以后还有这样的机会，我希望可以再次参与，贡献自己一份微薄的力量。每一位脱贫户脸上的笑容都是对我们最好的鼓励，愿 2020 年时，我们的国家可以实现全面小康，不丢下一个人。

（二）扶贫路漫漫

通过此次调研，我觉得基层对于国家扶贫政策的贯彻落实是到位的，也取得了优异成果，但仍存在一些需要高度重视的问题。

首先，因地制宜发展特色产业、坚持计划生育才是农村实现脱贫的根本。在重庆这样四面环山的地区，想和平原地区一样依靠种植粮食来脱贫是一种很不现实的想法，毕竟山区无法实现大规模的机械化种植，人工成本极高且费时、费力，远远不如发展药材、烟草及高海拔农作物、组培山羊等农畜产业的收益高。如何利用自身的地理条件做到扬长避短，是当地干部和群众需要思考的问题。

其次，我在此次调研中发现因病和因学是这里并列第一的致贫原因。每个人都会经历生老病死，年龄大了各种老年疾病都会找上门来，这是很难避免的。然而，很多因学致贫的家庭都是 3 ~ 4 个孩子，有的甚至更多，家里根本无法负担这么多孩子的上学费用。细想起来觉得十分气愤，人类正是因为懂得学习和知道通过接受教育汲取知识，才能从世间万物中脱颖而出，拥有自己的文明。如果一对夫妇负担不起一个孩子接受教育的费用，那么请不要让他来到这个世界上受苦，别让他从出生一开始就树立不正确的"三观"，这是对一个生命不负责任的做法。在这方面，我觉得农村应当加强宣传力度，不能让农户树立"我们负责生、国家负责养"的观念。在我看来，全面小康不仅仅是物质方面达到标准，应强调道德水准及精神方面的指标。

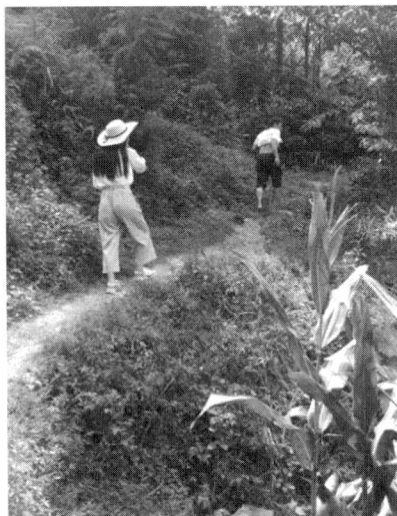

　　雨后的丰都，潮湿且高温，我和搭档前往一户位于山顶不通车的农户家。前一天已微有中暑、身感不适的她仍然坚持和我一起爬山，来回步行近五十分钟，我和向导都很佩服她的坚强。

重庆调研，你我同行

文/苗晓炜

（一）收获友谊，重识乡村

重庆山城，烈日酷暑，转战多地，汗浸衣衫，2017 年的夏天必然是让我终身铭记的。这个七月，来自全国几所高校的 100 多名在校学生，在北师大刘学敏教授的领导下成功完成了重庆贫困县退出评估的调研。漫漫山路曾留下了我们无数的汗水，滚滚长江见证了我们无尽的感动。虽然结束调研后返校近一周，但心情还是久久不能平复。此次重庆之行的确充满着汗水与感动、充满着泪水与成长。就我个人而言，一是收获了友谊，二是重识了乡村。

收获友谊。不知道从什么时候开始，自己特别喜欢在集体中生活、学习。此次重庆团队由来自多所高校的 100 多名在校研究生组成，大家相互激励、同甘共苦，诸多情景依然在脑海中回现。在每天近 40 度的酷暑下，我们相互打气、相互配合，一起吃饭、一起战斗，苦中作乐，结下如同战友般的情谊。离别的时刻最伤感，我们的情谊像是陈年的老酒愈久弥香，值得回味一生。

重识乡村。当得知此次调研的地区是重庆农村时，我的内心其实还是比较淡定的，毕竟自己从小在农村长大，即使南北方有差别，农村也不会有太大差异。然而，经过几天的调研，感觉自己确实对困难估计不足。重庆的乡村多处大山深处，自然条件较为恶劣，交通设施普遍匮乏，农户收入也相对单一。由于地处山区，有的农户家中竟然没有手机信号，这一点确实给我很大的冲击。因此，我认为针对南方和北方农村的客观差异，精准扶贫应当因地制宜，真正做到真扶贫与扶真贫。

（二）事非经过不知难

1. 精准扶贫要精准

精准扶贫的规模之大、力度之强、成果之多，可以说是前无古人。要做到精准，首先要在扶贫主体识别上做到精准。为此，各地政府应当充分利用各种数据与资源，展开广泛细致的调研。只有发现真贫才能帮扶真贫。其次，要保证扶贫标准的精准。应当倡导有条件的、发展较快较早的地区适当提高贫困线，结合所在地区的实际去消除贫困。最后，要在帮扶措施上做到精准。根据不同帮扶对象的具体情况认真分析、客观处理，制定适合个人脱贫需求的特色脱贫计划，真正保障其自我脱贫、稳定脱贫。

2. 精准扶贫要扶心

精准扶贫归根结底是要帮助最贫困的人们摆脱贫困，那么，这一部分群众对扶贫工作的满意度将是重要的考核标准之一。各级干部及扶贫工作者应当多下基层、多了解情况，对群众的贫困原因了如指掌。并且要积极主动地为群众出谋划策，真正做到权为民所用、利为民所谋，把人民的事情放在心上。只有这样，人民才会把你记在心上。要重视扶贫工作中的群众意见，以便于及时调节扶贫计划，让群众在真正脱贫的同时感到满意，让贫困家庭笑脸脱贫。

3. 精准扶贫要连续

冰冻三尺，非一日之寒，造成贫困的原因多种多样。同样，彻底解决贫困问题也并不可能一蹴而就。要想做到彻底脱贫，就要形成持久而高效的机制，时刻关注贫困户和脱贫户的生活与生产动态，减少返贫，让脱贫户没有后顾之忧。此外，要认真分析贫困户的脱贫原因，在实地调研的基础上完善数据库，实现长期跟踪。

事非经过不知难。此次的重庆之行难度之大、困难之多超乎了我的预期，但其间收获的成长与感动会在日后的学习工作中不断激励我前行。想起程连升教授的一句话，我们为精准扶贫事业在重庆流下的汗水，将在历史上留下踏踏实实的一笔。是啊！非常荣幸参与到精准扶贫的事业中，也非常感激大家 20 多天的朝夕相处。人间终有离散，愿此次调研结成的情谊永久留存！

重庆调研之所见所感

文/王芳

（一）从陌生到熟悉

非常幸运能有机会参与此次调研。在为期3周的调研中，我们走过了万州区、丰都县、黔江区，走访了众多农户，了解了他们的家庭生活情况。每天都很辛苦，但每天都很充实。每当结束一天的工作、总结自己发现的问题时，都觉得这一天过得格外有意义。

以前总听爸爸妈妈说起他们以前生活的艰辛，要珍惜现在的学习和生活，我每次都笑着回答他们：时代不一样了，哪儿还有人过那样的苦日子啊！然而，我这次真的见到了，有的人真的住着濒临倒塌的房子，有的人真的穿着捡来的衣服和鞋子，有的人真的一天只吃两顿饭，有的人真的看不起病，有的小孩子真的上学要走一个多小时的山路。对比这些，你是否还会抱怨学校的饭菜不好吃、你的衣服和鞋子不是名牌？你是否还觉得上学无聊而翘课？如果不是此次调研，我想我永远都不知道人均收入3000元就达到脱贫标准，吃饱、穿暖、住房、医疗、孩子能上学这样基本的生活要求是他们的愿望。比起这些生活贫困的人，我们的生活真是太幸福了，我们应该珍惜所拥有的一切，因为你所拥有的是多少人羡慕的。

调研过程虽然艰辛，但回想其中的收获，我无比庆幸自己参与了这次意义非凡的调研活动。感谢一路上老师以及小伙伴们对我的照顾，我们曾顶着太阳走过崎岖的山路，也曾带着笑容看过最美的风景。我们由最初的陌生到后来的熟悉、再到最后的不舍离别，希望能在下次这样的调研时再见！

（二）从感知到期许

首先，我在此次评估中不止一次遇到关于贫困户评定不公正的反映，这是一个容易引发群众不满的最大问题。一方面，关系户占据贫困户名额的现象会造成真正家庭贫困的人家得不到帮扶；另一方面，"不患贫而患不均"的思想也会引发群众矛盾。

其次，在公共设施建设方面，有农户反映家里虽然接通了自来水，但要喝自来水需要另外交钱；或者存在接了水管却不通水的现象。有些地方的村民希望改善一下主要路段的交通条件。

调研过程中的小乐趣。当天有点晒，向导大爷给我们摘了荷叶，让我们戴在头上。

最后，在入户调研时有时遇到当地人对我们工作的干扰。干部应当认识到脱贫不是糊弄之举，自己手中的权力应该惠之于民，要想办法落实好脱贫政策，让更多的贫困群众能够享受到国家政策，尽早过上"两不愁、三保障"的生活。

遇见最朴实的你

文/刘梦琦

（一）不同的风土人情

精准扶贫是我国"十三五"期间重要的战略目标任务之一，作为一名学生，我有幸参与了重庆贫困县退出评估调研。在调研过程中，除了见识不同地区风格迥异的风土人情之外，我对现阶段的扶贫工作也有了更加深入的认识。

调研的 20 多天里，我们在重庆的万州、武隆、秀山、丰都、黔江等地，通过进村入户和当地农民有了深入接触，不仅了解了当地政府的扶贫工作，还让我对山区的农民有了一种不一样的感情。我们走访的很多农户给人感觉都是朴实和热情，其中最令我感动的是一位 80 岁高龄的奶奶和一个小男孩。

记得那是调研的第 10 天，我在武隆遇到了一位最热情的、年已 80 岁但仍旧健朗的老奶奶。她在听明白我们的来意之后，很积极地配合我们调研。访谈结束之后，她硬是拉着我们不让走。怕老人家不高兴，我和小伙伴在确认不耽误工作进度的前提下，在她家逗留了十来分钟。奶奶给我们煮了糖水荷包蛋（向导告诉我这是当地招待女婿的方式），我当时非常感激奶奶的热情和纯善，和她一起留影纪念。离开时，奶奶和家人将我们送出很远、很远……

在秀山调研时，走访的一家农户有两间水泥房，室内陈设很简单，奶奶带着五个孙女和一个小孙子过日子。也许是不怎么接触外人，小男孩在跟我说话的过程中稍显拘谨，但终归是孩子，慢慢地他开始向我展示他画的画，握着铅笔写着他学过的数字，指着自己的膝盖告诉我划破了，扯扯自己的小衣服让我看上面的小破洞……

无论是 80 岁高龄的奶奶，还是懵懂的小男孩，从他们身上我感受到了大山深处人们的质朴，但愿这些善良的人们一生平安。

（二）同样的脱贫梦

"扶贫要实事求是、因地制宜、分类指导、精准扶贫。"近年来，中央及各级政府加大了对贫困地区的扶持力度，扶贫取得了显著成效。但不可否认的是，由于历史、自然和社会经济等方面的原因，贫困山区的扶贫工作仍面临很多挑战。截至 2014 年底，我国仍有 7000 万的贫困人口，大多分布在山区、石山区、高寒山区和偏远山区，他们的脱贫难度很大，且贫困群众的诉求更加多元化，不仅仅是温饱，更需要长期而稳定的发展，这些都对扶贫工作提出了新的挑战。

精准扶贫是相对于粗放扶贫而言的，是针对不同贫困区域的环境状况以及不同贫困农户的实际情况，运用科学而有效的程序，对扶贫对象实施精确识别、精确帮扶、精确管理的治贫方式。当前，精准扶贫已经进入攻坚克难时期，对于基础条件比较薄弱的山区来讲，最大限度地挖掘和整合各方面的资源和力量，有的放矢打一场精准扶贫、精准脱贫的攻坚战和大决战，是加快贫困山区脱贫致富奔小康的必由之路。为了有效推进精准扶贫，需要结合山区的实际情况，采取多方面举措，切实做到扶真贫和真扶贫。

易地搬迁是针对"一方水土养不活一方人"的地区而实施的住房保障政策，但是，中国人安土重迁的思想自古有之，祖祖辈辈住惯了农村、习惯了农活、侍弄惯了庄稼，一下子让他们背井离乡搬离故土，从感情上和心理上都难以割舍。因此，应当遵循以人为本的原则，在充分考虑实际情况的基础上，决定是否实施该项政策。

知行兼修玉成器

农村故事，我们认真听

文/常盼

老人和儿子相依为命，老人是低保户，儿子是五保户。我的搭档耐心询问老人和儿子平日里的生活状况以及身体情况。

（一）故事还需认真听

2017 年 7 月 10 日，我跟着大部队、怀着激动而又忐忑的心情坐上了前往重庆的列车，对即将到来的调研工作充满了好奇。

7 月 12 日，调研工作正式开始。由于我从小在农村长大，想着所有的农村应该大同小异，只不过是没有城市那么繁华而已，正常的衣食住行应该是完全没有问题的。可是，当我和搭档看到那崎岖的山路时就傻眼了，跟着向导小心翼翼地开启了爬坡模式，艰难地走到我们要去的第一户人家。家里是一对 80 多岁的老夫妻，虽然并不富裕，却很努力地生活，靠着养蜜蜂来增加收入，因此摘掉了贫困户的帽子。

在随后的 20 多天里，我见到了更加真实的农村生活。原来有很多小朋友上学需要走很远的山路；有的一家几口人住在昏暗的、墙上布满裂缝的土坯房；有很多人因为经济原因，即使生病了也不敢去医院看病；有年迈的老人独自抚养着刚上小学的孙子……

精准扶贫是一项伟大的事业，它像一盏明灯照亮了千千万万贫困百姓心中的希望。确实如大家所言，我们真的在这次调研中爬够了山、晕够了车、晒够了太阳，可是 100 多人的队伍里没有一个人抱怨，大家都在努力地为祖国的扶贫事业贡献自己的微薄之力，为使这些贫困户的生活质量得以提高而挥洒汗水。

这次调研虽然很辛苦，但是日后想起来，一定是一段难忘而美好的回忆。

（二）扶贫还需扶产业

结束了重庆之后，我开始分析与思考有关扶贫的问题。记得在入户调研中经常会问农户的一个问题：您觉得政府还应该做些什么工作来改善你们的生活水平呢？包括一些村干部在内的很多人都会回答：产业！没错，贫困户要想脱贫，单靠政府每年给的补助不足以从根本上解决问题。而贫困村要想摘帽，也必须优先发展村里的产业，使农民有稳定的收入来源。我走访的很多村子里大多只有老人和孩子在家，年轻人都在外面打工，年初走，年底归。他们在外面省吃俭用，只能带所剩不多的钱回家维持家里的开销。如果当地政府能够根据各自村子的实际情况，发展适宜的、有特色的种植业、养殖业或者旅游业等产业，就会使村民有稳定的致富渠道和收入来源，就不需要一年四季外出打工，这样更有利于当地的经济发展和基础设施建设。

知行兼修玉成器

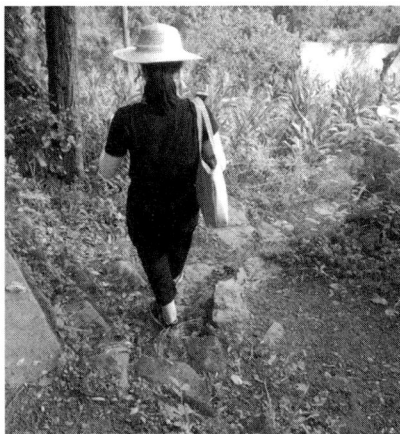

走在乡间的小路上。不论沿途的风光多么秀丽，我们只管一心一意前往目的地。

　　无论城市还是农村，产业都是至关重要的。但是，发展产业必须要因地制宜，否则将事倍功半或一事无成。我们在调研中也遇到过这样的情况，村里给贫困户每家60只小鸡仔用来发展养殖业，但是由于当地实施了生态移民搬迁，很多农户基本上不种地了。他们为了养鸡，还得去买玉米和其他鸡饲料等，到头来经营好一点的农户刚够本钱，而大部分家庭反而赔钱进去。

脱贫攻坚没有旁观者

文/曹佳慧

在这次长达 20 多天的调研中，我个人对于为何从过去"粗放式"的扶贫方式改为现今的精准扶贫有了直观而又深刻的理解。

（一）一切行动听指挥

精准扶贫是通过有针对性地帮扶贫困人口，从根本上消除导致其贫困的因素，使其获得可持续发展的能力。第三方评估是站在独立、客观、公正的角度，对地方政府的扶贫工作进行全面评估。

在临行前培训时，评估组组长刘学敏教授强调，我们在实地调研中要树立"我们从事的是一项高尚的事业"的意识，要遵从"一切行动听指挥"的纪律。开始评估之后，我们每天跋山涉水于重庆的山间，奔走在各个村庄的农户家中，操着一口不标准的重庆话与大爷大妈交流，只为寻得调查问卷中的真实数据。无论是与干部交流，还是与普通群众沟通，我们都始终秉持着一颗学习之心，处处留心，汲取来自基层的养分。

如今，调研已经结束了。我们带着当今大学生对祖国脱贫攻坚事业的一份情怀，肩负着对申请退出贫困县的政府和人民负责的重任，始终坚持第三方独立、客观、公正评估的原则，圆满完成了评估任务，不仅为祖国的脱贫攻坚事业贡献了自己的一点点力量，也让我们自己在成长的道路上迈出了一大步，这是一次难忘的经历。

（二）帮扶干部是桥梁

帮扶干部是联系贫困户和政府的一座桥梁，在这场脱贫攻坚战中起着非常重要的作用。通过多次与帮扶干部和贫困户的交流，得知干部下乡入户的次数确实很多，但评估结果反映出帮扶的措施和帮扶的力度都比较有限。那么，究竟要如何取得帮扶实效呢？我认为关键在于对症下药。相较于普通家庭而言，贫困户各方面的基础条件都很薄弱，作为他们的结对帮扶责任人，干部们应对他们开展"输血式"的帮扶，对每家每户不同的致贫原因进行认真分析，因病治病、因学助学、因资金缺乏就帮助其就业或务工，帮助贫困户解决实际存在的困难和难题。如果无法从根本上帮忙解决问题，也要提供办法和主意，而不能局限于浅层次的送钱和送物式的帮扶。

另外，帮扶干部需要多多鼓励贫困户，尤其是家中有青壮劳动力的家庭，鼓励他们通过务工增加家庭收入，减轻家庭的负担。对于留守老人和儿童，要给予他们更多关爱，让他们感受到来自社会和国家的关怀。另外，帮扶干部对已经脱贫的贫困户仍旧要投入足够的帮扶，在他们脱贫致富的路上再送一程，帮助他们彻底战胜贫困，不再返贫。

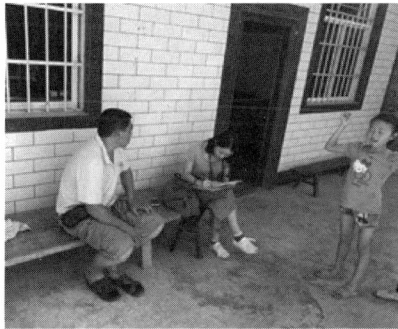

入户调研能够面对面地了解贫困户的家中状况，真正做到独立、客观、公正的第三方评估检查。

调研随想

文/王寅初

为期20多天的重庆精准扶贫调研结束了，从万州到武隆、再到秀山，每个地方的风土人情都给我留下了难以磨灭的印象。在这20多天中，我和我的搭档走访了超过150户的农户家庭，现在的我可能已经无法记住他们所有人的名字与相貌，但是我仍然深深怀念那一段每天在重庆的大山中奔跑忙碌的日子，仍然深深崇敬着那些在不为我们所知的角落里依然奋斗着的不屈生命。

（一）怀念

在调研开始之前，我自恃自己拥有参加过山西扶贫调研的经验，再次报名并有幸成为本次浩浩荡荡的调研队伍中的一员。我天真地以为，这次的工作应当和山西的调研差不多，但第一天的调研就告诉我，我依然太年轻了。

调研的第一天，我和我的搭档有幸被分到了最远的农户。最大的问题并不是路途遥远，而是山路难行。当司机把车停在公路边时，我还奇怪为什么这里没有农户的房子？于是，向导引路带我们到了人迹罕至的深山老林中。茂密的丛林里几乎很难发现路，只有向导足迹下的一条小径。或许是因为刚刚下过雨，或许是因为很久没人走，小径的石板上长满了青苔，我踏上石板的第一步就滑了个四脚朝天。脚上还算高档的运动鞋在这种地方完全没有了用武之地，就算我每迈出一步都分外小心，还是会在猝不及防中突然滑个趔趄。除了崎岖的山路，山中的植物也会不时地勾住衣服。当我们一行花费了半个小时来到山腰时，才来到第一家农户。其实，这只是一个开始，这样的山路我们走了一个上午，一共走访了三家农户。在20多天的调研中，这样的经历还有两次。

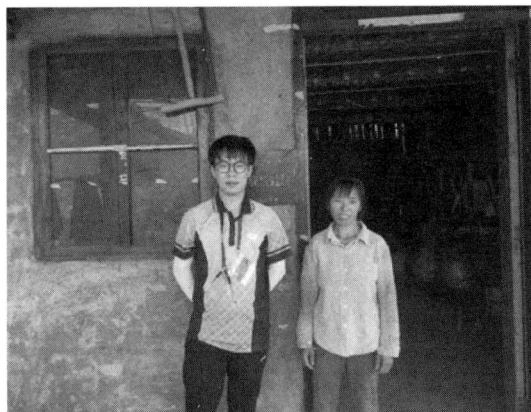

这位大姐是当地种植烤烟的能手。她的生活相当不幸，丈夫原本患有精神疾病，年初又死于突如其来的洪水。家中还有两个正在上学的孩子以及年迈的婆婆。这位不屈从命运的女强人，硬是凭着自己的一双手，把生活过得有声有色，除了有限的低保，他们没有再向国家要过一分钱。

由于特殊的地理条件，重庆的农户着实比山西的农户居住得更加分散和偏僻。因此，这里的调研工作也更加艰苦。也正是这样艰苦且真实的环境，不仅锻炼了我们的身心，还让我们更加认清了当前重庆乃至整个中国贫困面貌的冰山一角。更重要的是，经过我们的努力，这些真实的样本将成为当地政府接下来扶贫工作的重要资料。因此，我们的汗水与付出是值得的，它将在中国扶贫攻坚战的记录中留下光辉的一笔。

在走山路的过程中，我们会和向导进行一些交流。向导说他们一个月要走两到三次这样的山路。我们在大学的象牙塔中自以为学习过很多理论知识就能够拯救一方众生，直到走过这次山路，我才意识到乡村基层的工作人员是多么辛苦，他们是伟大的。

（二）思考

在参与精准扶贫的调研中，我们可以发现有很多村子存在年轻人大量外出的"空心化"现象。由于外地务工大的收入更多，家中的精壮劳动力为了获得更多的收入都进城务工，于是农村中留守的基本上都是已经上了年纪的老人。有的老人已有 70 多岁，还在家中耕种两三亩的田地。而一些家中没有老人的土地就被撂荒了。

当前，通过土地流转将闲置的土地流转至农业大户手中进行规模化、集约化经营已逐渐成为农村土地改革的趋势。然而，留守的老人们虽然是农业经营的主要力量，但他们并不具备主动引领变革的勇气和魄力。相反，他们囿于自己长期的耕作经验和自给自足的观念，对于新兴的土地流转并没有产生非常明显的反响。另外，具有胆识的青壮年多数都在城市中打工谋生，敢于抛弃城市生活而扎根农村、带领父老乡亲开展土地变革的年轻人更是凤毛麟角。

可以设想一下，如果有愿意扎根农村、视野广、能力强、资金充足的青年人来到这里，依靠廉价的土地以及当地人民丰富的种植经验，完全可以通过土地流转进行集约化生产，带动当地所有农户发家致富。但是，或许是由于风险、或许是由于农村的条件艰苦，这种理想的土地流转方式难以成为现实。最终的结果就是有土地的老人依然保持着自给自足的生产方式，没人耕种的土地依旧撂荒。

记忆深处

文/杨婧

　　十分荣幸参与此次重庆评估。与以往的评估不同，异地评估和联合作战的工作模式给了我不同的感受，而作为一名四川人，在感受熟悉乡音的同时，更让我对西南山区的贫困现状有了深刻的认识。

（一）聆听乡音

　　尽管深恋着这方土地，却仍发现了不少问题，引人深思。重庆地处我国西南山区，虽是直辖市，但与生俱来的自然条件和区位劣势使"贫困"二字一直困扰着社会底层的人民，因病、因残、缺劳力等原因困住了人民迈向小康社会的双脚，其中，村里的老人和残疾小孩最让我揪心。

　　1. 他们曾尽心竭力地哺育儿女，如今却凄凄惨惨地孤独老去

　　老人们经常说"儿子还不如政府管用"，这不禁让我沉思。改革开放以来，在经济快速增长的同时，传统乡村文化、社会关系、社会结构等要素也遭到分解，亲情冷漠、"空心村"等社会问题成为贫困治理的一大难题。老伴去世、儿孙们外出务工或求学、女儿又远嫁他方，只剩孤苦伶仃的老人一人留守在家中。平日里最多同邻居和到访的干部们寒暄几句，这样的生活成为农村老人的常态。因自身劳力不足，老人们的生活主要靠外部力量支撑。在城乡二元结构下，"养儿防老"变为"政府养老"，政府无形中成为千万孤寡老人的"儿子"。可政府终究不是老人的亲儿子，亲情的冷漠如何保障他们的生活？

　　2. 他们一生都在牙牙学语，一生都离不开他人的照顾

　　虽然现代生育观念在农村逐步流行，但由于农村贫困落后和一些农户受

教育水平较低，讨不到老婆的单身汉、刚成年甚至未成年就嫁人的少妇屡见不鲜。同时，由于农村医疗设施的不完善、农户卫生健康意识薄弱，未婚先孕、近亲结婚等现象仍然存在。其结果是不少新生儿一出生就带有残疾，他们不仅无法平等地接受教育，而且给整个家庭带来沉重的负担。

（二）思考扶贫

随着我国扶贫工作的持续推进及扶贫力度的不断加大，减贫成效日益凸显，贫困人口大幅度减少。但其中仍存在两大局限，其一是聚焦"治疗"而非"预防"，其二是成本过高且难以消除贫困。

一方面，在致贫原因具有较高可预见性的情况下，扶贫开发工作仍然采取贫困发生后再进行帮扶与救助的"治疗"方式，而事先针对非贫人口的"预防"这一必要环节却被忽视，这恰恰是降低贫困风险的有效途径。另一方面，当前围绕贫困农户开展的帮扶工作花费的时间、精力、人力资源和财务成本都很大，如同治疗疾病一般，高成本的治病手术即使效果良好，但个体不仅遭遇重创，且难以恢复到完全健康状态。

按照生命周期理论，贫困的发生具有阶段性或延续性，极易产生"代际传递"。从风险管理的角度，贫困人群遭遇风险几率较大且防范风险的工具有限，如果其没有能力或不愿意选择高风险/高回报的经济活动，不仅难以脱贫，贫困程度甚至会进一步加深。因此，单纯针对贫困人口的"事后治疗"难以从根本上消除贫困。相反，事先"打预防针"却能从源头以较少的支出遏制贫困产生。所以，我认为要确保实现 2020 年农村贫困人口全部脱贫、贫困县全部摘帽的总体目标，需要进一步从"上游干预"出发，达成贫困治理的良好态势。

不平凡的调研

文/潘明东

（一）坚持就是胜利

不知不觉，重庆贫困县退出评估已经圆满结束了。回首这次不平凡的调研，感觉每天都是充实的和精彩的。经过 20 多天的调研，不得不承认自己成长了很多、收获了许多。调研的过程很辛苦，流过太多的汗水，当然也流过泪水，但骄傲自己最终坚持到了最后，收获了满满的友谊和满满的喜悦。

我走进了大山，走进了大山深处人们的生活，尤其是走进了大山深处贫困群众的生活中。见证如此规模的大山生活，是我有生以来的第一次。来重庆之前，总感觉自己的生活不尽如人意，生活不够幸福，甚至厌倦了自己现在的这种无聊生活。可是，大山深处人们的生活彻底颠覆了我传统的、挑剔的、不知足的生活态度。

我在调研中发现，不仅农户家庭的生活条件差，而且通往乡村的道路崎岖不平，周围的居住环境较为恶劣。即便如此，山里的人们仍然有一颗乐观向上的心，他们不畏艰难，为自己的梦想而不懈奋斗。也许他们已经适应了这样的生活，他们也有自己的无奈，但他们脸上的坚强深深打动了我。相比他们，我懂得了知足，懂得了要珍惜。

我在调研中也结交了很多朋友，认识了很多老师，从他们身上学会了为人处世、待人接物的本领，收获了在校园里面学不到的宝贵知识和技能，使我的内心得到了升华。本次调研必将在我的一生中留下浓重的一笔。

（二）脱贫，何以突围

通过 20 天的调研，我对贫困山区以及那里人们的生活有了深入了解，也对扶贫工作有了一定的认识，形成如下思考。

1. 因病致贫

贫困农户家中的老人基本都有病，家里都有一大堆药，而且老人基本都是高血压、糖尿病等慢性病。一顿饭不吃可以，一顿药不吃绝对不行，长期吃药就要花费大量的钱。此外，很多四五十岁的中年人也有各种慢性病、大病等疾病。他们虽然有新农合、大病保险等医疗保障，但由于慢性病以吃药为主，买药的报销的数额较小。

2. 因学致贫

贫困户家中少的有一两个孩子，多的可能有三四个孩子，孩子上学就会花费大量的教育费用，增加家庭的开支。很多农户一年的收入也就一万左右，除去生活开支，能供孩子上学的钱已经非常有限。因此，因学致贫也是很普遍的。

3. 缺发展资金

缺少发展资金是本次走访的很多贫困户的致贫原因。越是贫困户，手头越无多少积蓄，而且他们去银行贷款也难。一方面，由于有的农户年龄偏大，银行不愿借款；另一方面，农户自己又担心背债，怕无偿还能力。

针对上述问题，在今后的扶贫工作中，应当做好以下几方面的工作。

首先，进一步完善新农合、大病保险等医疗保障制度，实现全覆盖，使农户看得起病。进一步细化医疗报销标准，给贫困户以更加合理化的帮扶，使看病报销真正落到实处。

其次，进一步发挥教育扶贫的作用，通过扶智脱贫。很多农户之所以贫困，就是因为没有读书，他们会更加注重孩子的教育。因此，地方政府应加大对教育的投入，使每一个贫困户的孩子都能上得起学，提升贫困户脱贫的能力。

最后，建立健全面向贫困户的贷款制度。对有意发展产业的贫困户提供一定的贷款优惠政策和必要的启动扶持资金，确保资金支持，切实解决贫困户的发展资金难题。

此外，在与各类农户（包括脱贫户、贫困户、一般农户）访谈中发现，在回答对政府的帮扶措施和帮扶工作成效是否满意时，很多农户都表示非常满意。但是，根据我们对农户实际家庭情况的观察和访谈细节，感觉这些农户的生活条件很一般甚至很差。他们的满意态度似乎是生怕得罪了领导和干部而影响自己以后的生活，他们有苦难言的状况令人感慨，这种现象应当引起相关部门的重视。如何引导农户敢于发出自己的心声，不畏强权，正视自己，以主人翁的姿态投身到脱贫攻坚事业中，我认为这是精准扶贫需要面对的一个严峻而深邃的问题。

还有就是要提高各类扶贫补助的标准，如易地搬迁、危房改造、低保、五保、残疾人补助等。完善资金配套政策，对贫困村的基础设施建设和环境改造、贫困户的技能培训等提供足够的资金支持。

在烈日炎炎的七月

文/康宏

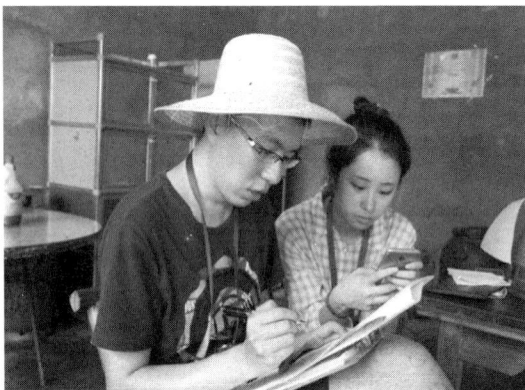

分工明确，调度灵活；团结有爱，百战不殆。一路的调研征战，少不了搭档的帮助与陪伴；那些日子一起吃过的苦，都是最难忘的回忆。

火热的七月，有幸在山城重庆参加国家贫困县退出评估，这一重要、复杂、艰辛而又伟大的经历，无疑将在我的人生阅历中留下难忘一笔。

坦白地说，在出发之前，除了单纯地知道这个评估有意义之外，我并没有考虑将遇到的各种困难与挑战，那些在完整经历了万州的跋涉、武隆的蚊虫叮咬、秀山的毒烈太阳之后，方能体验到的身心之痛。而在已经结束调研的此时，调研过程中身体的疲惫与不适早已成了过眼云烟，时常能想起的除了老师及同辈们的辛劳付出之外，更多的是对于在这样青山依依、碧水粼粼的秀丽山川之中竟掩藏着如此穷困之景的思考。

我自己来自清贫的家庭，也曾经在东北一个算不得富裕的农村有过一段生活体验，也在北京这个世界级的繁华都市里见惯了底层奋斗者的艰辛百态，但在重庆调研的三周里，可以说完全颠覆了我对贫困的理解。脏乱潮

知行兼修玉成器

湿、蚊蝇横飞的灶房是农民们制作并享用三餐的处所，一条腊肉是全家剩下半年的肉食来源，而这已是摆脱了绝对贫困的、能解决饱腹问题的家庭。这当然不是全貌，可也不是个例，很难想象他们未被国家精准扶贫政策惠及之前，又是何等的困难局面？

在这次调研中，除了尚未脱贫的农户，多数脱贫的农户都达到了"两不愁、三保障"的温饱生活标准，无论是从农户家庭成员的状态，还是家庭外部条件来看都是达标的。但就像我前面提到的那样，还有一些不是个例的脱贫户仍过着不够体面的生活。这其中多数都是子女在外打工的空巢老人，个别的还要负担孙儿、孙女的抚养。以脱贫的标准来看，双双领取养老金的老人在收入上是达标的，还是符合"两不愁、三保障"的要求。但老人们限于自身的行动能力及精力，同时可能卫生观念比较落后，往往无法保证所处环境的清洁及进食卫生安全。

据了解，这类农户的帮扶责任人往往都在乡镇或者城市居住，由于山区交通不便，他们每月能深入农户一两次已经很不容易。而且他们往往是政府机关的中高层工作人员，在与观念陈旧的老人沟通上也可能不够顺畅。在我看来，帮扶责任人机制的可以适当灵活化，要考虑就近原则。例如，在本村找寻家庭条件富足的农户建立结对帮扶，对实施帮扶的农户可适当采用补贴等激励措施。同时，对卫生观念的宣教活动也应做得更为深入，对这类沟通不易的老年人做耐心细致的工作。

另一个困扰我和许多同学的问题是农村居民户籍管理的混乱。时常会出现住在同一屋檐下的一家人有两个甚至三四个户口的乱象，比如，男主人和孩子是贫困户，而老人和妻子是城镇户口。分户的原因在每个区县、每个村落都不同，但都给我们的调研带来很多麻烦。因为在判定是否脱贫时，日常生活在一起的家庭共同体往往令我们摸不着头脑，极容易因标准的偏差而导致错退或者漏评。希望重庆能对这个普遍的怪现象有一个妥善的解决办法，进而可以保障更为精准地完成脱贫任务。

重庆调研的难忘记忆

文/曾强

　　刚下过雨，山路泥泞曲折，步行将近半小时才到达农户家里。然而，小伙伴们并没有怨言，一路欢歌笑语。为了了解河对岸农户家的情况，李琳娜老师带领我和搭档陈洁换上拖鞋淌水过河。

（一）精诚合作，默契配合

　　经过 20 多天，在团队 100 多位师生的共同努力下，这次调研终于圆满结束。20 多天里，我走过重庆 3 个区县的 20 多个山村，走访了 130 余户家庭。这次调研给我的感受很深，永生难忘。

　　首先，这次调研让我深刻认识了我国的扶贫政策和工作方法，了解了基层干部们为了落实扶贫攻坚工作所做的辛勤努力，以及农户的生活状况和他们对扶贫工作的肯定。回想起调研的那些日子，我和搭档陈洁，还有二组的其他20多个小伙伴，为了共同的目标与使命，大家在一起精诚合作、默契配合，展现出集体的巨大能量。在酷热难耐的重庆山区，对于崎岖的山路和漫长的车程、晕车和中暑以及庞大的工作量，我们没有一个人有怨言，从来都是微笑面对，带着责任心奔波在去往农户家的田野里、山坡上、水路中……

其次，由于我一直负责问卷访谈的任务，通过20多天与农户的交谈，我感觉自己的口才得到了很大的提高。在与农户的交谈中，要学会随时关注访谈对象的情绪变动，注意语境与口气，并及时纠正自己表达不得体的地方，保证问答过程能够更加准确、快速。

最后，通过这次调研，我学会了与以往不同的思考问题的方式，懂得要去聆听别人的意见。由于每个人的生活经历不同，对待事物的看法也不同。这次通过与搭档、小伙伴以及老师们的交流讨论甚至是争吵，让我对事物的认识更加全面、客观和科学，我不再像以前那样，对事物的理解总是片面化、主观和随意化。

同诸多农户群众访谈交流中，我了解了农户的真实生活状况以及扶贫成效，在欣喜农户生活条件改善的同时，也感叹国家对贫困地区的关注以及基层扶贫工作者的辛苦。作为一位21世纪的大学生，我为能够给国家贡献一点自己的力量和汗水而感到无比自豪！

（二）脱贫攻坚没有捷径

1. 各地对于扶贫的理解不尽相同

有些地方的扶贫政策措施针对性不强，未能解决好资金和政策用在谁身上、怎么用、用得怎么样等问题，扶贫的"精准度"欠佳。有些村庄对于贫困户的标准认识不到位，比如：只要家中有大学生的就认为因学致贫，这样其实并不符合"精准扶贫"的目的，孩子上大学的有些农户家中其实并不贫困，而且孩子会有奖学金、助学贷款等的补助。

2. 部分产业扶贫项目的效果尚未显现

农村的贫困群体多数为老弱病残，他们想脱贫却没有劳动能力，心有余而力不足。目前的大多数扶贫项目都是养殖或种植，对于失去劳动能力的贫困户而言是无法参与的。扶贫项目未能与贫困户的不同致贫原因以及现实状况相符，影响了扶贫项目的实施效果。有些村庄发展脆红李种植和生鸡养殖的扶贫产业，但有许多农户由于劳动力不足，无力照顾好果树，或者直接将政府补助的鸡仔、羊羔送给别人养或者任其生病死亡。

3. 一些地方的扶贫只看重表面不注重本质

扶贫的目的是解决贫困户的"两不愁、三保障"，就是让贫困户真正做到吃穿不愁、有所医、有所住、有所学，而有些地方只看重农户的家庭平均收入是否达标。

以上三点都是地方政府或基层干部对于扶贫工作的片面理解和僵化对待的表现，扶贫要落实"精准"二字，知道老百姓想什么、盼什么，在掌握每个贫困家庭具体的致贫原因之后，根据贫困户的实际需要进行有针对性的帮扶，因村施策、因户帮扶，实现对贫困农户的精准扶持。

为你翻山越岭

文/汪震

（一）改善有目共睹

在过去的 20 多天里，我翻过无数的山，走过数公里的路，访问过 138 户农户。虽然不是第一次参与贫困县退出的评估，但这一次的感悟特别深。

第一次体会了什么是山区，在这么多天的入户过程中，几乎没有走过平坦的路。层层叠叠的山峦间，居住着一户户的农家，每一亩田地都是依山而建的梯田。很难想象在经济条件和交通状况还没有那么发达的从前，这些大山里的农户是如何解决生存与发展的问题，如今，大山里发生了巨大的改变。沿着蜿蜒曲折的公路，可以通往郁郁葱葱的森林里，无数的隧道和桥梁打通了农民出山的道路，使大山里的农户可以把山里的农作物、瓜果运到城市；使山里的年轻人可以走出来读书、务工，为家里带来财富的同时，有能力改变农村面貌。

自精准扶贫政策实施以来，全国上下的农村在经济、文化、环境等方面的变化是有目共睹的，但在自然条件如此严峻的重庆，改变的难度更大，面临的问题更多，因而其效果也更加明显。

记得黔江区的领导说过一句话：我们不怕你们发现我们工作中不到位的地方，只怕我们没日没夜为扶贫所做的那些工作没有被你们看到。我们的带队老师也常对我们说，我们一定要记住自己是第三方的身份，要站在客观的立场，既要去访问农户，了解贫困户的真实生活状况，并从中发现问题，也要通过证据从各个方面客观地反映真相，这才是第三方评估检查的责任所在。

（二）脱贫仍需努力

产业扶贫一直都是各地扶贫工作的重中之重。我们在调研中看到有刚刚起步还没获得收益的蔬果种植基地，也有已经形成规模且不断扩张的食品加工厂。我认为真正能带动贫困户参与的是那些曾经外出务工又返乡创业的年轻人。这些年轻人在外出务工时接触了更大、更广的世界，具备发现商机、发展产业的能力。当地政府也更欢迎返乡创业的年轻人，因为相对比于外地的商人来说，他们对村里的情况比较了解，更有故乡情结；当地老百姓对他们更有信任感，更愿意在他们的带领下脱贫致富。

因此，当地政府在大力鼓励和支持年轻人外出务工、增加家庭收入的同时，更应鼓励外出务工的年轻人返乡创业，让他们在为家庭带来丰厚的收入的同时，带动更多的农户参与产业发展，使更多的村民看到新农村的变化和经济的发展，从而增强信心，并通过自身的努力改善生活状况。

在这次调研中，不管是进山的道路，还是大大小小的产业，都让我感受到了我国农村在经历着翻天覆地的变化。从村里干部的日夜工作，到年轻人兢兢业业地经营着自己的产业，再到每一户农户参与产业发展和重视教育的事实，所有人的努力中都凝聚着渴望国家变得更好、更强大的愿望。作为当代的大学生，我们也希望为扶贫事业尽自己一点绵薄之力。

知行兼修玉成器

脱贫攻坚，消除贫困奔小康

文/王宏鹏

2017 年 7 月 10～31 日，我参加了重庆贫困县退出评估检查的实地调研，先后前往万州区、黔江区和丰都县的 19 个乡镇 20 个行政村入户调查，走访农户 163 家，完成有效问卷 131 份。通过此次调研，我对精准扶贫和精准脱贫的实施和农村、农民生活状况有了更深入的了解。

（一）因为参与，所以成长

1. 消除贫困，一项艰巨而伟大的事业

消除贫困面临的形势严峻、任务十分艰巨。截至 2014 年，我国仍有贫困人口 7000 多万。此次调研的重庆市万州区总人口 176 万，有贫困户 3.49 万户，贫困人口 10.85 万人。黔江区总人口 56 万，有贫困人口 1.14 万户 4.06 万人，贫困发生率 8.1%。丰都县总人口 85 万，有贫困人口 1.94 万户 7.19 万人，贫困发生率 12.1%。因病、因残、因学、因灾、因缺资金等致贫因素众多。

习近平总书记在 2015 年 10 月 16 日的"2015 减贫与发展高层论坛"上指出："未来 5 年，我们将使中国现有标准下 7000 多万贫困人口全部脱贫。"这是一场人类历史上前所未有的脱贫攻坚战，这是一场努力实现人民对美好生活向往的大变革。

2. 精准扶贫，扶贫方式的特色鲜明

习近平总书记指出：我们在抓扶贫的时候，切记喊大口号，也不要定那些好高骛远的目标。扶贫攻坚就是要实事求是，因地制宜，分类指导，精准

扶贫。

建档立卡是我国首创的方法，是精准扶贫工作的起点。通过建档立卡将每个贫困户的贫困状态及原因写清楚，在此基础上实施贫困户与帮扶责任人的结对帮扶，精准分析各家各户的致贫原因，精准制定有针对性的脱贫方案，落实就业扶持、医疗救助、教育扶持、困难救济、危房改造、扶贫搬迁等政策。

通过与农户的访谈，我了解到与建档立卡户结对的帮扶责任人尽心尽责，经常入户慰问，为帮扶对象出点子、想办法，带领贫困户脱贫致富。对于贫困村，派驻的第一书记和驻村工作队积极制定帮扶措施，精准实施帮扶项目，为脱贫而日夜忙碌着。

3. 精准脱贫，人民群众共享改革发展成果

通过产业扶贫、就业扶贫、教育扶贫、健康扶贫、易地扶贫搬迁、危房改造、小额信贷和农业补贴等众多帮扶措施，绝大多数建档立卡贫困户收入超过贫困线标准，做到了吃穿不愁，义务教育、基本医疗和住房安全有保障。对于完全丧失劳动能力的贫困人口，均纳入低保覆盖范围，实施社保政策兜底。大多数贫困人口满足基本生存条件，向着更美好的生活前进。

4. 关注"三农"，每一个青年学生的必修课

"三农"问题是中国改革的焦点问题。全面建成小康社会的重点和难点都在农村，尤其是贫困地区的农村，更应该是关注的重点。通过此次重庆之行，我了解到处在武陵山区的农村是全国 14 个连片贫困地区之一。山大沟深，自然条件比较恶劣，农民主要种植水稻、玉米、红苕，机械化程度很低，经济作物相对较少，农业基础比较薄弱。年轻人以外出务工为主，农村出现"空壳化"现象。水、电、路、通信等基础设施待改善，农村发展仍然滞后。但是，生活在这里的农民勤劳朴实、热情好客，对美好生活充满向往。作为青年学生，我们应该多了解农村、了解农民，情系百姓。

　　　　　　　　　　　　　　　　　　知行兼修玉成器

（二）因为热爱，所以努力

1. 把握脱贫攻坚的正确方向，做到真扶贫、扶真贫

县乡政府要加强对扶贫工作的组织领导，选好配强村支两委班子，严把贫困户申请关、民主评议关、公示关和复审关。确保扶贫工作的公平与公正，帮扶真正需要扶持的困难群众。

2. 农村基础设施建设有待完善

农村居民的饮水基本实现户户通自来水，但是存在自来水时常断水、水质较差的问题。农村道路基本实现村村通、村组通，但由于山大沟深、农户居住分散，部分通往农户的道路十分崎岖难行，给居民生产生活带来极大不便。部分地方手机信号较差，通信尚待改善。适龄儿童入园贵的问题反映强烈。

农户家中有 8 口人。孙女一人读大专，一人读高中，因学致贫，2014 年建档立卡。建档立卡以来，万州区沙河中学每学年给予助学金 3000 元，免学费 1000 元。2015 年以来，累计资助 8000 元，助其完成学业。

3. 党和国家的帮扶政策宣讲不到位

乡镇作为基层政权直接联系人民群众，村支两委更是村民自我管理、自我服务、自我教育的基层组织，乡村两级组织承担着将党和国家的帮扶政策让群众知晓明白的责任，将精准扶贫、精准脱贫工作落到实处。我在调研中发现，虽然干部给农户下发了精准扶贫宣传手册，但由于农户文化程度（大多数为小学及以下）的限制，群众对扶贫政策并不是特别了解。这就要求乡村两级干部要把政策吃透、讲透、落实到位。

4. 畅通民意反映渠道

部分农户向调查员反映了对于农村基础设施建设和精准扶贫、精准脱贫工作的意见和建议，县乡政权、村支两委要畅通民意反映渠道，多听人民群众的意见和建议，多帮老百姓解决实际困难。将人民群众满意不满意、高兴不高兴、答应不答应作为衡量工作的最高标准。

5. 将生态旅游与旅游扶贫相结合

武陵山区风景秀丽，植被保护较好，适合发展生态旅游。政府也实施了生态移民与易地扶贫搬迁，使搬迁之后的群众住房条件得到改善。但是，搬迁之后的农户还是以务农和外出务工为主，旅游产业吸纳当地劳动力就业的效果不是特别明显。政府应大力支持旅游扶贫，解决农民增收问题。要大力发展扶贫产业，确保搬迁群众搬得出、稳得住、有业可就。

6. 大力发展集体经济与产业扶贫相结合

部分农户由于缺资金、缺技术、农产品销售无渠道而致贫，增收无望。县乡政府和村支两委应整合土地与人力资源，支持农户创办农业合作社，扶持发展种植业、养殖业。鼓励年轻人回乡创业，就地就近创业。着力提高劳动技能培训的针对性，培养农村脱贫致富的带头人，调动农民脱贫致富的主动性与积极性，将扶贫与扶志、扶智相结合，提振信心奔小康。

不虚此行

文/查敏

（一）知难不难

2017年7月10日到7月31日，我有幸参加了重庆贫困县退出评估的调研。未到重庆之前，我就对重庆湿热的气候有所耳闻，但内心并没有恐惧，更多的是期待，想早早地去体验一次山城的热浪。

调研中的体会有很多，主要概括为以下几个方面。

第一个体会就是热情，我想这可能与重庆的饮食习惯有关吧。重庆人爱吃辣，他们的性情也如辣椒一样热情奔放。当地政府对我们的工作给予了最大的支持，对我们生活给予很大的关照。"以热制热"让我们并没有觉得重庆的热浪有那么袭人，而且让我们打消了出师之前的顾虑，减轻了调研过程中的思想焦躁。

第二个体会就是难，地方工作难，基层干部更难。经过深入到村、到户的调研以后，我们看到了当下中国农村最真实的面貌，基层干部可能不需要多大的智慧去处理多大的事情，但绝对需要忍耐和坚持，这个工作一般人不一定能胜任。原因之一就是农户之间都是一些小矛盾，往往一件小事就能引起纠纷。比如，对于贫困户评选的攀比心理，他会觉得我并不比你好，为什么你被评上而我没有？他们不会去考虑那么多，矛盾的焦点可能更关乎于道德与情面。因此，只有干部真正了解农民、了解农村，才能更好地解决这些问题，更好地开展扶贫工作。原因之二就是地理条件的问题。重庆被誉为"山城"，道路崎岖，交通不便，再加上村民住得都相对较远，给基层干部的走访和开展工作带来了不小的挑战。有时候，走访两三户农户就需要大半天的时间，在公路未硬化之前，靠的是两条腿。因此，这次调研让我充分体会到了基层干部的难。

最后一个体会就是中国的脱贫任重而道远。这次调研让我看到了中国农村最真实的现状，贫困还存在而且不比想象中的少。农民的医疗保障问题是当前中国贫困县实现脱贫遇到的大问题，农民一旦生病就会马上致贫或者返贫。尽管当地政府给予农民一定的医疗保障，但在大病面前还是显得杯水车薪。政府为农民做了很多实事，但如何建立脱贫的长效机制，让贫困户稳定脱贫，才是最终实现全面建成小康社会目标的重要途径。

尽管调研活动已经结束，但这期间发生的点点滴滴还在我脑海萦绕，这段经历让我成长不少，也懂得了更多。如果以后还有机会，我一定会积极参与，实现自己的个人价值与社会价值。

（二）迎难而上

中国幅员辽阔，农耕文明曾占据着重要地位，农业发展对于百姓安定、国家富强有着重要作用。尽管目前的现代工业和服务业高度发展，但民生问题仍是国家关注的重中之重问题，历代领导人都有着共同的扶贫目标。首先是因为我国正处于社会主义初级阶段，通过扶贫开发消除贫困，才能解决社会主义初级阶段的主要矛盾，实现国家繁荣富强。其次，因为共同富裕是中国特色社会主义的根本原则，通过扶贫开发让先富者带动和帮助后富者，才能逐步实现共同富裕。按照这两方面的要求，我国一直大力推进脱贫攻坚，各级政府在中央扶贫方针指引下，使贫困发生率大大降低，贫困地区的面貌发生了重大变化。

尽管脱贫攻坚取得了很大成效，但农村的贫困问题仍然严峻。经过此次调研，我认为主要存在以下几个方面的挑战。

一是贫困地区的基础条件较差，基础设施等方面的建设成本较高。如果一个地区的基础设施建设都没有保障，那么想要发展生产、改变贫困就无从谈起，这也是当地干部和村民最希望改变的一个方面。

二是贫困地区的产业发展滞后，企业发展的成本很大。受地理位置和基础设施条件的制约，一些企业不愿进驻贫困地区，当地政府也无法给予企业一些有利的政策支持。因此，贫困地区想要靠产业带动当地经济发展的难度较大，这个问题亟待解决。

三是贫困地区百姓的思想问题有待调整。部分村民依然还有"等靠要""贫困攀比"等心理与意识，对当地扶贫工作的开展有一定的抵触和抱怨，加大了基层干部的工作难度，也给贫困地区的扶贫工作带来了一定挑战。

四是扶贫后备力量的保障与培养。因大部分贫困地区都在偏远地区，工作和生活环境相对较差，很少有人愿意到这些地方工作，扶贫工作的开展和干部的选拔主要还是靠本地人"自产自销"。但扶贫工作繁杂、工作量很大，需要更多的人从事这份工作，这个矛盾在一定程度上影响扶贫的效果。

五是基层干部的工作作风问题。不可否认，大部分基层干部能够为村民谋福利，把政策和资金落到实处，但也不能否认有少数干部不把民生问题放在心上，工作积极性不高。因此，希望从中央到地方能够建立一套长效的管理和监督机制，防止这种现象的发生。

六是自然环境问题。贫困地区普遍植被覆盖率很高，有些地方甚至是世界非物质文化遗产保护地，从生态保护的角度，这里不宜过度开发，如何处理开发与保护的矛盾是当地政府面临的困惑，为区域的发展带来一定限制。

经过这次调研，我看到了中国的脱贫攻坚相当艰难，并且还有较长一段路要走，如果以上问题都能够得到重视和解决，我相信扶贫工作将会迈上一个新台阶，也会推进脱贫地区的稳定发展。尽管前方道路崎岖，但我对中国全面建成小康社会充满信心。

生活实苦，但请相信

文/陈洁

这是两个因为父母常年外出打工、和爷爷奶奶一起生活的小兄弟。小家伙紧挨着我坐下，他们的眼神里似乎少了那个年龄的活泼。孩子们一定要好好读书。

（一）珍惜现在，放眼未来

从 7 月 10 日出发到 7 月 30 日返程，在重庆的这 20 天里翻山越岭，我有幸观赏祖国的大好河山，也看到了农村扶贫的艰难。这一趟出行值得。

山美水美，山城的发展是其他城市的榜样。初到被称为"小香港"的万州，我惊讶于重庆一个区的发展绝对比得上甚至赶超很多二线城市。重庆这几年的发展也得到当地老百姓的一直认同，称其发生了想不到的变化。我到过很多地方，也看过很多城市，走过很多地方的桥，也许因为规划不到位，城市拥堵十分严重，道路建了拆、拆了建的现象比比皆是。

另外的感受就是人与人的相处。所谓相知相遇不过都是有幸遇见、有幸

　　　　　　　　　　　　　　　　知行兼修玉成器

磨合，最后能够留有感念的离开吧。开始的时候，我和搭档的合作并不是很顺利，他是有经验学长，处处指挥我，开始的几天，我心中很是烦闷。后来我们进行了耐心的沟通，明确分工，不仅提升了效率，而且增进了友谊，合作非常顺利。我由于一些客观原因提前两天回京，他在换了新搭档之后发微信告诉我：他有些手忙脚乱了。被人理解是好事，这种搭档工作的经历让我意识到相处就是磨合的过程，多一些耐心和包容，最后事情总会向好的方向发展。

每天走过那么多山路，去过各样的农户家，看到很多生活的狼藉和无奈。根据我的调研经验，贫困发生的原因大多是因病或子女不孝导致老人无依无靠。很多上了年纪或者身患重病的人家里都备有棺材，我刚开始很惊讶，也很心酸。后来想了一下，觉得人生一世不过百年，生死本来就是自然的事情，无法把握就不必太过纠结，珍惜现在就是对未来的慷慨。

最觉得担心和心酸的是那些贫困家庭中年幼的孩子。我知道他们也能够接受正常的教育，可能也有机会走出大山，见识外面的大世界，更好地书写自己的人生。但是，我也在他们的眼神中看到了由于贫困而导致的胆怯和一丝萧索。看着他们小小年龄就跟着父母或爷爷奶奶走在乡间地头，我想告诉他们，娃儿，你一定要好好读书，将来生活就不苦了。生活实苦，但请相信前途美好。

（二）扶贫也需"高标准，严要求"

根据我在调研中的观察，目前的扶贫工作还需进一步展示推进，主要表现为以下几个方面。可能短短 20 天不足以看清问题的全貌，但真心希望国家的扶贫政策能够真正惠及所有需要的农户。

1. 贫困户评定更加精准，让真正需要帮助的农户获得帮扶

印象深刻的是，我们到了农户家中，当问到他们家里情况怎样时，每次

总会听到"家里情况不好、也评不上贫困户"。希望村里真正贫困的人得到帮助，能够在国家政策的帮助下过上好日子。

2. 高度重视一些在贫困线标准上下的农户

我们是根据农户家的整体情况判断其是否达到"两不愁、三保障"，但很多农户"两不愁、三保障"不存在大问题，但整体生活水平很低，日子过得很清苦。

3. 乡村的留守老人问题严重

走过三个区县的 18 个村庄，看到很多村中的老房子或者新建不久的新房子常年无人居住。有的农户院子里甚至长满青草。

4. 部分贫困村情况好于非贫困村，部分贫困户的情况好于非贫困户

问题的症结在于扶贫政策的惠及对象锁定在贫困村和贫困户。

百感交集

文/叶磊

（一）烈日做伴，蝉鸣声声

农户都十分热情，用自家的李子款待我们，小朋友正在帮我挑选甜的李子。

这次调研让人百感交集。我以前也做过调研，但是没有这次这么具体和直接。我们所有调研员要深入农户家中进行访谈，几乎每次都要先经过九曲连环的山路，然后下车步行。或者曲径通幽，徒步而上，进入傍岩之家；抑或深邃幽远，徒步而下，进入谷底的木屋。每入农户家中，有时被当作行骗之人拒绝调研，或者遇到耳聋眼花的耄耋老者，言谈难以开展，甚或遇到直接或者间接的干扰。烈日做伴，蝉鸣声声，这个夏天注定与众不同。这些如我一般平时深居象牙塔中的学生们，在这次调研中收获的岂止汗水？

如果说业务上的由生而熟、由粗而精让人能够感受到最直接的成就感的话，那么三周的调研时间足以让这些同甘苦、共进退的师生们结下深厚情谊。很多队友在朋友圈说自己的带队老师如何学者风范，如何长者关怀。在我记忆里留下的全是北哥的"呼"天抢地、丹姐的每次核查晚归"拖后腿"，还有宋敏老师的"哎呀"惊叹。至于同学们，依旧在之前为工作而建的微信群中热闹着、欢腾着，这里面许许多多的故事也是这次调研的一大收获。

通过 20 多天里见到的和听到的，我会感慨如果不实施扶贫战略，这些贫困人口又当如何生活，不，是如何生存。有些时候，我也在思考，脱贫之后，他们又当如何过活？我在调研中发现，农户的家庭生活情况一般是：初中学历的农户要好于小学学历的农户、出去打过工的农户要好于没打过工的农户、年轻的农户要好于年长的农户、身体好的农户要好于有疾病的农户、心眼多的农户要好于老实的农户、有关系的农户要好于没关系的农户。这些事实似乎不用调研也能明白，但在经过调研后，被扑面而来的真实冲击的时候，才真正感受到极大的震撼。扶贫之路还很长，我的人生之路也才刚刚开始，大概没有什么比带着这些震撼上路更让人鼓舞的吧！

（二）思考问题，寻求对策

在我们的问卷中，对于建档立卡户有一个选项是"您家的主要致贫原因是什么？"答案有 10 个选项，分别是：因病、因残、因学、因灾、缺土地、缺水、缺技术、缺劳力、缺资金、其他。我在本次调研中发现，因病致贫分为两种情况：一种是建档立卡前因病成为贫困户，经过几年的帮扶情况有所好转；另一种是近几年因病致贫，往往帮扶还不够及时，效果还没有出现。五保户的问题也是值得高度关注的。这些个体或者失去劳动能力，或者还具

知行兼修玉成器

备一定的劳动能力，他们由于生活习惯的原因，往往在自己简陋的、偏僻的房屋中过着独居的生活，万一有意外情况发生，他们很难被注意到。

对于因学致贫，在义务教育阶段以及高中阶段，都有各种教育帮扶措施覆盖到了，但是对于读大学的支持往往只有助学贷款，而助学贷款是不能有效解决读大学的问题。

因灾致贫的情况我们基本没遇到，剩下的几个致贫原因遇到的也比较少，这里要强调的是农村的饮水问题。政府在很多村子都修建了蓄水池，但无论是政府修建的蓄水池，还是自家建的水池，都要有严格的水质检测，消除饮水安全隐患势在必行。

另外，针对农户的技能培训要有实效，要让百姓真正经过培训掌握种植或养殖技术，或者其他的技能，才能真正帮助农户脱贫。

志存高远，青春无悔

文/鲁婷婷

在一年中最炎热的季节，怀着济世情怀、严谨态度和学习热情，我们这些高校青年乘坐 26 个多小时的火车，向火炉一样的山城重庆进发。对于此次调研，我们经过培训动员、学习材料，做好了充分准备，但内心仍然忐忑激动、兴奋自豪，因为我们将为一份艰苦而伟大的事业贡献一份力量。

到重庆的第一天晚上，很少生病的我竟然不争气地犯了急性肠胃炎，腹部绞痛如刀割，呕吐腹泻到全身无力，一夜未睡。第二天起床后，连走路都没有力气，一步一痛，这应该是我 20 多年最难受的一次病痛。但是，轻伤不能下火线，我本想隐瞒病痛继续随队出发，但王岳师姐坚决让我休息看病。说实话，当时我是不开心的，我不想休息，我真的很想早点投入工作中去。最后，我被师姐说服了，因为我而耽误更多队友的工作就更因小失大了。第三天，虽然还是难受，我还是坚持工作了一天。回到住处，我倒在床上就睡着了，是开心地入睡，我为自己终于能工作而心满意足！很感谢组织把在重庆的日子安排得有条不紊，在欢快与纪律的二重奏中，我们完成了入户调研。小伙伴们精诚合作，相互搀扶过山路，在高海拔、高气温的高山上深入了解中国农村，了解习近平总书记领导下的精准扶贫事业。我多少次震惊到眼圈变红，多少次心灵温润如春风拂过，多少次暗下决心、立下志愿，多少次倍加珍惜、倍加感恩。最开心的是把带着的零食送给农户的孩子和老人，最开心的是老乡用土家族或苗族的方言表示对生活的满足，最开心的是看到老乡真的已经"两不愁、三保障"，最开心的是与小伙伴一丝不苟地完成一份份的问卷和一天天的调研！

读万卷书，行万里路。在这个如火的 7 月，我真正接触到令人牵挂的困

知行兼修玉成器

难群众、贫困山区，听到他们的声音，亲近他们的生活，看到中国农村的真实面貌，了解我们的国情。通过这次知行合一的实践，我更应砥砺前行、志存高远、勇于担当！虽然重庆调研在 7 月末已进入尾声，然而青山不改，绿水长流，雄关漫道真如铁，在扶贫的道路上，在中国梦的实现进程中，依旧会有我们当代青年贡献的身影！

在山上看到一位父亲带着儿子采了南瓜花回来，该农户也是贫困户。小男孩很沉默，让人心生爱怜。愿他能长成一棵树，无畏生活的风风雨雨。

士不可以不弘毅，任重而道远。我尤其喜爱这段话：如果我们选择了最能为人类福利而劳动的职业，那么，重担就不能把我们压倒，因为这是为大家而献身。那时，我们所感到的就不是可怜的、有限的、自私的乐趣，我们的幸福将属于千百万人，我们的事业将默默地、但是永恒发挥作用地存在下去，而面对我们的骨灰，高尚的人们将洒下热泪。让我们的青春在同人民一起奋斗中变得更加亮丽；在同人民一起前进时变得更加昂扬；在同人民一起实现梦想的路上变得更加无悔！

生命不息，扶贫不止

文/曹文敏

　　未见其城，先闻其名，"山城""雾都""火炉"等都是重庆的别称。这次我有幸以一名调研员的身份前往重庆，投身于国家精准扶贫评估工作。在这二十多天里，我走过了重庆的 3 个区县 17 个乡镇，访问了 160 户农户，不仅体验到艰苦，也感受到了欢乐，有汗水也有温暖，更是收获了一份厚重友谊！

　　在调研的那些天，重庆每天都是高温预警，加上每天要爬山路，疲惫和艰辛是不可避免的。在刚开始的一个星期，每天爬山爬到想丢包坐下，想矫情、想耍赖，以至于每次起床看到外面的太阳就想晕倒，到山脚下就开始腿软，一上车就开始睡觉，内心一度十分拒绝这种生活。有时候觉得午睡是多么奢侈、多么难得，以至于每次听到能睡一会午觉就可以开心地跳起来，还管它什么形象呢！但是，调研带给我的不仅仅只是苦，更多的还是一份快乐、一份感恩！

　　脱贫攻坚没有旁观者。陈桂生老师说过：没有比脚更长的路，没有比我更高的山。确实如此，一旦开始就意味着坚持到底，我庆幸自己做到了，并且认真地对待每一个家庭、做完每一份问卷。每天出酒店大门的那一刻，我就告诫自己肩负着不可推卸的责任。同时，我也看到了更多同学克服高温与大山带来的身体不适，每天坚持调研，这让我也很受感动，并立志向他们学习。

　　在走访的 160 个农户中，我印象最深的是一位 60 多岁的老奶奶。在谈及她的老伴时，她说他在外面打工。我当时一定是露出了十分夸张的惊讶表情，奶奶也露出很骄傲的笑容。其实，我不仅仅是惊讶，更应该说是钦佩和欣喜，钦佩爷爷干劲十足，欣喜奶奶没有埋怨生活，而是以积极乐观的态度面对困难。调研中，我们有时会叹息那些生活不尽如人意的人们，但我们更

知行兼修玉成器

希望看到的是即使生活不那么如意，但是内心仍然积极而乐观，同时努力靠自己创造幸福生活的人们！

一次调研收获一份友谊，如此甚好！特别感谢搭档这么多天对我的照顾！至今还能想起我在下雨那天摔倒以后，搭档表情凝固、一句话也说不出来、然后一脸自责地逗我笑的情景。后来，他看到路滑的地方就要死死拽着我的背包，说滑倒也让他当人肉垫。"以后有什么事欢迎经常骚扰，没有机会见面的话，咱们以后可以成为网友！"他在分别时这样说。

这个七月一生难忘！不舍别离，太多感谢，太多祝福！也希望重庆的人们生活越来越美好，愿幸福安康！

对于退出评估检查中的一些思考，主要包括以下几点。

1. 提高帮扶措施的针对性

每个建档立卡户的家庭情况和贫困程度、致贫原因都不尽相同，但是在问及受到哪些方面的帮扶时，发现许多回答都是发放慰问金和慰问品，有针对性的、实质性的帮扶较少。扶贫工作要真正按照国家的精准要求，实事求是、踏实认真地开展因户施策，避免整齐划一和一刀切。

2. 促进扶贫产业发展，提高实效

在万州、丰都、黔江这三个地方，根据走访的情况，农户大都没有加入合作社，发展较好的烟叶种植、养蚕等产业，参与人数也相对较少，扶贫效果不明显。我始终认为，没有好的扶贫产业，难有好的扶贫成效。当地政府应提供更多的机会，充分发挥贫困户的主观能动性，并结合当地的实际情况开展脱贫攻坚工作。

3. 扶贫的关键在于扶"精神"

要激发有劳动能力的人努力通过自己的劳动创造财富，国家养不起懒汉，也不应该养懒汉，这是我始终坚持的一点认识。当看到那些有劳动能力的人不出去工作，在我面前哭穷抱怨时，我的心里没有同情，只有鄙夷。我只钦佩那些通过自己的努力实现脱贫的人。

青春无悔，农村有梦

文/王晓培

（一）故事认真听，乡音慢慢聊

在导师的推荐下，我怀着多多锻炼之心参加了这次调研。只知道调研应该会很苦，并不太了解此次调研到底意味着什么。培训会时，我才彻底了解到自己参加了一份神圣的工作，顿时觉得这趟重庆之行责任之重、任务之艰巨。

从一开始坐在火车上，除了长途的烦闷，心中更多的是对未知工作和自己能力的担心。怀着这样的心情开始了20多天的贫困县退出评估调研。每天乘车沿着蜿蜒的山路深入重庆的每一个角落，去走访大山里的每一家农户。天气的炎热、山路的颠簸、蚊虫的叮咬，虽让我抱怨满满，可我始终没有放弃。直到最后万州那晚的结束会，才感觉将这份凝聚着大家心血的工作画上了一个圆满的句号。

方言虽晦涩难懂，交流可能障碍多多，可农民之声必须细细聆听，反复确认，真实记录！天气虽酷热炎炎，身心可能劳累极致，可脱贫之愿须牢记心中，踏实前进，创造奇迹！

此次调研让我见识了大山深处农民生活的艰辛，也让我感受到农民的热情和淳朴，更被他们对美好生活的渴望和向往深深触及。直到今天写这份感想，重庆农村的一幅幅景象依然浮现在我脑海，重庆乃至我国的脱贫之路实在太艰辛。当然，也正是因为艰辛，才更显珍贵。我不知道自己是否还会有机会参与这样的调研，但我还是要许下一个愿望，愿我国农村脱贫之日早些来临，贫穷成笑谈，困苦和艰辛随风飘散。希望 2020 年中国实现全面脱贫之时，我可以笑着对身边的人说自己曾经在中国的脱贫之路上留下了足迹！

（二）工作用心做，努力出成效

经过 20 多天的调研，我深切感受到干部和群众都做出了巨大努力，但脱贫之路困难重重。最突出的问题体现在两个方面：

一是产业带动作用有限，农民自我发展能力弱。在我走过的 18 个村庄，几乎每一个村庄都利用龙头企业或大户带动贫困户发展，但其作用有限，农户的持续增收能力不强。而且重庆大部分村庄的年轻人都外出务工，留守老人居多，文化程度低，生产经营能力较弱，大多以低保金、五保金或政府帮助的方式脱贫，他们抵御风险的能力十分脆弱，容易因病或因灾等原因再次返贫，无法实现彻底脱贫。

二是如何发挥重庆"地票"制度改革的作用。作为该项制度的首个试点城市，利用土地复垦和地票来解决贫困户的住房问题，是一个有利于扶贫的有效办法。但也有村民反映复垦之后的土地肥力不足，庄稼生长不是很好，耕地质量下降。

通过调研评估，对扶贫政策的有效性和利弊性进行准确判断，有助于进一步贯彻落实各项脱贫政策。可持续的脱贫保障对于中国能否在 2020 年实现全面脱贫具有重要意义。脱贫之路困难重重，只有认真聆听农户的真实心声，务实求真，踏实工作，中国的脱贫之路才能走得更有底气！

撸起袖子加油干，不忘初心向前奔

文/张婷

搭档在四川念过书，调研中沟通完全没有问题，他喜欢和农户唠家常，倾听他们的声音，希望能够帮助他们。

（一）只要有颗为民心

2017 年 7 月 10 日踏上了征程，18 个小时的车程，望着窗外一闪而过的风景，我开始想象接下来 20 多天的调研生活。重庆的乡村是什么样子？这次评估检查会遇到什么困难？我的搭档会是咋样的？思绪乱飞，但是心中有一个坚定的声音，那就是我会努力的！

7 月 11 日到达万州，12 号开始入户调研，直到 21 号，我因家中有事需离队。10 天的调研生活中，我遇到了太多太多可亲、可敬、可爱的人，有儒雅谦恭的沈老师、活力四射的肖老师、严谨老练的曾老师、接地气的陈鑫组长、一直要减肥的搭档李一鸣，以及四组其他可爱的小伙伴们，还有整个评估团队，以及那些热情的调查对象。深感遗憾没能和大家一起完成这份高尚的任务，回家之后直至今日，很怀念和大家一起调研的日子。南队北队的伙伴们，期望有缘再见。

这是一次锻炼自我、发展自我的机会。首先，获取信息的能力是必备的。我们在调研中要善于观察，细节决定成效，紧紧围绕六条线，认真负责地完成调研任务，不能为表面现象所蒙蔽，要保持一颗警惕的心。其次，此次评估队伍人员众多，团队协作十分重要。我们要互相帮助，时刻牢记团队合作意识。再次，在调研中总结分享调研经历和经验可以让调研更加顺利，尽管在评估中会遇到不少诱惑，我们要谨记自己调研员的身份，保持清醒的头脑。

（二）凝聚扶贫合力

结合此次调研，我形成以下思考。

1. 提高政策宣传力度，准确把握政策要旨

在脱贫户中存在农户不认为自己已经脱贫的现象，这说明脱贫不脱政策这方面的宣传不到位。在万州区的调研中发现，建档立卡户一般都享受了危房改造、易地搬迁等政策，但是农户不知道自己享受的是何种政策。这就要干部和农户进行充分沟通，让农户知晓、放心。另外，普遍存在父母和子女不在一个户口的现象。许多老人生活条件很差，有的地方认为其有子女而不能成为享受政策的建档立卡贫困户，而有些地方却以户口为依据，许可其成为建档立卡贫困户。

2. 切实解决"三保障"的相关问题

医疗保障政策的覆盖面比较广，农户基本都享受到了相应的医疗保险。但老人看病方面还是存在问题，他们虽然享受了新农合保障，但是看病地点远，老人自己过去看病很困难。重庆是山城，农户住得都比较偏僻、分散，小孩上学不是很方便。加大教育扶贫的投入力度，有利于切断贫困的代际传递，改变贫困户思想落后的现状。还要强化技术培训，提高贫困户子女的农

业生产技能和就业技能，为他们依靠自己脱贫奠定基础。

3. 以产业扶贫为核心开展帮扶

各个地方产业扶贫的差距很大，万州区羊角镇的猪腰枣产业发展不错，但有些地方的产业发展还不理想。地方政府可以推动以村为单位的产业合作社发展，吸引农户参与；也可以通过集体与市场收购方商谈农产品的收购价格和订单数量，维护双方的合理利益，保障渠道的长期稳定，促进农户收入的稳定增加。

4. 充分发挥帮扶干部的作用

帮扶干部是扶贫工作中的重要力量，他们需更深入了解农户的基本情况和需求、及时宣传相关政策、并提出有针对性的帮扶建议。对有申请需求的农户，应帮助其准备和提交各类材料，并跟踪申报进展。同时，帮扶干部还应及时反馈工作中因流程不完善所遇到的问题，帮助政府进一步改进精准扶贫的举措。

我的搭档每次都是走在我的前面，告诉我哪里要当心点，时时刻刻都在帮助我。

知行兼修玉成器

退出贫困，奋进小康

文/黄洁钰

（一）一条路，一辈子

重庆是一座热情如火的城市。我们肩负着一项伟大的事业，满怀一腔热情，翻山越岭，踏上了这片土地。

到来之前便有所耳闻，这是一座山城，一个不骑自行车的城市；这里的交通十分立体，靠着百度地图也不一定能找到正确的方向。这里很热，十大"火炉"城市之一。当我走出火车站，立身于这座城市之中，沐浴着夏日的阳光，真正用自己全身的细胞去感受，第一感觉便是一个字：热。抬眼望去，交错的立交桥穿越头顶上空，说"立体"不是骗人的。这里的人们、这里的天气和这里的美食，都是热情如火！

"用我们的热情去回应这个城市火热的迎接。"带队老师如是说。没错，这是我们激情燃烧的一个月。我们辛勤地挥洒着汗水，不畏炎炎烈日。热了就喝一瓶藿香正气；不畏路途遥远，再远的农户我们也要到达；不畏高山险阻，再高的山都爬给你看。我们的无畏都是为了看清大山深处农民的生活。这里的农民热情朴实、勤劳自强，他们会热情地拿出当地特产招待我们，他们有的虽然算不上小康，但也自力更生，乐观而且努力。我希望能够帮助他们，但同时他们也教会我勤奋、乐观和自强不息。

我们每个人就像一个个齿轮，在整个团队的大系统中运转。我们是一群紧密团结的齿轮，相互帮助、相互扶持；我们是一群高效有序的齿轮，马不停蹄，向着共同的目标前进；我们是一群严肃认真的齿轮，做好自己的工作，与身边的齿轮默契配合；我们是一群活泼有爱的齿轮，一路上满是欢声笑语。旋转的我和旋转的你，加到一起就是一个高速运转的团队。当然，领队老师、骨干们和组长队长们是团队大系统的核心，他们在统筹、调整着每个齿轮的站位与分工，为运行不畅的齿轮加上润滑油，让整个团队旋转到飞起！作为小小齿轮的我，感谢这些大齿轮的付出与帮助，对这支"团结、紧张、严肃、活泼"的队伍心中满是信任与骄傲！

忘不了这一城，忘不了这一夏，忘不了并肩作战的战友们！

（二）加强沟通，让帮扶更精准

这是我遇到的一户贫困户，2017 年刚被评定为贫困户。他家中的房子是土坯房，户主常年在外打工，家中常住的是他的父母，两位老人分别是 71 岁和 68 岁。但建档立卡时并无两位老人的名字。

就两位老人的生活而言，两人身体不是很好，需要吃药，能报销的也不多，为了维持生计要做些农活。他们家里的水也不是自来水，关键问题是二老居住的是很破旧的土坯房，经常漏雨，早就被评为 D 级危房，几年前也有人来拍照记录。但目前房子未改造的原因写的是：户主外出务工而自愿放弃。与户主交流的结果是：不是自动放弃，原因是我 2017 年才知道有脱贫政策之说。因我 2016 年春节回家时知晓有危房改造，看见并听说有人享受到了此福利，而后听说 2017 年也有此项目，我就让父亲去问了村长，说给我弄一个指标，就是 2.1 万元补贴。但 2017 年我提出申请后，村长要求我在 5 月 30 日之前建好房屋，之后才能拿到修房补贴。5 月 10 日才给我指标，短短 20 多天要我修好房屋不现实，我哪有那实力？所以就不了了之。如果我在短短 20 多天有能力修建房屋了，我就不需要脱贫帮扶了。

针对这户人家的情况，我认为问题出在两个方面。一是数据混乱的问题。重庆的实际情况是很多农户家的老人都存在"农转非"，他们常住在农村，但因为城市户口而无法评为贫困户。二是帮扶宣传与工作落实不够细致

　　　　　　　　　　　　　　知行兼修玉成器

的问题。这一农户本应享受危房改造帮扶政策，但因为时间滞后和经济条件不够，房子无法建好。首先是由于户主缺乏一定的主动性，与帮扶干部沟通不畅；同时，干部的宣传和工作落实也不到位。其次，即使农户缺乏经济实力，被迫放弃建房，帮扶责任人也应主动提供一些解决问题的方法。

最后，希望今后加大对于仍未脱贫的一些贫困户的扶持力度，防止摘帽后干部工作懈怠的情况出现。

调研员正在访谈。爷爷奶奶热情地拿出了家里的瓜果零食招待我们。

把好贫困县退出关，
确保脱贫摘帽的真实性

文/计晨

（一）我们调研人

7月初，我坐上绿皮火车奔赴了重庆。本来以为这次是像往常一样的调研，却发现有一节火车的伙伴都背着笔记本、带着行李箱，我的调研于是从兵荒马乱中开始了。

重庆于我是故地，本以为这次回去是重游，不过现在想来，是新酒。我不曾知道，主城外的山路比"8D魔都"的号称还要多了很多弯路、山坡和颠簸；一直以为的重庆特产只有脐橙，却发现还有猪腰枣、美国柠檬、老鹰茶等美物；以前总觉得暑假中的重庆唯有空调以解热，经过这段调研日子后才知道，藿香正气水和欢笑的陪伴是能抵抗火炉40℃高温的存在。2017年的重庆是我的新酒，相识已久，又焕发新颜。

老师说这是一次你们必将难忘的调研。每每回想，真真如此，但又不仅仅如此。我们做了一件平凡却意义重大的事——贫困县退出评估，是查漏、是补缺、是以人民的名义去评估政府为人民做的事情。仲夏的重庆，太阳为了弥补冬天的遗憾，热情地散发着光热，满地金色的阳光寓意着我们这次调研是金色的，我们的热情澎湃和纯粹真诚也似阳光。

那些嬉闹的蚊虫似乎不满被我们打扰了清净，报之我们以叮咬。满屋子充斥着清凉油和药膏的味道，那些红点点真的痒，也正是这些红色的印记，我们可以嬉闹一日N次地定时、定点上药。

很久没有过连续熬夜的日子，也很久没有设好几个闹钟提醒自己早起，

知行兼修玉成器

这样既忙碌又充实的调研是黄色的，是大汗淋漓时那些小小的、酸甜的、青黄色的李子，是饥肠辘辘中一盆黄色的、嫩香的玉米。

十几天的日子很慢也很快，我们的相遇很奇妙也很熟悉。这是一段难忘的调研，也是一个难忘的夏天，一段我们奔走过、笑闹过、努力过、工作过的难得的时光。

（二）脱贫攻坚问题

我在十几天的调研中也对脱贫攻坚工作中的一些问题进行了思考，概括如下。

1. 如何解决"农转非"人口的"两不愁、三保障"问题

我在调研过程中发现相当一部分农村居民在政府的鼓励或者要求下，从农业户口改成非农业户口。有些地方就不再将这部分人群纳入贫困户考虑范围，这种做法看似便于管理，但似乎不能实现"扶真贫"的目的。以五溪村某农户为例，家里的房屋多处坍塌，寻求村干部帮助时，却被告知不是农村户口，以致其住房问题长期没有得到解决。

2. 如何处理子女赡养父母的问题

我在调研过程中发现，有些乡镇要求成年子女的户口必须至少有一个与父母同在一个户口本上。这种做法也许是为了要求子女赡养父母，但实际情况可能是子女的收入基本不会贴补自己的父母。处理好子女赡养父母的问题需要多方式、多途径推进，而不是简单地用户口捆绑。

3. 如何确定贫困标准的问题

村民在我们调研中反映的一些情况主要集中在贫困户认定和脱贫认可方面。吃穿不愁以及住房、医疗、上学有保障是脱贫的标准，但我们不能忽视农户对于富裕生活的愿景和需求，同时也需要反思固定的标准是否可以真实地反映贫困县扶贫工作的现状和存在的问题。

加快改革创新，补上民生短板

文/余梦洁

这一家共有 8 口人，家里的小孩放暑假在家中玩耍，在他们的眼中仿佛看不见成人的烦恼与压力，孩子们是祖国未来的希望，你们加油！

（一）此乡是我们的"故乡"

我是第一次来重庆调研，也是参与扶贫工作以来第一次走出江西省开展调研。在经历过 2016 年工作成效评估以及 2017 年井冈山贫困县退出评估以来，自认为经验相对丰富的我，在到达重庆开始工作的那一天，才发现自己所想的很不全面。

重庆被誉为"山城"，村落大部分集中于山腰或山顶，户与户之间也相隔很远。路途多山路，有的甚至是杂草丛生的小路，迈开步伐都能听见脚踏在被晒干的枯草上的"沙沙"声音。有时，甚至会发现调研的上一户人家在山的另一边，从这一户到下一户需要翻过半个山头。而这一切在江西的农村较为少见，在江西农村大部分坐落在山脚下，围着山脚而居。因此，借助车辆基本都能直接到达每家每户。

与江西的调研相比,虽然每日的工作量相同,但受重庆地形的影响,每日的工作进度会明显降低,我们调研员每日消耗的体力也明显增多。这也给我们做整村普查带来了很大的工作难度,难以进行"扫村"工作。因此,普查工作任务重、难度大,必须在入户前做好任务的分配工作。

在重庆的调研中,爬山路成为每日的必修课,在7月的酷暑天里,这无疑也是对我们调研组体力和意志力的考验。在挥汗如雨的日子里,与我们相伴的是一瓶瓶苦涩的藿香正气水和上车前喝下的晕车药,我们用自己的行动为这片山区的贫困群众做出一份自己的力量,也为祖国脱贫攻坚事业献出自己一份微薄的贡献!

(二)用"硬拳头"打"硬仗"

在为期20多天的外业调研工作中,我们走到每一户家中,了解其家庭情况、收入来源以及住房、饮食、教育、医疗、身体健康状况等,在聊天中获取问卷所需的信息,并根据农户自己陈述及比对相关资料,确保所填信息的真实可靠。我在调研过程中也发现了一些问题并进行了思考。

1. 缺乏产业支撑,农户造血能力不足

根据在重庆市万州区、黔江区、丰都县的抽样农户的基本情况,政府划拨的扶贫资金大部分用于公路、水利等基础设施建设及旅游开发项目,扶贫资金大多未直接投入农业产业的开发,难以激发和带动贫困户的自身脱贫。少数行政村引进产业合作社,如皇菊种植、黑山羊养殖、烤烟种植等,但这些产业仍然保持着大户受益的模式,难以将产业扶贫的作用注入每一个贫困户,贫困户的脱贫能动性较差,不具备长期的脱贫能力。这也与以往的扶贫改善民生的方式相同,容易造成贫困户"等靠要"的心理。

2. 饮水及住房安全缺乏保障

在黔江区和丰都县的个别行政村，我发现没有统一供应的自来水，只能通过山泉引水和天然降水汇集在一个小型的蓄水池内供水，农户的饮水安全问题应当引起高度重视。

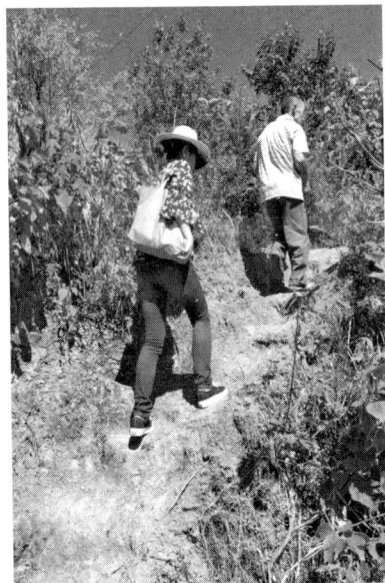

为了入户调研，我们必须顶着烈日爬过泥泞的陡峭山路，走过杂草丛生的崎岖小路，有时从一个农户到另一个农户需要翻过一个小山头。

知行兼修玉成器

勇担重任，砥砺前行

文/涂琦瑶

（一）大山深处有你

为期 20 多天的重庆调研结束了，我在这个过程中收获的不仅仅是感动和友谊，更多的是来自实地调研的对于农村现状的思考，所有的收获都将永生难忘、受益终身。

重庆自古就有"山城"之称，连绵起伏的山丘是大自然赋予重庆的天然美景，同时也是阻碍重庆发展的重要因素。在 20 多天的调研中，让人印象最为深刻的一定是曲折而狭窄的山路，面对山路诡异的排布、诡异的角度以及诡异的衔接，让人感叹：重庆的司机个个都是被耽误的赛车手啊！同时，一条条通向村组的公路、一个个面貌全新的农村，也让我们看到当地政府下大力气脱贫攻坚、改善山区群众生产生活条件的决心。要知道，在山区实现这样的目标是多么难、需要投入的资金是多么大！

重庆的另一个称呼便是"火炉"。虽然大家在出发之前都对此有心理准备，但实际到了重庆之后，每天在烈日的炙烤下入户访问，我们才感受到"第一火炉"的威力。然而，高温酷暑挡不住同学们完成任务的决心，即使持续高温和连续作战已使同学们的身体和精神达到疲惫的极限，但在老师们的鼓励下、在同学们的坚持下，我们靠着一份信念圆满完成了这份神圣的事业。很骄傲我是坚持到最后的一员，很骄傲在共和国脱贫攻坚的历史上有我的一份贡献！

（二）扶贫之路再探索

我做过很多次精准扶贫调研，但基本是在江西省内，这次的外省调研让我感受到不同地区的差异，也更深刻地感受到脱贫还是得靠老百姓自己的勤劳和奋斗。

首先，部分区县依靠产业带动贫困户脱贫的效果不太明显。第一表现在村内产业较少，很多农户表示自己没有参与过产业合作社，说明产业合作社的辐射带动作用不是很大。第二表现在产业吸引本地劳动力的作用不强，对于农户增收的影响力较小。当然，这并不是说各地的扶贫产业发展不好，只是其在带动农户方面的作用没有充分发挥，存在一定的欠缺。

其次，地方政府的扶贫工作重心可能存在偏差。地方政府高度关注我们的评估检查过程和结果可以理解，但全力应对检查的做法似乎不妥。从我们调研员的角度看，这里面存在政府工作重心定位不对、资金低效利用的问题。

最后，基础设施建设还有待进一步提升。以自来水为例，在一些居住较远的农户家中并没有通自来水，部分公路的修缮也还在计划之中。并没有得以实施。

精准扶贫是一项伟大的事业，大批奋斗在基层、与百姓面对面接触的干部是我们学习的榜样。扶贫不易，不忘初心。

吹响扶贫的号角

文/胡萌

（一）感恩一路上有你们相伴

为期 20 多天的调研结束了，在那些忙碌而充实的调研日子里，时间过得很快。从开始的报名、面试和培训，到坐上驶向重庆的列车，再到辗转万州、丰都、黔江开展调研，一直到最后在万州参加联欢会，20 天的调研生活都像放映幻灯片似的，历历在目。回想这次调研，我感到收获颇丰。

一是对农村的重新认知。虽然小时候去过乡下老家，但这 20 天的乡村体验与之前完全不一样，我会惊讶农村漂亮的小洋房和破旧的土木屋交错分布、惊讶纯朴的农民和短视的乡下人的不同、惊讶通达顺畅的水泥路与荆棘密布的羊肠小道对比……我国现在正处于转型时期，到 2020 年实现 7000 万人口的脱贫目标不是纸上谈兵，又谈何容易？看到农村面貌不断变化，我坚信脱贫攻坚最后必将胜利！

家里来了远方的客人，孩子们很开心，热情地搬出长凳招呼我们坐下歇息，访问过程中，见我们举着相机拍照，小女孩抬头拨开长发露出甜美的微笑。

二是对基层扶贫干部的敬佩。在调研中，我们每天坐 2 ~ 3 个小时的车下乡，再走 2 ~ 3 个小时的山路。这样一次的经历不算什么，可贵的是基层的干部和帮扶责任人每周、每月都要这么做。我们在走访过程中经常听到：他们经常来问候我们的生活，即使什么都没做，我们的心里也十分感动和温暖。

三是对一起奋战的战友们的感激。此次的调研团队规模很大，大家在 20 多天里朝夕相伴，不惧山路多么崎岖颠簸，每天一起跋山涉水，或顶着烈日、或撑着雨伞，坚定地迈步在脱贫攻坚这场无硝烟的战场上。我佩服大家的无所畏惧、迎难而上、坚韧不拔、持之以恒的态度，我从每个人的身上都能看到不一样的美丽，十分怀念大家一起互相照顾、互相学习的那段日子。能在我的生命旅程中结识一群可爱的人，着实感到幸运。

最后，记得刘学敏教授曾说，脱贫攻坚没有旁观者！这是一份情怀、一段经历、一份责任和一点贡献！要在共和国脱贫攻坚战的旗帜上写下我们的名字！感恩一路有你相伴，祝福大家未来更美好！

（二）为了贫困乡亲的小康梦

在这 20 天的调研中，我深切感受到国家在精准扶贫中投入了巨大的资金、物质和人员，有些政策措施的成效显而易见，而有些可能还有待时间的检验。同时，我也始终在思考这样的三个问题。

一是农户自身该以怎样的心态去面对扶贫？有些地区山高路险，受限于地理位置和自然条件，无论是走出去还是就地求发展都十分困难。于是，这里的老百姓对扶贫的期望并不高，他们可能认为：只能这样了，没有什么办法可以改善我的生活状况。由于对未来没有太多的憧憬和向往，导致很多事情不敢想，也不敢去做。而有些地区的交通便利、气候条件优越、劳动力充足，农户可以比较容易地实现脱贫，但农户存在等待给予、等待帮扶的心态，这样的心态会消磨农户自身奋斗的意志，政府的帮扶有养懒汉之嫌。

二是生活在城镇的人们该以什么样的态度对待农村和农民？以城市外来务

工人员的子女教育公平问题为例，大多数农民或者他们的后代是城市建设的主力军，但他们的生存权、居住权、迁徙权等基本权利很难得以保障。如果说扶贫只是物质上的帮扶和救济，那7000万农村贫困人口的收入很容易实现达标过线，但这样的扶贫并非长久之计，并非是缩小城乡差距、统筹城乡发展、实现共同富裕的有效方法。如果我们不能以接纳和包容的胸怀去帮助农村人口融入城市、获得在城市的生存和发展机会，扶贫就只能是救济，甚至是"施舍"。

三是政府在脱贫攻坚中究竟应该扮演什么角色？是不是农户一旦生病就由政府负担医药费？父母没钱供孩子读书都要依靠政府解决？儿女不赡养老人也要政府来管？真正的扶贫不是授人以鱼，而应当是授人以渔。政府在扶贫中扮演的不应当是包办一切的家长和丰盈的钱袋子的角色，而应当是一个集制度设计者、资源整合者、市场监督者于一身的角色。政府应设计良好的扶贫制度和搭建必要的扶贫环境，逐步打破城乡二元结构。在资源配置上，无论是提供基本公共设施和基本公共服务，还是人才供给与输送，政府应给予农村人口更多的发展机会和空间，尤其是需要通过教育公平来逐步缩小城乡差距。对于一系列的扶贫举措，政府不应既当运动员又当裁判长，实施扶贫措施需要经得起第三方评估机构和公众的检验。

有人说，我们是生活在同一社会的公民，每个人都与他人息息相关、休戚与共，他人的痛苦也是自我的地狱。在脱贫攻坚的路上，我们还要继续脚踏实地、齐心协力。我坚信汇聚集体的力量一定能攻坚克难，实现全面小康！

调研员和农户亲切交谈。

天下和静在民富

文/张小芳

　　我在大学期间参加的调研大大小小也有十多次，与往次不同，2017 年 7 月的重庆贫困县退出评估检查在我脑海里留下深刻的印象。

　　首先是庞大的调研团队。此次的评估团队是史无前例的大融合，是一个由来自北京师范大学、南昌大学、中共中央党校、天津师范大学、山西大学、西安财经学院等单位的 120 余名学生和 20 余名老师组成的超级团队。

　　其次是我的实力三组。本组有严肃又幽默的陈桂生老师、女神般的熊茜老师、暖男纪昌品老师，还有副组长汪震师姐和红霞。组员里还有三位"帅"哥（闫帅、陈帅帅、帅杰）、文文静静却战斗力惊人的雯雯和萌萌，以及创造了半天 18 户传奇的思琪和宏鹏、队员们抢着要的好搭档晓炜和荣桓……

　　还有"山城"之称的重庆。此次重庆市申请退出并接受第三方评估检查的有万州区、丰都县、武隆区、黔江区、秀山土家族苗族自治县，我走过的路线是万州—丰都—黔江—丰都—万州。在重庆走过的路、越过的山、晕过的车，真真切切让我体验了"蜀道"之难。

　　当然，印象最深刻的还是我们关注的贫困县、贫困村和贫困农户。其中，非贫困村的尴尬留给我的印象很深。根据走访 20 多个抽样村庄的观察，一般来讲，除了个别经济发达的非贫困村以外，贫困村的整体条件要好于非贫困村，无论是村委会或便民服务中心、村子里的基础设施，还是村子里的产业，非贫困村均与贫困村有较大差异。以丰都的某村为例，该村的便民服务中心是多年前修建，面积很小，尚无文化娱乐广场，村庄的主干道路很狭窄，通往村小组的道路尚未修好。扶贫帮扶措施缺乏，更难精准，农户的住房安全问题突出。事实上，非贫困村也存在一定数量的贫困农户，他们更应是被关注的重点。贫困村会有一定的政策和资金等支持，而非贫困村尤其是自身经济实力有限的村子，难以凭借自身的能力帮扶贫困农户脱贫致富。因此，扶贫的政策和资金应适当向非贫困村倾斜。而且，各村的实际情况不一，在政策制定和执行过程中应避免一刀切，而是要根据各地方的实际，因地制宜。

最后，我最不愿意说却又必须说的是，贫困户脱贫不应仅仅是物质上的满足和丰富，而是更有尊严地活出自己的样子。然而，贫困户事实上并没有被温柔以待。我们在调研中发现，当我们要求地方政府提供佐证材料时，他们的取证过程非常简单粗暴。我想知道这样做的合理解释。真的如那句话所讲：什么时候贫困户可以有尊严地活着，脱贫致富才有希望！愿善良而淳朴的农民能被这世界温柔以待！

扶贫任重而道远

文/牛朝志

（一）反贫困在行动

作为一名在校学生，十分荣幸能参与贫困县退出第三方评估调研。同时，自己在调研中收获颇丰，不仅丰富了自身阅历，又学到了很多与实践相关的知识。

在酷暑七月到山城重庆进行历时 20 多天的调研，从万州到武隆再到秀山，走过将近 20 个村子，调研了 100 多户普通的人家，对重庆的自然条件、风土人情和普通农民的生活状态有了真切的了解，体会到了另一方水土的不同，感受到了我国的广博，也看到了农村生活的不易。重庆不愧是公认的火炉，夏天确实太热，每天顶着高温出去确实有点吃不消，还好有老师们和同学们的关照，工作非常顺利。尤其是每进入一家农户，看到他们发自内心的笑容时，就感到所有困难都不值一提。

我在平原地区长大，在调研中看到了太多的山，一眼望去只有青山、绿树以及隐约其中的点点人家。由于去的都是山区人家，户与户之间相距较远，经常要坐车很久。虽然大部分村子都已经通了公路，但还是有许多通向农户的道路难以通车，经常要徒步很远。记得在万州的第二天，为了访问山上的几户人家，我们走了两个多小时的山路。在这么不便的交通条件下，要想摆脱贫困是十分困难的，我真正理解了所谓"要想富、先修路"的道理。

在去了很多农户之后，我也能听得懂当地的方言了，并且感受到了农村人家的朴实，他们总是热情地给我们倒水或者请吃西瓜什么的。虽然自然条件恶劣，但这也造就了当地人开山铺路、吃苦耐劳的品质和决心，他们会通过自身努力和奋斗来争取改变现状。

由于走访的多数都是贫困户，他们住得都比较偏僻，搬迁又有难度，政府努力使这些地方通上了水电，实现了基本生活有保障。但是，山区的人们看病就医还是不太方便，一些孩子上学还是要走很远的路。虽然近些年的条件已经大有改善，但要使山区人们彻底摆脱贫困、真正走向小康仍然任重道远！

（二）创新扶贫治理

在调研的 20 多天里，我去了很多刚脱贫和未脱贫的农户家，他们基本都是当地生活条件最差的人家，造成贫困的主要原因是交通、疾病、子女上学、缺乏劳动力等多个方面。

首先，重庆是山城，这几个县都是大山连绵分布，许多人家位于群山掩映之中，交通条件很差。山上修路成本很高，尤其是如果人口不是很多的话，修路的成本和收益相差很大，路的问题不能解决就无法解决贫困问题。

其次，农村的基本吃穿都是可以满足的，但一旦家里有人生大病，就会直接导致一家陷入贫困，虽然现在有医保，但当地人反映去县里看病报销比例60%以上还可以，如果去市里的话报销会很少，但有些病又需要去好点的医院看，这是一个需要解决的问题。

再次，农村的重男轻女现象严重，很多家都是两三个女儿、一个小儿子，这么多孩子势必会带来很大的生活与教育负担，这些孩子很难有机会接受较高的教育，他们往往年纪很小就出去打工挣钱。教育的缺失会带来很多的后续问题，还是要让孩子们接受基础教育、多读书。

最后，还有一部分岁数较大的老人，由于没有孩子或者孩子远嫁等原因，没人照顾日常生活，生活状况普遍很差。即使政府给予低保也很难改善他们的生活，可能需要政府建立养老院来保障他们的生活。

我在调研中发现政府对贫困户实施危房改造和易地搬迁，并进行一些产业技能指导，效果还是很显著的。但对于易地搬迁，还有些农户不想搬，因为他们在山上有很多地，可以搞一些养殖，收入还不错。他们担心搬迁不仅会花很多钱，搬迁后的收入来源可能会变少，生活有些难以保障。因此，政府需要对搬迁户予以产业支持，使其能有稳定的收入。

　　山区的一些贫困村虽然先天条件不足，但如果政府能够根据各地的条件发展水果种植、家畜养殖等产业，并将其做大做强，或者把一些农业生产外包，实现规模经营，应该能够增加农民收入。而且重庆有丰富的旅游资源，很多地方发展旅游应该是一个很好的路子，农民通过办农家乐肯定会很大幅度地提升生活水平。

　　总之，地方政府要对脱贫农户进行引导，并给予一定支持，使其有可持续的发展之路，要防止他们再次陷入贫困，而不是一旦脱贫就撒手不管。

　　　　　　　　　　　　　　　　　　　　　　　知行兼修玉成器

疾走在精准扶贫的热土上

文/李前进

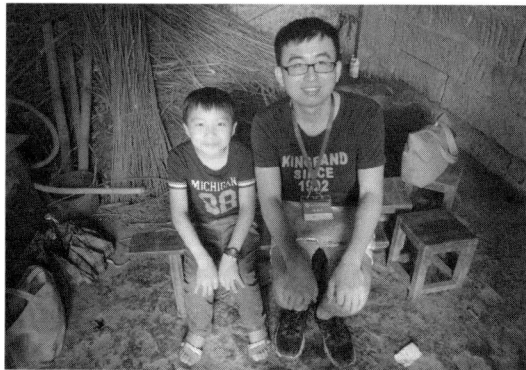

农户的家庭虽贫寒，但孩子依然阳光乐观……

　　我们在重庆调研了 21 天，我所在的组去了万州区、武隆区、秀山县等 3 个区县，在每个区县的工作时间为 5～6 天。

　　我在每个区县的工作感受都是不一样的。初到万州，前两天的工作很是手忙脚乱。万州区张某家是我的第一户调查对象，我从经验丰富的搭档李蓓那里学到了许多提问的技巧，对我后来的访谈有很大帮助。前两天，我们大概每天只能走访 6 户左右，但感觉那是最疲惫的两天。首先，我感觉访谈中自己的手不够用；其次，问卷录入时对 app 的使用不熟练，再加上 app 前期的漏洞很多，工作进度十分缓慢。同时，影音资料的汇总由于前期命名规则不统一，需要不停地让别人纠正。前两天完成自己的工作都已经 11 点多，再加上还要收集其他组的影音资料，忙到 1～2 点是很正常的。随着后面的工作渐入状态，每天完成 10 户调研也较为轻松了。

第二站是武隆区，当地政府的礼遇让我们吃惊。但大家经受住了糖衣炮弹的诱惑，做到了不乱取、不乱拿。武隆的工作是高强度的，武隆农户给我的印象也是最深刻的。先是每家每户的资料都准备得很全面，有厚厚的一沓；后是农户回答问题的专业化也让人吃惊，似乎是经过了特殊培训。偶尔，还遇到农户反问我们：我回答得对不对？最后是司机师傅们的热情，零食、饮料、伞帽……照顾得无微不至。

第三站是秀山县，和万州、武隆相比，没有了之前的高规格礼遇，大家反而更自然，工作的效率也更高。秀山的山没有万州和武隆的高大，水也没有那么丰富，相反，这里的人更有一股子拼劲和闯劲，敢做敢拼。

这个七月的天气是炎热的，这个七月的人心也是火热的。参加此次调研，我看到了基层生活的千姿百态，也懂得了当今生活的来之不易。我一定要发愤图强，为社会贡献出一份自己的力量！

一行人忙完调研后，在等车的过程中偶遇刘学敏老师，于是刘老师与大家合影留念。

　　　　　　　　　　　　　　　　　　　　　　知行兼修玉成器

坚守脱贫攻坚第一线

文/张韧

（一）今年七月我们不说艰辛

入户调研 21 天，共完成有效问卷 133 份，不在家打点户不计其数。以前参与过几次扶贫调研，但此次的参与人数之多、涉及范围之广、纪律要求之严都是前所未有的，因而对北京师范大学的组织、协调、公关、应急能力表示敬佩。

之前从未来过重庆，对其的理解仅停留在"山城"等概念。在历经 22 天的调研之后，对重庆的印象从模糊到逐渐清晰再到刻骨铭心；对重庆的感情从近乎冷漠的平淡到最终依恋不舍，其中的渐变是这 20 多天调研中每日暴晒的催化效果，也是对 133 户访谈农户未来生活的期盼。

重庆作为最年轻的直辖市，由于地理区位欠佳，且起步相对较晚，发展比较滞后。但它的资源禀赋优势明显，新农村建设的潜力巨大，"一村一品"的发展方针值得肯定、必须坚持。

这个七月，我充分体会到了祖国 960 万平方公里的辽阔，认识到区域之间存在严重的发展不均衡，见识了城乡二元化带来的两极世界。这个七月虽然艰辛，但我们每个人都坚守使命，来重庆这一趟是这辈子都不后悔的。

全面建成小康社会是党和国家向全体人民做出的庄严承诺，精准扶贫与精准脱贫是最有力的保障。相信未来我们回想起曾经在重庆参与并见证共和国载入史册的一段经历，一定会感到无比自豪！

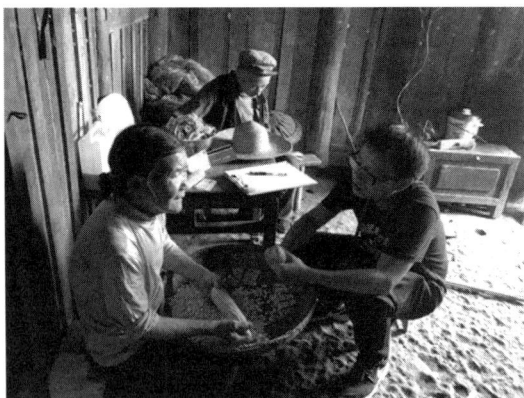

临近中午，一位年过八旬的老奶奶在剥苞谷，她的手掌关节硕大，与其弱小的身躯形成强烈反差，言语中透露着种种对生活的无奈，调研途中所有的艰辛在此时被彻底揉碎在这乡土间。

（二）贫困是一个相对的概念

相较以往的评估，此次重庆评估调研的区别在于重点指标的不同。可以看出，中央目前对贫困县退出的检查重点是真实的贫困发生率。而且，对于问题户的判定流程也进行了优化，加入了反馈机制，即对于任何一个"问题户"，都要采取极为严格的评审流程，从调研员上报，到最终得出判定结论，至少经过3轮复议，而且针对问题户都要求当地政府出示佐证材料，力争做到证据链的无缝连接。这些改进体现出了评估的公正、客观和负责任。

在中国农村，致贫原因不仅仅局限于问卷中涉及的9大类，还有诸如因婚、因房、因懒等，纷繁复杂。我认为，致贫原因大致可以分为外部因素和内部因素两个方面。从外部因素来看，绝大部分地区的资源禀赋和环境条件是可以做到"一方水土养育一方人"的；而且，扶贫政策及社会保障措施，以及结对帮扶方式和帮扶责任人的辛勤工作，都体现出党对贫困人口的深切关怀和大力帮扶。对于内部因素而言，由于我国目前的养老形式还是以家庭养老为主，尤其在农村，儿女是否承担赡养义务对于解决贫困问题的作用尤

知行兼修玉成器

为关键。

在经过数百次的入户访谈后，我深刻体会到改善贫困的最有力的两个方面是：贫困户追求发展的内生动力和教育，或者说是强化赡养的义务。黔江县的一句标语"宁愿苦干、不愿苦熬"，表达出一种顽强的内生动力，是脱贫攻坚中最需要的一种精神。强化每一位公民的赡养意识，也是全面实现小康社会的关键。

一路艰辛，一路成长

文/徐青

（一）在想象之外

从 7 月 10 日南昌出发，直到 8 月 2 日结束，重庆调研历时整整 22 天。一路走来可谓艰辛，但其中也有很多值得回忆的人和事。感想很多，特此拙笔以做留念。

我是第一次参加调研，各方面都没有经验，故在开始的时候就抱着一种学习的态度。我的搭档是一名北师大的女生李文静，从她名字判断可能是个挺文静的妹子，但是接触几天后发现截然相反，她有着山东姑娘的豪爽与直率。每次我做得不对或是做得不好的时候，她都会毫不客气地指出，刚开始我有点接受不了，后来被这姑娘耐心细致的工作态度所折服，慢慢变得认真起来。除了我的搭档，这次调研中还认识了很多本校和其他学校的同学，从他们身上也学到了很多，不管是待人处事，还是对待工作，各方面的能力都有了很大提升。

另外，在经过了 20 多天的走访农户之后，我深刻了解到了偏远山区农户生活的艰辛，知道了在中国的西南部还存在这么一大片处于贫困之中的区域，而且有些贫困是你无法想象的。同时，我也深刻体会了中国政府为实现全面小康所做出的努力，中央提出的"精准扶贫"政策确确实实帮助广大农户摆脱了贫困。在走访中，绝大多数农户对于政府的满意度还是挺高的，都觉得共产党是为人民办实事的。

对于我自身而言，这次调研是我倍感光荣的一次调研，是一次开阔视野的机会，更是一次人生的磨炼。很感激有机会参与到这次精准扶贫调研工作中。

（二）扶贫没有固定模式

20多天的下乡入户调查，不仅让我对当前的扶贫工作有了更深刻的认识，还了解到脱贫攻坚取得的成功，当然也认识到了当前扶贫工作中的一些问题。

第一，农村养老问题突出。我在调研中走访大多数的农户之后发现一个现象，即：贫困户绝大部分都是老人，要么是子女不赡养的老人，要么是自身无子女的老人，而且这些老人的生活异常艰辛。因此，联想到中国已经步入老龄化时代，不少大城市也面临老龄人口日渐增多的问题，一些城市已经采取了有效的应对措施，取得了一定的成功经验。我在思考，能不能将城市养老的模式应用于农村，一方面帮助农户脱贫，一方面又解决了农村的养老问题？

认真工作的搭档。

第二，农村党员的先锋模范作用不突出。主要表现为以下几个方面：（1）一些农民党员不积极参加党组织的各项活动，不加强自身的学习和修养，缺乏组织性和纪律性。（2）一些党员不带头履行村民义务，对党的方针政策理解不深，对村党支部和村委会的工作不支持，有时还抵触，会上不说，会后乱说，产生不良影响。（3）有些党员虽然参加了党员责任区和党群共同致富专业区的活动，有的还担任区长，但他们的作用有限，有的还依靠群众带动，担任区长也不主动开展工作，推一把动一动，不能很好地发挥党员的先锋模范作用。（4）一些党员思想觉悟比较低，把自己混同群众，只做到管住自己，不想为群众做事，个别党员甚至还不如群众，使群众对党组织产生不信任。

　　　　　　　　　　　　　　　　知行兼修玉成器

每个人都在努力

文/王娜

（一）奋斗的日子，美好的回忆

在去往重庆的路上，作为一个北方人，我的第一感触就是新奇：那么多的山、那么多的隧道。放眼望去，没有北方的一望无际，有的只是连绵起伏；没有北方的一块块田地，有的只是一片片山林；没有北方的屋舍林立，有的只是偶露青瓦。在火车的轰隆轰隆声与清晨的曙光中。我们进入了重庆市万州区的地界，带着责任与使命踏上这一方土地。

因为在过去的一年中我也参加过几次扶贫调研工作，所以，对于调研并不陌生，但在每一次的调研中都会产生不同的感想。这次调研给我的第一感觉就是规模之大，由北师大、首经贸、中央党校、西北工大、南昌大学等几个学校共同组成的一百多人的大队伍，是以前没有过的。这么多的人，每个人都有自己的想法与行事作风，而且大家多是二十多岁的年轻人，很容易冲动，但是在调研过程中，无论何种情况下都未曾发生过一起冲突。虽说有组织纪律的约束，但更与我们每一个人的努力和自律有关，大家都努力去融入这个大集体，努力去遵守纪律和规则，努力去包容别人、原谅别人的小错误。因为每一个人的努力，整个团队的工作才顺利。

重庆的调研让我认识了新的老师、新的小伙伴，也认识了许许多多原本可能一辈子都不会有交集的人。我很庆幸参加这次调研，让我在以后的日子里多了一份美好的回忆。

（二）脱贫无小事也绝非易事

重庆号称"山城"，以山地为主，地貌类型复杂多样。自然条件为重庆带来了青山秀水，但也使重庆受到制约，对外交通的不便严重阻碍当地经济的发展。

在此次调研中，一是经常会发现一些贫困户以贫困为荣，认为自己能够得到比别人更多的来自政府的帮助和钱财。二是有产业的村子大部分发展得较好，有利于脱贫，农户的生活能够得到保障，而产业较少的村子则发展相对落后。

俗话说：要致富、先修路。道路畅通才能与外界紧密连接，有利于带动乡村发展，有利于群众学习先进的知识与技术。此外，扶贫还要先扶志，只有将农户的内生动力激发出来，转变他们不劳而获的思想，才能从根本上解决贫困问题。一味地靠补贴将贫困户的人均收入拉到贫困线标准之上，是不能从根本上解决贫困问题。要将扶贫中的"输血"方式变成"造血"方式，提升群众的自我发展意识，才是成功脱贫的上上之策。

重庆的青山绿水是自身发展的一大优势。依靠自身的山水资源发展旅游业、果树种植与中草药种植，是农民创收的重要途径。由于贫困人口中多是没有劳动力的老年人，他们不能外出务工，如果能够在村里发展特色种植或者是旅游业的话，这一部分人就可以增加一个创收的途径，缓解家庭的生活压力。

扶贫不是一朝一夕的事情，也不是只靠一个人或者一个部门就能完成的事情。脱贫需要多方共同发力并持之以恒，向着共同的目标前进。还需要帮扶责任人真抓实干，村干部积极配合与贫困户的自身努力。脱贫无小事也绝非易事，要拿出坚强的毅力与吃苦的精神，才能保证打赢这场脱贫攻坚战。

　　　　　　　　　　　　　　　　　　　　　　知行兼修玉成器

同甘苦，共奋斗

文/黄雪琴

入户途中，道路未硬化且坡陡，只能徒步而行。此时的一辆越野车仿似救命稻草，虽只是后备箱，但我们内心依然欢喜，可节省入户途中花费的时间，让我们有更多的时间向农户了解情况。

（一）回忆不完的 20 多天

回想起在重庆的 20 多天，我认为这是一生都值得回味的岁月。回到家后，再不用早起晚睡，不用继续过着上车就睡、下车即工作的生活，不用再忍受腿上包包的奇痒，不用……但总是觉得生活少了点什么，缺少了一些趣味！

20 多天，不足以踏遍重庆的绿水青山；20 多天，不足以跑遍五个县区的每一个乡镇；20 多天，不足以拜访每一位建档立卡户和非建档立卡户。但我们每天都在努力，努力不晕车、不中暑；努力与搭档保持默契的合作；努力以发现问题、思考原因的心态投入工作；每天努力多做一份问卷。进步与成长是我这段时间最真实的写照。20多天后，我们互怼、互相嫌弃但仍然可以无缝合作的搭档将各自回校，但这段战友情将永世难忘。

重庆果然是名不虚传的山城，农户居住相对分散，山脚、山腰、山顶到处都有民居分布，我们走村入户往往需要很长时间的车程。针对我们评估调研的重点"两不愁、三保障"，我观察到村里条件稍好一点的农户已经盖起了砖瓦房，而条件差一些的只能住着拥有历史感的木房子里。重庆农村的食肉方式使我惊讶，他们家家几乎都养了猪，待过年时宰杀一头，吃不完就将剩余的腌制或烟熏，作为整年的长期储备。这里的饮水问题令人担忧，农户的日常生活用水大多来源于水池里储存的水，水量不一定能够保障，水质也可想而知。长期这样的食肉和饮水方式是否会影响他们的身体健康？

中国的扶贫工作始于20世纪80年代中期，但面对巨大的贫困人口，这场脱贫攻坚战仍将是持久的和艰苦的。为了2020年实现全面小康之际不落下一个困难群众，所有付出的这一切都是值得的，我们也为降低中国的贫困发生率而努力过。

（二）脱贫攻坚是场持久艰苦战

在重庆20多天的调研中，我也看到并思考了一些问题，和大家交流。

精准识别方面，对评判标准的把握不同。村民在我们调研时反映，他们村子在贫困户评定时，将"读书郎的多寡"作为评判标准。致贫原因的同质化不能更精准地识别其他因素致贫的农户。

精准帮扶方面，存在帮扶措施同质化现象，不能做到因户施策。精准扶贫的精髓在于"精准"二字，帮扶措施应针对农户具体的致贫原因而制定，否则会使帮扶效果打折扣。同时，一些帮扶措施注重短期效益，缺乏长远规

　　　　　　　　　　　　　　　　　　　　　知行兼修玉成器

划，致使帮扶效果不明显，不利于稳定脱贫和长期发展。

经过这次调研，我觉得通过近几年的精准扶贫，各乡镇、各村都取得了可喜的成就。贫困村与非贫困村都发生了不同程度的变化，尤其是村内的基础设施得到明显改善，实现了村村通公路，入户道路也基本硬化。农户在感叹村里巨变的同时，也感恩自己的生活在逐渐变好。

其次，我觉得扶贫的根本应当主要是扶志。要教育和引导农户不去争抢贫困户的名额，不以贫困为荣。要激发他们的内生动力，让其积极主动地去努力脱贫。

最后，扶贫中还需要关注切断贫困的代际传递。一代穷不可怕，可怕的是代代穷。需要强化教育帮扶等的作用，提高贫困户子女的学历，为其日后有更大的发展奠定基础。家中只要有人有一份稳定的工作，生活也不会过于贫困，而且还会给其他家庭成员树立一个好榜样，提高战胜贫困奔小康的斗志。

我们后会有期

文/张帅杰

（一）感谢这次调研

习近平总书记指出：在扶贫的道路上不能落下一个贫困家庭，丢下一个贫困群众。作为一名普通的研究生，能够参与到这项伟大的事业中，接受这样一堂生动的国情教育课，我感到十分幸运。21个难忘的日日夜夜，我们走街串户，不畏烈日酷暑，上高山、穿田间，与淳朴的大叔大伯攀谈，用自己的眼睛观察着、用自己的耳朵倾听着他们的生活，深感扶贫工作之艰，脱贫攻坚之难。

我们做的贫困县退出评估与其说是对扶贫工作成效的全面检查，不如说是对于精准扶贫的"精准"一词的进一步落实与深化，是一个"查漏补缺"的过程。查出问题、反馈问题并解决问题，为的是让每一个老百姓有饭吃、有衣穿、有学上、看病有保险、住房有保障，这样的扶贫才是真正的扶贫。另一方面，评估别人的同时也在评估我们自己，就像人生中的一次大考，参与评估工作也在潜移默化地评估我们与人交往的能力、团队协作能力以及处理各种实际问题的能力，同样具有查漏补缺的作用，可以让我们在实践中不断提高与进步。

感谢这次退出评估调研，让我认识了农村、认识了中国，更重要的是认识了一大群有着同样目标、同样梦想的同伴。我从你们的身上学到了很多，你们的激情、你们的团结、你们的友爱，在我人生的画卷中留下了浓墨重彩的一笔。

（二）精准扶贫，对症下药

精准扶贫贵在"精准"。识别贫困户是第一步，也是最重要的一步。我在调研的过程中发现，有些村子存在漏评户，使真正贫困的家庭得不到政策的惠及。此外，贫困户认定的工作方法存在片面注重收入核算而忽视村民实际生活条件的问题，从而导致漏评。

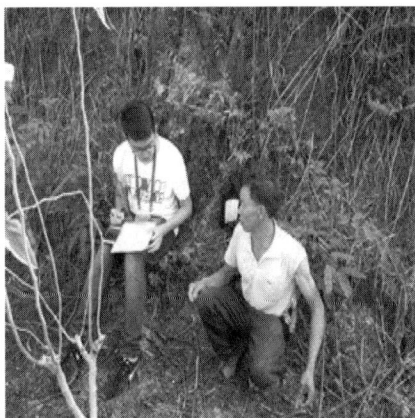

战战兢兢地走完山路，顶着炽烈如火的阳光，和农户坐在满是蚊虫的田间地头进行难忘的田间访谈。眺望远方，依然是一望无际的绿水青山。

扶贫的第二步就是区分不同的致贫原因，并且"对症下药"。我在访谈过程中了解到致贫原因主要是大病、教育和缺乏劳动力，而这些问题均有赖于社会保障制度的完善。大多数农户均参加了农村合作医疗与大病保险，子女读书也有相应的教育补贴，但在缺乏劳动力这一项上，扶贫工作存在盲点。有些老年人受制于自己的年龄和子女的家庭条件，得不到有效的赡养，而扶贫有时会因为子女拥有劳动力而忽视了老年人的生存需求。

扶贫的第三步是脱贫后的巩固。对于农户而言，最重要的就是要稳定提高收入。一些能够有效提高农户收入的村子大多数拥有很好的硬化路以及本村的特色产业，如烟草种植与加工、猕猴桃产业园区、无花果产业园区等。当地干部要根据本地区的地理和气候条件，以长远的眼光谋划未来发展，以特色产业带动本村增产增收。只有这样才能从根本上解决贫困问题，打赢脱贫攻坚战。

我们在重庆上山下乡

文/王子畅

　　2017 年 7 月，在重庆万州汇聚了一批青年学生，他们来自五湖四海，却志同道合，是共和国的扶贫事业让他们聚集在一起。

　　重庆是中国四大直辖市之一，乃山水之城。此地以崇山峻岭为躯，茂林修竹为服，又以江川大河为带。其城山环水绕，雨雾缭绕，景色之美已不在笔墨之间。然而，这些学生此行之意却不在山水，而在民生苦乐。他们上山、下乡，走进一个又一个农民的家庭，试图品味不一样的人生。险路与酷暑是下饭的酒菜；恶虫与病患是闲谈的笑话。承蒙沈老师的厚爱，前进兄的惦念，我亦有幸参与其中，成为他们的一员。二十多日，我随队伍走访乡镇几十座，进入农户上百家，所幸略有心得，可记录之以便日后回味。

　　贫困的根源在何处？众所周知，导致家庭落入贫困境地的原因大致为因病、因残、因学、因缺劳力、因动力不足等。然究其根本，在于入不敷出。

　　何以入不敷出？在社会主义市场经济环境下，农民家庭的收入取决于其成员平日的劳动可以交换到的货币数量，即经营性收入，部分由于土地流转、入股分红的财产性收入，还有政府补贴构成的各项转移性收入。理论上说，农民的主要收入来源应在经营性收入，而经营性收入的主要来源无外乎于种植或养殖，以及外出务工。如此，致贫的关键就在两点：第一，主要粮食作物和牲畜多为农民自己食用，有所剩余方才出售，但由于粮食价格较低，农民所得甚微。第二，外出务工的多为年轻子女，城市生活开销颇多，务工收入大多仅可供自给。在这样的条件下，农民家庭的经济状态处在一个微妙的平衡点上。一旦有大病或面临子女上学等较大的开销时，就很容易落入贫困。

先保证不贫困，再追求更好的生活，这应该是一个基本的逻辑。在此情况下，政府目前的政策主要侧重以下三个方面。第一，保证基础。易地搬迁、危房改造等以保居住；医疗保险以保病患；教育补贴以保上学。同时，修路、通电、通水、通信号以保基本生活。第二，授之以鱼。主要表现为出台各项补贴，以保证农民家庭的基本开销。第三，授之以渔。通过赠送谷物和牲畜等促进农业生产，或通过增加经济性农作物的种植比例等增加农民收入。依赖这些政策，已经基本可以保证农民不挨饿、有的穿。尽管还有不足，但农民住的房子好了一些，看病开销少了一些，上学的压力也少了一些，大部分贫困农户的基本生活已经有所保障了。

　　在此基础上，如何更好地保证这些农民不会再因为种种原因返贫，这是一个更加难以解决的问题。如果农民以粮食作物种植为主，而难以卖出高价就不会有更大的收益。如果农民种植经济作物，暂且不论销路如何，对于国家的粮食安全也会造成一定影响，这又是一个不得不考虑的问题。另一方面，农民外出打工的子女的收入中，有很大一部分要用来支付打工地的房租，城市房价影响农民城市化、进而影响农业生产规模化也是一个必须解决的问题。

　　农民致贫的原因，一定程度上在于粮食卖不出高价，子女打工的钱只能满足自给，而看病、上学等的花销很大。前两个问题受粮食品种与价格的影响，以及城镇房租的影响。这两个问题的背后又串联着许多关于国家大政方针的问题。如何处理是非我现在的智力所能解决的。

　　总之，政府目前的政策可以保证农民的基本生活，但想要过上更富裕的日子，还要在政府的引导下，依靠众人的智慧和农户自己的努力。此行不虚，除了对贫困的思考之外，我还增加了对社会主义的进一步理解。社会主义是什么？就是那通往山沟沟里的一条又一条的公路、那连通山顶农民家中的电线和自来水管、那一座座耸立在森林中的4G信号塔。

　　　　　　　　　　　　　　　　　　　　　　　　知行兼修玉成器

感恩经历，后会有期

文/贺思琪

（一）宝贵的"革命友谊"

重庆之行已经结束，一路上思考很多，也收获良多。经过这次调研，我深刻理解了国家的精准扶贫战略并不仅仅是简单的一个文件，其背后凝结着成千上万人的智慧和汗水，是一项值得歌颂的伟大事业。

真正到了重庆，才明白何为山城。这座城市坐落在群山环绕中，印象最深的就是修建在山上、半山腰和山底的房屋，它让我感叹人类在这片土地上逐渐发展壮大的不易。重庆老百姓也如这座火一般的城市，不管生活如何，依然充满热情。

因为严酷的自然条件，深山里的贫困很难攻克。开始实地调研前，我以为山西的调研经历已经让我对于贫困了然于心，但去了重庆的农户家里，看到了重庆的农村景象，还是感到了深深的无奈和无力。纵然屋外艳阳高照，古老的吊脚楼里也是黑黑的，踩在楼梯上咯吱咯吱的响声，似乎也在陈述着主人清贫的日子。我经常会对一些农户家中的景象产生深深的怜悯，但农户依然热情好客，描述着对生活的满意。这也是我在重庆农民身上学到的坚强和乐观。

值得欣慰的是，我们所去各县的政府都在努力做好脱贫攻坚工作，对于生活完全无保障的人实现了兜底。当然，并不是所有遇见的人和事都是美好的，调研过程中也体会到了社会的不公和自己作为学生的无奈，面对农户讲述的不公待遇及他们满脸的无奈，我们也感到深深的无力，能做的就是倾听。

这次调研也收获了宝贵的"革命友谊"。同甘共苦的 20 天，来自天南地北的队友相互扶持、一路前行，结下了深厚的感情。这段日子的累是真实的，但每一天也是最充实和最快乐的：遇到了不同的人、听着他们讲述不同的故事。回到北京才觉得自己在这 20 天里确实改变了很多，心境和眼界都比之前更加豁达。分别时很多同学都哭了，可能一别就再也见不到了，纵然见面也不会再有今朝的心境。这是一段值得回忆的日子，万般不舍，无奈别离，只愿后会有期。

（二）总结经验、发现问题

当地政府的很多扶贫措施是值得学习和借鉴的，我总结为以下几点。

第一，产业扶持有助于农民脱贫致富、就地安置剩余劳动力。例如，村里集体办烤烟合作社，既有利于发展经济，也能够带动村民改善生活条件。

第二，驻村干部与帮扶责任人的工作比较到位。帮扶责任人住在村里，对于农户的情况更加了解，也更能对农户提供针对性的帮助。

第三，大部分村子的水电路等基础设施建设完善，在很大程度上改善了农民的生产条件和生活环境。

第四，农村合作医疗和养老金实现全覆盖，对于生活完全无保障且无劳动能力的村民全部兜底。

第五，贫困户的评定较为公正，要经村民一起讨论选出。

当然，基层工作难度很大，有些时候很难被所有人理解。但当地政府的工作中确实存在一些需要改进和完善的地方。

一是畅通民意反映渠道。调研过程中，一些村民反映对于不公正和需要解决的问题无人可诉，基层干部要积极听取群众的意见和建议，并要尽快处理和及时解决。

二是水电路等基础设施需进一步完善。部分村子的一些道路没有考虑山

　　　　　　　　　　　　　　　　　　　　　知行兼修玉成器

陡易滑，反而比土路还难走。一些村子有自来水管道，但管理混乱，时常出现停水缺水现象，村民饮水依然靠挑水。

三是部分村子攀比风严重，房子修建与自身收入不成比例，反而造成因房贫困的现象。

四是基层民主建设有待加强，要确保基层群众的知情权和参与权，充分发挥基层群众自治组织的自我教育、管理、服务的作用。

不忘初心扶贫济困，
脱贫攻坚你我同行

文/赵烨

（一）扶贫富民，步履铿锵

七月，我们大部队前往重庆，开始了为期20多天的调研活动。我是第一次参加这种调研，心里充满了无限的期待，希望能够完美地完成这次任务。然而，晕车、炎热、吃不下饭，让我第一天就有点小崩溃。但既来之则安之，心里默默为自己鼓劲，一定不能给大家拖后腿，也不能辜负老师的信任。

在高温下爬山，每次都感觉自己快要被熔化。但进到农户家里时，农户的淳朴热情让我倍感亲切，也让我为之深深感动，于是，不知不觉中像打了鸡血，全身心地投入工作。生活在大山里的人们没有便利的交通、没有发达的通信、更没有很好的物质生活，但他们却有着山一般的坚韧，有着积极的人生态度。

连续几天的走访让我渐渐熟悉了自己的工作。每天回到宾馆吃完饭就要进行一天的汇总、开会、问题分析，小伙伴们都是熬夜工作到凌晨。自己感觉那段日子与世隔绝了，不刷新闻，每天做的事情只跟扶贫调研有关，回到房间做的第一件事就是打开电脑工作，面无表情地盯着电脑。可以说这次调研磨练了自己，让我多了一份责任心，这是一次难得的成长。

除了感受"山城"的名副其实，这次调研也让我对国家的精准扶贫战略有了更深入的了解。目前，我国农村还有5700多万贫困人口，800多个贫困县没有摘帽。扶贫开发事关全面建成小康社会，我们只有不断努力，才能到2020年全面建成小康社会。这次调研对我而言是神圣而伟大的，就像刘学敏老师讲的那样，我们也为中国的扶贫事业贡献了自己的一份力量，也将在历

知行兼修玉成器

史的长河中留下灿烂的一笔。最后，感谢老师，感谢每一位亲爱的小伙伴！

这是我的搭档在认真访问，我在拍照录像。这家有两个女孩，老二学习挺好，画画也不错，水泥墙上贴着她的奖状和画。两个小姑娘也很活泼，真心祝福他们。

（二）多措并举，脱贫攻坚

通过这次扶贫调研，我对国家的扶贫政策有了初步的了解。但政策固然好，实施过程中还是要做得更加扎实。

1. 细致做好扶贫政策的宣传工作

虽然大部分贫困户的学历较低，但各级政府还是应该耐心细致地传达中央以及地方的各项扶贫政策，而不是简单地按照自己的意愿办事。

2. 提高贫困户评定程序的透明性

在调研中问及村民贫困户是如何评定的，一些村民讲他们并不清楚流程，甚至不知道如何申请，有的村民对此存在负面情绪。这样的做法很容易造成漏评，导致不公平，对国家的扶贫政策产生不良影响。

全面建成小康社会是我们党向人民、向历史做出的庄严承诺，是13亿多中国人民的共同期盼。"小康不小康，关键看老乡"，打赢脱贫攻坚战是逐步实现共同富裕的重大举措，是体现中国特色社会主义制度优越性的重要标志。只有真正脱贫，才能让中国老百姓在2020年过上真正的小康生活。

随行随想

文/张以鹏

（一）辛苦中磨砺

非常感谢贫困县退出评估重庆组给我提供的这次难能的机会。从 7 月 8 日参加培训到 7 月 10 日乘火车出发去重庆，然后开始在万州工作、后来转战武隆和秀山，最后回到万州，我觉得这 23 日的工作带给我的最大收获就是认识了很多朋友，学习到很多知识与技巧。

我结识了很多来自北京师范大学、首都经济贸易大学、天津师范大学、中共中央党校、南昌大学、山西大学等高校的老师和同学，也接触了当地的官员和农户，通过与不同人群的交流和实地调研，我了解了我国的"三农"现状以及成因、重庆地区的贫困现状、精准扶贫工作的实施情况、实施过程中遇到的困难以及解决问题的方法。同时，在调研过程中也提高了自己的沟通交流能力、信息收集与分析能力和处理问题的能力。

20 多天的户外调研工作确实辛苦，除了烈日与蚊虫，融入当地农户的文化习俗、适应他们的交流方式也是不小的挑战。此外，大队伍作战中的组织管理也充满挑战，调研任务量大，各部门与人员间需要很好协调。庆幸的是，在全体师生的共同努力下，这些挑战被一一征服。

（二）协作中成长

自 2013 年 11 月习近平总书记在湖南湘西考察时首次提出"实事求是、因地制宜、分类指导、精准扶贫"以来，我国已经在实施精准扶贫政策、改善贫困地区基础设施与服务、改善贫困人口生活条件与生产能力等多方面取得重大成效。

按照中央对精准扶贫工作的部署，重庆市的扶贫工作也取得了重要成果。万州区、武隆区、黔江区、丰都县、秀山土家族苗族自治县在2016年完成脱贫工作，并且按照要求，申请贫困县区退出，并由国务院扶贫办公室委托多个高校进行第三方贫困县区退出评估。

作为这次评估队伍中的一名调研员，自己在调研的过程中确实感受到了重庆市对脱贫工作的重视以及取得的成效。比如，在贫困村中完善包括水利、道路、医疗、教育等在内的基础设施与服务，以满足当地农民对公共资源的需求；发展符合当地资源禀赋的产业，以带动当地农户长期增产增收；改善农户的住房条件，以保证其住房安全。对于调研的过程中看到的一些扶贫工作中的问题，希望地方政府在今后进一步改善，让扶贫工作更加精准，成效更加显著。

首先，严格贫困户识别程序，提高精准度。由于被评为贫困户可以得到政策支持，部分农户便采取虚报信息、相互通报等行为以谋求利益，因此对贫困户的甄别造成阻碍。对此，我认为村干部应当在评选贫困户的过程中加深对潜在贫困户的信息收集。一方面，尊重农户自身提供的信息；另一方面，通过对农户生活条件和收入能力等多方面的调查，了解农户真实的生活情况。同时，在评选的过程中应主要采取村内所有农户不记名公投的形式，以保证贫困户评选的公正性。

其次，贫困村与非贫困村在基础设施建设、产业发展等方面存在巨大差异。诚然，扶贫资源应当优先向贫困村流动。但若贫困村与非贫困村的资源分配差异巨大且持续时间较长，则会导致新的问题出现。无论是贫困村还是非贫困村，由于受收入手段以及收入量的约束，可用于积累与投资的要素很少，自我发展空间受限。因此，转移性收入对农村的发展至关重要。长期且巨大的转移性收入差距会导致非贫困村未来的发展受到更大约束，不利于实现共同富裕的目标。例如，在采访某村驻村工作队的时候，他们表示该村是非贫困村，每年享受的公共投资比相邻贫困村相差 100 万~200 万元，这也就导致了该村可用于道路、医疗、教育等公共设施建设与服务的投资，以及可用于支持产业发展的投资少了许多。所以，在扶贫资源向贫困村倾斜的同时，需要关注贫困村与非贫困村分配不公的问题，必要时需要对非贫困村的发展短板提供额外的专项资金。

总之，精准扶贫是一项长期的、持续性的任务，是实现全体人民共同富裕的必要手段。通过参加这次调研，我深刻感受到了重庆对扶贫工作的重视，并且看到了重庆取得的巨大扶贫成果。

知行兼修玉成器

不一样的暑假

文/李凯

在这个烈日炎炎、不一般的暑假，我参加了国家贫困县退出检查评估重庆组的调研，这是一次有着特殊意义的调研，对于个人阅历的增长有着重要的作用。在22天里，我从老师们和同学们身上学到很多，对祖国的大好河山也感慨很多。

（一）在风雨里坚守

我是第三调研小组第三队的成员，我的搭档是南昌大学的梁绣同学。第三小组在陈桂生教授、熊茜教授、纪昌品老师的领导下，克服困难，团结一致，保质保量地完成每天的所有工作，我和搭档密切合作，也很出色地完成了各项任务。

在走访农户时，我了解到这些农民脱贫前和脱贫后的状态变化，叹息脱贫前他们生活的艰辛与困难，同时也感慨他们脱贫后的幸福生活和他们脸上洋溢着对未来美好生活向往的喜悦笑容，这些都是在国家精准扶贫政策的引导下，当地干部不辞辛苦、日积月累努力的结果，我仿佛看到了农村美好的未来。给我影响最深的是农民对党的政策的认可、对国家的做法的赞同。在说到他们脱贫以后的生活时，他们经常会说：现在国家的政策好，我们靠国家吃饭，我们的生活条件越来越好。我听到这样的感激话语也深受鼓舞，感受到了国家的富强和伟大。

在调研期间，我不仅学到了精准扶贫相关政策与知识，还收获了感动。不管酷暑还是暴雨，同学们风雨无阻，有的甚至中暑或感冒也不休息，带病坚持工作。给我影响最深的是我的搭档在身体不舒服的情况下，不休息带病坚持，在晕车的情况下依然能够调整自己的状态，坚持入户调研。这些行为让我深受感动、备受激励，在有偷懒或者放弃的想法时，也能告诫自己坚持下去。

总之，通过这次调研，我了解了农村的一些基本情况，对于国家扶贫政策的理解也更加深刻，明白了"共享发展"的含义。我希望能够在实现精准脱贫、全面建成小康社会、实现伟大复兴中国梦的道路上，贡献自己的一份力量。

最后要表达的是感谢。调研期间，无论是本校同学还是之前没有接触过的外校同学，他们都很善于帮助别人。老师们更是加倍照顾我们。在此，向全体师生表示衷心的感谢！

（二）培养问题意识

问卷调查中会遇到形形色色的问题，值得我们去深入思考，当然也有很多经验值得交流。

一是怎样稳固脱贫后的生活现状。很多农户达到了"两不愁、三保障"的标准，生活条件得到很大改善，收入也比较稳定。但是，总有意外情况会发生，如突然生大病、人老了不能外出打工等。针对这些情况，政府需要建立稳固脱贫成果的长效机制。

二是如何辨别农户家庭的真实情况。调研中，有些农户可能因为种种考虑没有对我们说真话，这时就需要我们以高度负责的态度去辨别。一般来说，我们需要看看家里住房怎么样、家里有没有得大病的病人、厨房里的日常吃饭和饮水情况，这三个方面是最重要的。如果发现存在以上三个方面的问题，就要特别注意，仔细与农户聊以上三个方面的事情，打感情牌，取得他们信任，最终取得证据来论证观察到的事实。同时，也可以在走访下一户

知行兼修玉成器

时，再旁敲侧击地打探一下这家的情况，或者直接去问问邻居。总之，证据一定要充实确凿。

三是调研过程中如何做到中立。在调研中要与政府打交道，一定要做到避免干扰，根据我们的判断去客观评价。在遇到有村干部干扰时，我们要有礼貌地请他们离开，如果他们继续干扰我们，应该告诉他们这样做的后果并及时报告老师，最终视情况而定是否要继续调查这一户。同时，我们还需要有很强的洞察力，不能带有任何的主观意见，要时刻保持中立，收集充分的论据进行客观评价，不能带有任何偏见。总之，我们既要认真负责地做好本职工作，又要坚持自己的原则。

在这次调研过程中，我在看问题的多维角度、发现问题的意识、团队合作、沟通能力等多方面得到很大提高，很感激这次宝贵的学习机会。

神圣的调研

文/刘海洋

（一）心中念民生，耳畔闻疾苦

时光飞逝，但我相信，不管未来什么时候，只要提到重庆，我就会想起那年夏天，我们在一起努力工作、相互扶持的美好时光。我们可能会因为工作中的一些问题争执过，也可能会因为做事方式而彼此嫌弃过，但我永远会记得我们一起爬过山、跨过河、遇过蛇、斗过狗、熬过夜。非常有幸能够加入这个优秀的团队，遇到优秀的老师们以及认真负责、开朗活泼的小伙伴们。

"这次重庆评估调研是一份神圣的工作，也是一段难忘的人生经历，它给我们青年学生提供了机会，使他们能够深入社会基层、近距离地感受中国社会现状，了解中国的基本国情，为中国的脱贫攻坚事业添砖添瓦。"刘学敏老师说的这段话是我对这次调研的第一印象。安全第一、严守纪律、一切行动听指挥等纪律要求也在我的耳边萦绕不断。最初的动员会让我更加坚定了参加这次调研的决心。

调研过程中，我深刻地感受到了老师们和同学们的认真负责及坚忍不拔，我们不怕累、不怕晒、韧劲十足。当然，相处最多的还是我的搭档学琴同学，她认真负责、不怕麻烦给我留下深刻印象。她常常说的一句话就是：要做就要把事情做好，你要对它负责任。就是普普通通的一句话，她却认认真真地落到实处，这一点让我非常敬佩。

在整个调研过程中，我理解了踏实认真，感受到了精诚合作的团队精神，这将是我人生中的一笔宝贵财富。再一次感谢老师们提供的平台，感谢小伙伴们的帮助！

知行兼修玉成器

（二）一切为了扶贫群众

刘学敏老师讲过一句话：脱贫攻坚的路上没有旁观者。这20多天的坚持我们靠的就是一份责任、一份情怀，收获的是一段难忘的经历。作为第三方评估的调研员，我们肩上扛的是责任，心中满怀的是使命。

我在调研过程中也对扶贫工作中存在的一些问题有过一些思考。

1. 发展可持续的扶贫产业

在这20多天里，我走过了万州、丰都、黔江3个区县，走访了150多农户。3个区县都在产业帮扶方面采取了一些措施。例如，给农户发放一些鸡苗、猪仔、小羊、李子树等。这是值得肯定的，但我想说的是，对于大多数农户来说，这些措施只是授人以鱼，不具有持续性，并且还会使农户产生依赖心理，从而对于农户通过产业发展而脱贫致富带来不利影响。

2. 亟待解决靠天吃水的问题

在我们走访的3个区县，政府为大山深处的农户修筑了蓄水池，但不能保证有充裕的水量。而且因为农户居住分散，仍然有一部分村庄存在靠天吃水的问题。同时，饮用水的质量也关乎广大农户的身体健康，这是一个亟待解决的大问题。

3. 留守老人与儿童的问题

留守在乡村的老人和儿童一直是社会的关注热点，由于多数年轻人外出务工，农村缺乏劳动力，在这种情况下，一些边远山区的贫困人口如何脱贫、如何致富？

针对上述问题，我认为首先要改善基础设施。俗话说："要想富、先修路"，这方面在走访的3个区县还是值得肯定的。在道路通畅的情况下，政府应该给足政策优惠，大力发展产业，创造更多的就业岗位，吸引劳动力就近就业，从而带动农村发展，也让农村的青壮年更方便照顾老人和孩子，增加幸福指数。其次，政府应本着为人民服务的宗旨，划拨一定资金加强兴建农村净水设施，保障居民的饮水安全，提升农村健康水平。

调查员帮老人剥玉米，这户家庭只有一对年逾古稀的老人，子女均外出务工，老人仍在耕种田地。

一边行走，一边感受

文/李一曼

（一）感受重庆

我对于重庆的第一印象来自同寝室的一位重庆籍同学，她口中的重庆一直让我心生向往。但此行的目的地是重庆的贫困县，印象中的贫困县都属于"老、少、边"地区，与我印象中的重庆应当是矛盾的。带着这份疑惑，我踏上了调研的旅程。

7月11日，我跟随整个团队前往重庆开展调研。列车一进入重庆境内，首先映入我眼帘的就是挺拔耸立的山峰和层层叠叠的梯田，如此美丽的山川中竟然有14个贫困县，而我们此行要去的正是其中的5个区县。其次，我真真切切地感受到了重庆天气的炎热。

7月13日，正式开始了我的调研。我跟随大部队来到了第一站的万州区，这里有"万川毕汇"之称。车子往山里开了一个多小时，眼前的景象慢慢由繁华的都市变成了人烟稀少的山区，可以看到农户零星分散在山间，交通闭塞可能是这片美丽的土地与贫穷关联的原因吧。

在第一天的调研中，我们组"幸运"地抽中了最远的农户。顶着酷暑在山林里穿梭对我着实是一个考验，差点在第一天就中暑，好在有队友和向导帮助，才顺利地返回村部。另一方面，由于对调研工作环节还不熟悉，又是访谈，又是录音，总感觉自己是手忙脚乱的，而且总是不能有针对性地发现问题。初期的体力和工作上的不熟悉都让我很沮丧，但是，伴随着调研的深入，我慢慢地学会了与农户交流，学会了去观察和甄别许多细节问题，同时也在挑战自己的体能极限。

万州的工作让我们整个团队得到迅速的成长，之后由于工作需要，我们的团队一分为二，分别前往丰都和黔江以及武隆和秀山继续开展工作。

20 天与农户和地方官员的"斗智斗勇"给我感触很深。首先，我第一次真切地感受到贫困山区人们的真实生活，深感他们生活的不易；其次，在与基层干部的交流相处中，也感受到他们工作的辛苦。现在忆起总结会那天老师说现在的我们还太年轻，无法体会到这次调研的重大意义，但若干年以后，我们终会明白扶贫工作的重大作用。

（二）脱贫攻坚再努力

经过 20 天的扶贫调研，我有许多感触。第一是贫困思想的转变很难。农户的"等靠要"思想在利好的政策下进一步深化，使很多贫困户对政府产生了依赖。不仅丧失劳动能力的老年人如此，青壮年也是如此。我认为这种思想的形成是有原因的，一方面，几百年来小农思想的积累使得农民只关心眼前的事物，容易满足，而对长远的发展没有过多考虑。另一方面，各式各样的扶贫政策让他们觉得贫困应当责无旁贷地由政府解决，更具体地说是由上面派来的扶贫干部来解决。

第二是产业发展很难。如果说就业是民生之本，那么产业就是就业的载体，产业的兴旺决定了一个区域的经济状况。在武隆县的一个村子，主要发展脆桃和猕猴桃种植，同时发展农家乐以吸引外地人来旅游，具有很好的效果。在当下基础农业不赚钱的情况下，想要发展经济唯有转变发展方式。但作为一个村子，想要发展二产和三产谈何容易？年轻劳动力严重缺失、留在村里人又缺少基本的知识和技术，这确实是影响农村经济发展的大难题。

第三是基础设施建设很难。无论是生产性基础设施建设还是生活性基础设施建设，都离不开资金支持。修水利、修路、发展乡村教育，这些项目的投入巨大。在这样的情况下，扶贫已是不易，要做到"精准扶贫"更是难上加难。精准识别、精确帮扶、精确管理的每一步都是如履薄冰，十分艰难。还有，复杂的乡村关系和人情网络，更加剧了扶贫的难度。

书写在巴蜀大山里的扶贫答卷

文/杨斌

（一）精准扶贫的巴蜀实践

真的很庆幸自己参加了这次评估调研。说实话，一开始觉得这次调研肯定也和以前的调研差不多，没什么新鲜的。可是，等到此刻写个人感想时我才发现，这次的调研是多么得与众不同，或许这就是我与大重庆的缘分吧！

我也算是半个重庆人，反正我跟我那些初高中同学是这么叫嚣的。但是等到调研结束后，我终于意识到我其实是半个假重庆人。我们去的万州、武隆、秀山、丰都和黔江都是我以前没有去过的，甚至对黔江还感觉很陌生，我给自己找的借口是：只怪我们重庆真的太大啊！

刚刚走出重庆火车站的出站口，我们就受到当地工作人员的热情接待，并且在整个调研工作过程中，当地政府部门都给予我们诸多帮助，配合我们开展工作。或许有的人会觉得这是他们应该做的工作，但我却不这么认为。Do not take everything for granted（不要认为什么都是理所应当的），我觉得这句话真的很有道理。我是一名第三方评估的调查员，但我更是一名学生，要对自己的身份有明确的定位，我做的工作要对得起我的学生身份！别人给予我们的帮助，我们要还以谢意；别人给予我们的尊重，我们更应还别人以尊重。何况从年龄上来说，我们是年轻的晚辈。

调研过程中最让人感触深刻的莫过于入户后与农户面对面的访谈和交流。刚一进门，他们就热情地给你拿凳子、端茶倒水、拿水果，恨不得把家里所有的好东西都拿出来（即使平时他们自己都舍不得吃的、喝的）。访谈中，我们可以感受到贫穷给他们生活带来的极大困扰，但是贫穷却打不倒他们乐观的生活态度。即使家里只剩下柴米油盐酱醋茶了，他们也始终保持微笑地面对生活。更重要的是，贫穷并没有改变他们的淳朴。天再热、雨再大、生活再坎坷、又能何妨？他们依旧勤劳勇敢、辛勤耕耘、过着自己的生活。

2017 年 7 月的重庆注定是一段不会被遗忘的美好时光！

（二）多元路径奏响脱贫最强音

在 20 多天的调研中，我思考最多的问题有两个。

一是合理对待城镇户口和农村户口的贫困问题。有很多人虽然已是城镇户口，但依然生活在农村，从事农业生产。可以这么说，他们除了有一个城镇居民户口以外，其余都是农村人的"标配"。但就因为这个城镇居民户口，他们被排除在建档立卡的对象之外，失去了很多享受农村扶贫政策的机会，很多家庭陷入有困难却又得不到帮助的境地。有的人甚至不知道的自己什么时候从农村户口变成城镇居民户口的，他们的生活水平远远没有达到城镇的标准，仅仅只是被贴上了一个城镇居民的标签。对此，我认为扶贫是一个严肃的问题，不是仅仅看你是城市人还是农村人，而要根据实际情况来决定。只要是生活真正有困难的人，我们就应该给予帮助和扶持，我觉得这才应该是扶贫的初衷。

二是农户的医疗救助问题。虽说现在各乡镇都有给农户免费做医疗检查的举措，但这并不能从根本上解决农村医疗资源匮乏、医疗条件落后的问题。在我们调研的过程中发现，很多人虽然知道自己的身体有问题，还是不敢去医院检查，他们说去一趟医院太贵了，是真的看不起病，能拖就拖，实在不行了才去医院看。疾病都是越早发现、越早治疗为好，拖着不治疗存在很大的隐患。当我看到他们强忍着病痛时，真的感到很揪心。我觉得扶贫可以更加人性化一点，尤其在医疗救助这方面，给困难群众"对症下药"，保障他们的身体健康，使他们有能力去真正摆脱贫穷，过上幸福的生活。

"度"量扶贫

文/林欣茹

（一）考核归来话感悟

与山西不同，我印象中的重庆应当是繁华的。它有着人声鼎沸的洪崖洞景区、名牌荟萃的解放碑商圈和直插云天的高楼大厦。但当我发现它的贫穷时，更感责任重大。那一瞬，我清楚地知道了自己在做什么——我在做一件永生难忘的、为国为民的大事。

正因这次调研是任重道远的，所以，顶着烈日跋山涉水的辛劳早已不值一提。全国有多少人在为实现全面脱贫而忙碌奔走，又有多少人战斗在扶贫一线。比起他们，我的付出只如沧海一粟。

走进农村，心境会变得宽阔而宁静。能够聆听村民的心声和呐喊，在这个普遍缺乏信任的社会里弥足珍贵。与他们祈求的目光相对，我有时为自己骄傲，有时又分外懊恼。下乡途中，我们常常被村民拦住，他们有太多的难处与不满，但我们能为他们做的实在是太少了。因此，愿未来能尽我所能、倾我所有，做一个对人民有用的人。

正如李强老师所说，这次调研带我们领略了祖国的大好河山，也带我们见识了农村现状，不仅令我受益匪浅，还让我结识了许多良师益友。加入调研队伍之后，我与首经贸的沈宏亮教授组成搭档，他虽有时可爱得像个小孩儿，却总能令我茅塞顿开。最感谢的是一路照顾我的师兄师姐，他们是我最坚实的后盾。

若还有机会再深入大山，我依然在所不辞。

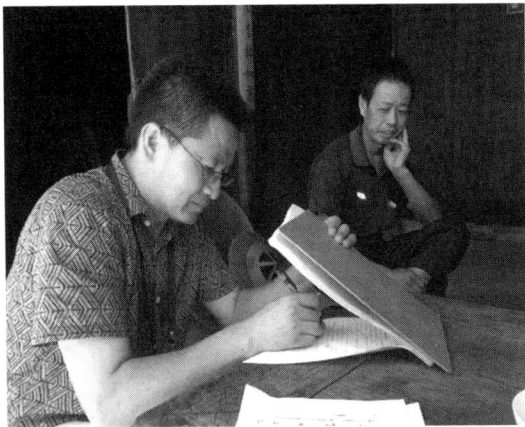

沈老师细致地询问农户家里的生活情况，一张小桌椅就是他的工作台。烈日与汗水永远无法阻挡认真的人。

（二）带梦继续前行

我在调研过程中发现的最突出的问题大概是干部与村民之间的关系问题。入户时，我们总能听到村民这样说：现在国家政策是真好，就是下面的这些人乱来。无论何处，村民都对干部们有诸多不满，他们克扣经费、好处都让给亲戚等说法层出不穷。但干部们的说法又大相径庭，他们认为村民们贪心不足蛇吞象，他们一心为民却反遭埋怨，实在是委屈得很。两相矛盾大大增加了我们了解事实真相的难度。对于村民谎报或少报实情，要加强宣传教育，将精神脱贫与物质脱贫同步推进；对于干部不干实事，要加强监督管理。

扶贫政策的宣传和落实需要进一步加强。例如，我们在走访过程中发现，一位刚毕业的大学生立志于创业脱贫，但他手中没有资金。据他反映，如果产业不成规模就无法申请补助。针对这种情况，我认为他可以申请小额信贷来解决资金不足的困难，但他对小额信贷了解不多，甚至不知道有这回事。这也是村委会在落实中央政策时需要注意的问题，对于农户不仅仅是直

知行兼修玉成器

接提供物质上的帮助或进行产业扶持，而是要去了解他们真正需要的东西，这才是"精准扶贫"的真正含义。

最后，不要为了脱贫而脱贫。例如，两位老人＋两名残疾人＋一名学龄儿童的家庭，虽然政府对他们进行了兜底帮扶，但一旦孩子将来要上学，这个家庭又将陷入困境。针对这种情况，需加强对脱贫户的动态监控，防止返贫现象出现。

坚决打赢脱贫攻坚战

文/汪冰逸

（一）归来话调研

7月10日到8月1日，我们经历了万州→丰都→黔江→丰都→万州三地的辗转，圆满完成历时22天的重庆市贫困县退出评估调研。我很庆幸参加这次调研，脑海中还清晰记得南北两队师生在酒店相遇的时刻，我们从最初的不认识到后来的相互熟悉、打成一片，所有发生的事情都难以忘怀。

调研中有辛苦，也有眼泪，但更多的是成长、收获和感动。有机会感受不同大学的老师们的风采，向各位老师学习请教，真的是一件幸事。一路上，老师们和我们一样辛苦，每每觉得特别累的时候，老师们的鼓励和以身作则就成为激发我们斗志、继续勇往直前的动力。我们团队中的劳模丹姐是每天回来最晚的那一个，她从来没有任何怨言，每当有需要复核时，她就立即出发。

我在这20多天里认识了很多新的小伙伴，自己的视野也得到拓展。与来自全国各地、不同专业的同学们一起感受调研中的点点滴滴，用不同的专业知识去分析和思考调研中遇到的问题，有助于提升分析问题和解决问题的能力。调研是辛苦的，但收获颇丰。

接触最多的就是我的搭档，每当我在调研中遇到难搞定的问题，或者身体感到不适时，我的搭档就会主动承担大部分的工作，很感谢他对我的关心和照顾。这次调研不仅让我看到了祖国的大好山河，也让我看到了中国农村的真实生活，而且有机会向老师们学习、与来自五湖四海的伙伴们相聚在一起、为了同一个目标而奋斗，真的是弥足珍贵的一段记忆。

知行兼修玉成器

（二）学习与思考

为期 22 天的重庆贫困县退出评估调研让我看到了国家的扶贫成果和基层工作的辛苦和不易。当然，我也在调研中看到许多问题，值得去深入思考。

1. 遵循脱贫规律，实现可持续的脱贫

基层干部和帮扶责任人应当加强与贫困户之间的沟通，通过走访和调查，精准掌握落实农户的真实生活状况以及关键致贫原因，在此基础上采取精准的帮扶方式和措施，确保政策落实到户，帮助贫困户脱贫，促进脱贫的可持续。

2. 贫困户识别程序应更加透明、规范

细致而扎实的工作有助于使贫困户识别程序更加透明、规范，能够最大限度减少错评、漏评和错退等现象的发生，确保扶贫政策惠及真正贫困的家庭，帮扶资金落到实处，贫困家庭真正达到"两不愁、三保障"的脱贫标准。同时，要促进群众参与脱贫攻坚实践，既要让其知道为什么被评为贫困户，还要知晓为何脱贫，增强贫困户对于扶贫工作的认同感。

3. 通过帮扶提高贫困户的"造血"能力

除了给予农户必要的资金扶持以外，我认为更应注重对农户的生产和生存技能培训，确保农户有一技之长，增强其"造血"能力，拥有创造财富和改变生活状况的能力。

山水美景富乡亲

文/梁绣

（一）大山深处铸辉煌

20 多天的调研，万州、丰都、黔江，不同的地方带给我不同的感受。与搭档的合作从开始的陌生到最后的默契，对扶贫的领悟从开始的浅显到最后的深刻，对晕车从开始的恐惧到最后的无惧。

贫穷一直以来是被视为落后的象征，吃不饱，穿不暖，住着随时都有危险的住宅。尽管改革开放以来，国家已经出台了许多政策措施，例如，减免各种农业税赋来减轻农民的负担，但由于固有的地理及自然条件使一部分以土地为生的人群生活没办法得以保障。精准扶贫给这些家庭带来了希望，留守儿童可以去学校念书，每个人都能看得起病，空巢老人可以安享晚年。

这次是针对贫困县退出的第三方评估，要判断农户是否能够达到"两不愁、三保障"，是否能够脱贫。我是在真正开始调研后才认识到此次任务的艰巨性和神圣性。

首先是语言沟通的问题，如何能将问卷的问题转化为农户可以理解的话语就显得尤为重要，并且还要准确地理解农户要表达的意思，认真地聆听他们内心的感受。其次是对天气的抗争，在一年之中最热的月份，我们在烈阳下爬山、过河、去农户家，许多小伙伴因此中暑、发烧、感冒，但是大家都挺过来了，并坚持到了最后。每个人都怀着对这项任务的敬意去努力克服各种困难，磨炼自我。调研过程中有苦、有乐、有悲、有喜，一切都铭记在心中。

中国大地上仍然有千千万万的人民在生活温饱线上挣扎，扶贫工作依然很艰巨。脱贫不是只靠救助就可以完成的暂时性脱贫，而是要依靠农户自身的实力去战胜贫困，用自己的勤劳和智慧，通过劳动去创造财富，赢得未来。

（二）聚焦新问题

问题1：中国幅员辽阔，区域差异显著，使扶贫工作具有很大的艰巨性。

问题2：政府干部的工作仍然有不到位的地方，对于农户关心不够，没有切实做好本职工作，没有细致地传达党的政策。同时，干部和群众没有建立良好的沟通机制，使农户不了解政策，无法享受政策。许多农户不知道村里有扶贫贷款，也没有受到任何技能培训。

问题3：由于经济的快速发展，城镇化进程加快，农村许多年轻劳动力在种地收入很低的情况下，外出打工寻求致富之路。村里留下了年迈的老人和幼小的孩子，老人没有劳动能力，孩子还要进行义务教育。

问题4：这次调研中去农户家的路基本都是崎岖不平的山路，相当危险。交通条件改善仍然是扶贫工作的一项重要内容。

问题5：不仅仅是拨付一些补贴就可以实现脱贫。这样一旦补贴暂停，一些农户又将返贫。改变农户的脱贫意识，激发其内生发展动力更为重要。

思考1：精准扶贫给大多数农户带来了福利。很多农户搬进了安全又舒适的楼房，不再为子女的上学而发愁，有安全的饮水保障，随时可以用到自来水。

思考2：教育很重要。小孩子接受充分的教育，有助于改变家庭的经济生活理念，提高道德修养。孝敬父母，勤劳努力，这是改变家庭状况的根本。

决战决胜深度贫困

文/肖钦

（一）情牵重庆山水百姓

机缘巧合，我有幸作为一名调研员参与此次重庆国家贫困县退出的第三方评估工作。一路以来，识得数位德才兼备的良师，觅得一群并肩作战的挚友；见识了祖国的山川秀丽，也体会了扶贫攻坚的担当之责。这一切，为我的博士生涯留下了一抹不可磨灭的印记，也为我之后的人生道路收获了一笔不可多得的财富。

21 天里走过 2 个区县的 20 多个乡镇街道，虽然早在硕士阶段就开始从事相关问题研究，但却是第一次在调研中面对如此多的困难，积累了如此多的经验。所见所闻一次次地冲击着之前在书本中学到的知识体系，让我深深地意识到仍然需要不断地在现实与理论之间探索与挖掘，才能找到两者最佳的契合点。

最令我耳目一新的是，我对于农村基层的政治生态的既定印象有所改变，农村基层干部不再是之前脸谱化的形象。必须承认的是，我国农村地区有一大批兢兢业业的干部在无私奉献着自己的青春；与之相对应，少部分群众也并不完全处于弱势地位，甚至懂得如何利用现有政策的某些缺陷来最大化自身的利益。这些都是我与农村基层干部以及群众的交流与观察中的体会，当然，也可能是自己一些不太成熟的想法，但这种有趣的现象为我之后的研究开辟了一条新的思路。

调研时间虽然短暂，但调研的影响深远。这句话不论对于地方，团队还是个人都能适用。重庆在脱贫攻坚中所作出的工作有目共睹，成绩斐然；团队在检查评估中所发现的问题也不可否认，亟须改善；而我个人在这 20 多

知行兼修玉成器

天调研中的收获也将终生难忘。

（二）用考核评估助推脱贫攻坚

通过 20 多天调研工作中的观察与思考，我对于重庆乃至全国扶贫工作中存在的问题有以下几点想法，如有不成熟或不妥当之处，恳请批评指正。

1. 关于建档立卡贫困户的评选制度

目前，建档立卡贫困户的评选主要依靠本地村民的民主评议产生，但在调研过程中多次有群众反映在评选过程中存在村干部介入的现象。另外，有部分家庭情况困难，但群众基础较差的农户，在这种评选过程中也容易出现被漏评的现象。对此，建议建立一定的复核与监督机制，对于建档立卡贫困户的选举结果进行排查，取消不符合标准的农户的评选资格。更进一步，对于帮扶的评估标准也有必要做出调整。某些具备劳动能力但是并不主动参与生产活动的贫困户（所谓"因懒致贫"），建议不纳入脱贫的考核范围，以减轻基层扶贫的工作难度。

2. 关于帮扶措施

我在调查中发现当地对于建档立卡贫困户的帮扶措施比较单一，主要为资金帮扶。其结果会造成一部分贫困户在能够持续获得资金资助的情况下，主动劳动的意愿很低，形成"扶贫"变"扶懒"的现象。因此，建议对于建档立卡贫困户的帮扶措施应有所区别，对于确实缺失或丧失劳动能力或者因病因残等致贫的农户，仍然以资金帮扶为主要方式。而对于具备劳动能力的农户，可结合当地现状提供技术帮扶，以改善其家庭生活状况。

3. 关于非贫困村的扶贫

由于近年来国家各级政府对于扶贫工作高度重视，使各类资源均向贫困村倾斜，导致部分非贫困村在基础设施等方面的现状明显落后于贫困村，而非贫困村的贫困户在政策上受到的关注程度也远不及贫困村。为此，建议在现有基础上，加大对于非贫困村扶贫工作的投入力度。

因地制宜，治贫奔小康

文/程成

（一）回味参与评估的经历

于我而言，重庆火热的七月注定是一段刻骨铭心的回忆，值得一生回味。

三"最"。这次调研共计 22 天，同我以往参与的历次评估相比，这是历时最长的一次。我们辗转去过重庆的万州、丰都和黔江三地，这也是一次评估中走访地方最多的一次。还有就是这次的评估团队总共有 150 多名师生，是规模最大的一次。

三"难"。第一是山路难，我在这次调研中真正体会到了"蜀道难、难于上青天"的意境，每天与晕车药和晕车贴相伴，以至于现在坐车都没任何感觉。第二是酷暑难，我们行走在山间小道时，心中念叨最多的就是不要中暑，晒黑不晒黑已经不是最重要的话题；另外，中午休息只能趴在桌子上眯一下，由于太疲惫，睡醒后才发现手已麻、身上已被汗水湿透，不禁会思考自己是怎么睡着的？回到南昌之后，无论多热的环境，我都可以安稳入睡。第三是沟通难，我们进入农户家中说的最多的一句话就是：拿一下"僧分曾儿""副口本儿"。如果不这样说，爷爷奶奶们都不知道你来干什么的，他们听不懂普通话。

三"好"。首先是吃住条件很好，为了保证调研的顺利进行，团队安排的吃住都没得说。其次是重庆各区县的风景好，天空是那么蓝，空气是那么清新，河流是那么清澈，奇山异石是那么壮观，让人叹为观止。最后是遇到的人好，我们走访的农户都特别热情，我们不吃他们端出来的东西都无法开

知行兼修玉成器

始访谈；给我们保驾护航的司机和向导都特别厚道，永远都会考虑我们的需求，不管天气多么热，他们一直在为我们服务；遇到的小伙伴都特别暖心，调研队伍中有来自北师大、首经贸、天津师大、中央党校、山西大学的小伙伴，大家互相帮助，和谐相处；由衷感谢我的搭档高祺同学，她做了很多事情也没有任何抱怨，而且我有时候怼她，她也不生气，她是我见过最善良的姑娘。

（二）问题导向抓落实

通过重庆与江西的对比，我对于精准扶贫政策和效果有了更深刻的认识。重庆不仅在地理环境和人文环境上与江西不同，而且扶贫政策和脱贫攻坚方式也不尽相同。

第一，在这次我所去过的三个区县，都存在"农转非"政策的遗留问题。当初重庆为了实现百万城市人口的目标，通过采取一定的措施，鼓励农村中的一些农户转为城镇户口身份。现在看来，这种单纯为提高城镇化率而不顾实际的做法，给脱贫攻坚带来很多麻烦。已转为城镇户口的这部分农户仅仅是户口身份的变化，他们还生活在农村，既享受不了城镇低保，也享受不到各项扶贫政策，如何保障这些农户的切身利益是当前扶贫工作中的难题。另外，通过走访"农转非"的农户，我了解到一部分农户有对政府不信任的抵触心理。所以，政府应当采取措施安抚这些农户的情绪，重塑政府在农户心中的信任。

第二，存在扶贫政策非均衡性的现象。这种现象指的是有些贫困户通过政策帮扶后，生活状况要比非贫困户还好，我不仅在江西遇到过、这次来重庆也曾遇到这个问题。政府实施一系列的政策措施帮助贫困户改善生活、摆脱贫困，由于脱贫不脱政策，贫困户在脱贫后依旧享受各项政策，日子越来越好。虽然看上去政策达到了预期的效果，但这其中隐含着另一个问题，那就是非贫困户看到贫困户在享受政策时心里是怎么想的？我通过调研发现，不少非贫困户认为政府不公平，自己依靠勤劳致富，而别人依靠政府致富，心里很不服气。这一现象的另一个后果就是贫困户产生对政府的依赖心理，滋生"等靠要"的思想。这些问题是当前扶贫工作需要重点关注的。

"终于找到你，还好我没放弃……"终于体会到它的深刻内涵。

　　　　　　　　　　　　　　　　　　　知行兼修玉成器

难忘的调研

文/刘月美

（一）来到重庆

2017 年 7 月中下旬，因为各种机缘巧合，我参与了为期22 天的重庆贫困县退出调研。跟这样一群可爱而认真的"战友"、亲切而专业的老师并肩作战，成为此生最为难忘的一段记忆。

我在调研时听肖老师说过这样的一句话：真羡慕你们这些年轻人，在这样的年纪参加了这样一次有意义的调研。其实这也是我内心所想。这些天的调研让我见识了太多在我之前 20 多年的生命历程中不曾见到过的人、事与景。我曾经跟我的小美女搭档在翻山越岭的路上说过：来重庆之后见过的山比我前 20 多年里见过的都多、来调研之后见到的贫穷只有在新闻里见过、来重庆见到的很多农户是我目前为止见过最淳朴的人。物质条件的匮乏并没有击垮他们，我见识了 70 多岁依靠种地和打工来支撑孙女学习的老爷爷；见到了 30 多岁独自养育三个女儿、照顾婆家年迈父母、并学会一技之长的坚强母亲；也见到了孤身一人身患重病却依然热情帮助邻里修电器的"老学究"。他们都是给我深深触动的人，也是让我倍感敬佩之人。

归来已有几日，每天还是按照调研期间的生物钟醒来，但再也没有早餐后摇摇晃晃到达村部的分组编号，不用报每天的工作量，更不用晚上开会加班交素材。不经意间冒出的"副口本儿"和"僧分曾儿"等重庆话总会提醒着我，在那段日子里与那样一群年轻又有担当的伙伴们突破自我，凭借一份坚韧与执着完成了一项伟大而纯粹的大事情。

（二）想到扶贫

第一次参加这样大规模的调研，真正见识了方方面面的人和事，体会到不同岗位上干部们的努力。根据这些天的调研经历，我形成了对于精准扶贫的认识。

首先，从政策解读来说，在上面下达相关文件之后，不同区县、不同乡镇、不同村子对于同一政策的解读都会有差异，以至于在具体实施过程中也表现出明显的差异。

其次，从长期发展来说，贫困区县和贫困村大多集中在交通不便的山区，再加上产业发展单一、规模不大、增收能力较弱，许多贫困户的主要经济来源为外出务工。如果缺乏可持续发展的能力，再加上一些不可控的外在因素，他们很容易返贫。

最后，从调研队伍本身的管理来说，规范的程序、严明的纪律是保证调研正常进行以及结果可靠性的根本。老师的指导与关怀是队伍强大的后盾，调研员的执着与坚持是队伍前进的基石。我们肩负重任，我们不负使命。希望下一次我们能够做得更好！

精准扶贫，我们在路上

文/张荣桓

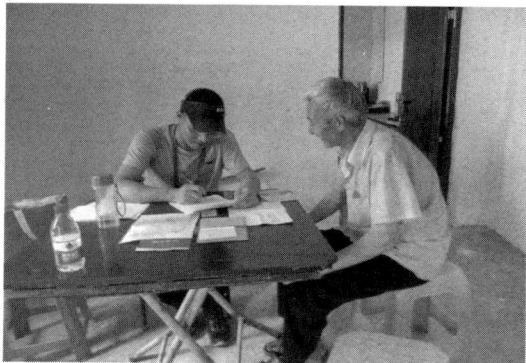

老大爷今天 70 多岁了，属于易地搬迁。老人家笑逐颜开地在向我说现在党的政策好，政府给盖了新房子，每月还有 100 块钱的养老金，帮扶人也很负责，自己的晚年不用愁了。

（一）深入农村，认识农情和国情

作为中央党校的研究生，我有幸参加了国家贫困县退出第三方评估的调研，20 天的调研使我对国情和农情有了更好的认识。

在祖国 960 万平方千米的土地上，自然条件千差万别，人们的生活方式也各有不同。我是一名土生土长的北方人，从出生到现在，一直生活在北方。我的家乡是山东，以平原地形为主。而此次到重庆，第一次真切地感受到重庆不愧为"山城"，山多、水多、树多，道路都是盘山而修，曲折前行，40 公里的路程开车竟需要 2 个多小时。重庆的生活方式也与北方有很大不同，很多村子都是依山而建，甚至藏在大山深处，只能依靠自给自足。

精准扶贫、精准脱贫是当前党和国家的一件大事，也是各级领导干部工作的主要着力点。2020 年全面建成小康社会，实现第一个百年奋斗目标是我们党向历史和人民作出的庄严承诺。通过此次调研，我深刻感受到了基层干部为扶贫事业作出的奉献。他们中有的人吃住在村，夙夜在公，甚至累死在工作岗位上，他们的精神永远值得我们学习。

能投身于这样一件伟大而崇高的事业，我感到无比光荣。今后，我不能只停留在理论学习上，更要积极投身实践，多观察、多思考，为国家的扶贫事业、为实现"两个一百年"的奋斗目标做出自己的一份贡献。

（二）突破现状，把握当下

精准扶贫是习近平总书记深刻认识我国农村的贫困现状、为实现"两个一百年"奋斗目标而提出的战略举措。实现共同富裕是全国人民的美好向往，也是社会主义的本质要求。精准扶贫是手段，精准脱贫是目的，手段和目的相辅相成，统一于全面建成小康社会的实践中。根据此次在重庆武陵山片区的调研，我谈谈自己的一点想法。

虽然农村这几年修了很多道路，当地老百姓对此也反映很好，但一定程度上忽略了一个现实，那就是老百姓依然缺少交通工具。村子里的路都是盘山而建，电动车不可能上去，只能用摩托车。这种情况下，村子里的农畜产品还是运不出去，外面的东西也运不进来。比如，村里有人养猪、养牛或养羊，因为交通不便，自行卖出去就比较麻烦，买主上门来买可能出价就比较低。

对此，我认为应该走合作化的道路。村里把猪牛羊鸡等养殖产业集中起来，实现规模化经营管理，派专人进行喂养，给他们开工资。由于当地的畜产品都是无公害的，完全可以销往大城市。因此需要由村里甚至乡镇协助联系卖家甚至进行定点销售，以帮助农民实现脱贫致富。

扶贫是一项长期工程，必须要在思想上重视起来，不能只贪图一时的业绩。要摆脱贫困的同时，防止返贫的发生，真正让贫困群众脱贫致富。

知行兼修玉成器

行走在重庆的大山里

文/陈震

对于从小在农村长大的我来说，贫困从来就不是陌生的字眼，它是伴随我长大的鬼影，它可以撕碎人间的情爱、打破血脉亲情，更是几千年来扎根在中国人民心中的羞愧。

2017 年 6 月，作为一个即将踏入研三的学生而言，既有毕业论文的压力，又有找工作的焦急，本来注定是一个在图书馆啃书的暑假。但是，一个意外的消息打破了我原有的计划。北师大受国务院扶贫办的委托，对重庆贫困县退出进行三方评估，正在招募志愿者。听到这个消息，我顿时心绪难以平静。国家实施扶贫政策之来，我国的农村到底发生了什么变化？农民的生活是否真有改变？是否真的达到了脱贫标准？这些问题一个个浮现在我的脑海，也坚定了我参加此次调研的决心。

很荣幸加入了调研队伍，开始了为期 21 天的重庆之行。在这 21 天的时间里，我收获了很多，也生出很多感慨，所见所闻都为自己以后走上工作岗位积累了宝贵经验。

1. 农村生活大变样

在党中央的正确领导和各级党委的共同努力下，农村生活确实发生了巨大变化。在实地调研中，我深切感受到了农民生活的变化，特别是基本解决了"两不愁、三保障"这个最大的问题。虽然农民的生活还达不到富裕，但可以吃穿不愁，住房、教育和医疗都有保障，基本生活能够正常运转。这是巨大的进步，是彪炳千秋的伟业。

2. 个人能力有提升

通过 21 天的"火炉"重铸和忆苦思甜，我明白了现在的生活来之不易，更应该懂得珍惜；同时，也明白了美好的生活需要依靠自己的努力去开创，才能发生根本的改变。这次亲眼见识农村，更加巩固了我与农民的血肉联系，以后一定会关心民生疾苦，努力为人民服务。还有，这次调研也让我改正了马虎大意的毛病。

3. 朋辈友谊难忘记

多所高校之间的相互配合，新伙伴之间的密切搭档，增进了我与他人交往的本领，与伙伴们结交了深厚的友谊。

4. 干部辛劳深体会

21 天的调研，在感受农村变化的同时，我也体会到基层干部工作的不易。他们切切实实地在为老百姓服务，会为老百姓担心、会和村民一起流泪、一起欢笑。此外，精准扶贫工作作为目前全国上下的"天字号"工程，各级党委对扶贫工作高度重视。我通过调研也思考了一些问题。首先，扶贫应该建立长效机制。精准扶贫是一场持久战，不能一阵风过就偃旗息鼓。农村导致贫困的原因有很多，输血式扶贫治标不治本，应该大力推进产业扶贫，形成长期而有效的扶贫机制。其次，应该形成有效的监督机制。一定要坚持公正透明的原则，实事求是地开展扶贫工作；要建立动态调整机制，确保贫困人员能够得到及时、有效的帮扶。对于基层扶贫工作最重要的就是监督，这样既有利于促进基层干部的工作，又有利于提高工作透明度，提升百姓的认可度和满意度。

知行兼修玉成器

情怀

文/贾健航

（一）见识农村

2017 年贫困县退出评估（重庆组）已经圆满结束，这场历时 20 多天的活动注定成为每个调研员人生历程中值得回味的一段时光。

1. 合作精神

这次调研涉及南昌大学、北京师范大学等多所高校，人员数量多且构成较为复杂，这是本次评估面临的大挑战。评估任务最终能够圆满完成，离不开大家的精诚合作。虽然大家来自不同的学校，但我们有着相同的使命，求同存异，相互体谅，共同努力，处处体现着合作精神，这是我们成功的根本保障。

2. 眼界视野

李强老师提到，大家通过这次评估会认识到我国幅员之辽阔，也会深入体会到农村百姓生活的真实。的确，我们作为学生，在美好的学生时代应走出象牙塔，更多地去发现和感触自己未曾认识的世界。相信大家通过这次评估至少会深刻理解"山城"的地理环境和风土人情，北方同学认识了长在田间的水稻也应该算作一种收获吧。

3. 家国情怀

作为第三方机构，我们主要针对贫困农户的脱贫情况展开调研，以此对政府的工作进行评估。在评估过程中，我们严格要求自己，始终坚持客观公正的态度，也时刻受农户生活状况所触动，表现出对于人民幸福的责任感乃至国家富强的理想追求。大家在评估过程中都或多或少有一种能够帮助贫困农户的内心渴望，我想这就是这次调研对于我最大的价值。

（二）思考农村

根据我在此次评估中的感受，形成以下几点拙见。

1. 要想富，先修路

这句话说起来很简单，在这次"山城"评估中大家对此有了深刻体会。在多数道路已经硬化的情况下，我们到达某些乡镇还需要一两个小时。试想一下，如果在从前道路不畅的情况下，农户怎么能够脱贫致富呢？因此，通畅的道路和交通是脱贫致富的基础，政府要结合具体实际为农户脱贫致富提供保障，尽可能实现主干道路、入村道路、入户道路的硬化。

2. 授人以鱼，不如授人以渔

每家每户的致贫原因是复杂多样的，帮扶措施如果得贫乏单一是不能解决问题的。中央提出变"输血"为"造血"才是扶贫的根本，落实到具体实践中，我认为就是要通过产业扶贫。临时性的帮扶只能缓解贫困，不能从根本上解决贫困问题。产业扶贫才是长久之计，发展扶贫产业可以带动农户长远致富，稳定性强。

3. 扶贫先扶志

说到底，人穷不能志短，唤醒贫困农户主动寻求脱贫摘帽的志气和认识，才是脱贫工作的重中之重。目前，政府的帮扶措施多是集中在物质帮扶层面，精神层面的帮扶措施相对落后，因此，政府要加强引导，提高农户的积极性和主动性。

4. 平衡发展，不可因此失彼

评估过程中可以发现，随着国家政策的大力投入，一定程度上造成了"非贫户不如贫困户、非贫村不如贫困村"的畸形现象，非贫农户也产生了心理上的不平衡和不公平感，政府需要加强宏观设计和意识引导，采取措施来解决这个潜在的问题。

不忘初心

文/刘玲

（一）难忘的调研

这次重庆评估结束了，却感觉有种种不适应，可能是因为这次结束意味着大家是真的分别了。离别的那天，我没有赶上与大家道别，目送着一辆辆车淡出视线，我的眼泪在眼眶里打转，最终还是没忍住，落了下来。也许不见面是对的，不然到时候哭得一塌糊涂可怎么办？

这是一次毕生难忘的宝贵经历。记得刘学敏老师培训时反复强调的情怀，记得李强老师和沈宏亮老师强调的要整理好休息的地方，做个有素质的大学生，也记得学长学姐们强调的责任心。同时，忘不了整理资料的深夜，忘不了一起工作的所有小伙伴，更忘不了老师们的鼓励和他们工作的身影。

从南昌的火炉到重庆的火炉，还是忍受不了重庆的热浪。每天中午返回时，总是顶着一个大红脸，衣服总是被汗水打湿，腿上全是被蚊虫叮咬而过敏的包。然而，就是这样仍阻挡不了我对调研的热情，腿上的包也总是在忙完工作的深夜才会感到发痒。

我们在蓝天绿水的美景中感受着农户的热情，我们肩负使命和担当，尽自己绵薄之力去帮助需要帮助的人，客观地发现和反映当地存在的问题，只为了心中那份坚定的信念和不变的情怀。精准扶贫，脱贫摘帽，我们永远在路上！愿一路相遇的人都安好，扶贫路上不忘初心。

（二）新的起点

通过此次重庆的贫困县退出评估，我感受到了扶贫工作的艰巨和复杂。

首先，贫困人口广泛分布于不同的地区，而且有着多种多样的致贫原因，想要准确把握每一个个体的特殊性，需要动用极大的人力、物力和财力。其次，虽然贫困户积极参与精准扶贫，但在实际参与过程中还是存在很多的困难。我们在走访中发现，贫困户的文化程度普遍较低，对国家的扶贫政策很难真正理解，而且贫困户大多为老年人，接受新生事物也有一定困难，这就增加了基层干部的工作难度。此外，有些农户仍然存在"等靠要"的错误思想，自身没有发展动力，仅仅依赖政府的帮扶，这也增大了政府工作的难度。

虽然扶贫工作面临重重困难，但我在调研中深切感受到大多数贫困户的脱贫意愿很强，也感受到基层工作者的艰辛和付出。让我们立下愚公移山之志，打赢扶贫攻坚战，为实现中华民族的伟大复兴而贡献自己的绵薄之力！

重庆，后会有期

文/陈橙

（一）告别

说起精准扶贫调研，这次是我参加的第三次。相比前两次，这次的历时最长、距离最远，我走了迄今为止人生中最多的山路，见识了火炉城市最炎热的夏天，也认识了一群同甘共苦的朋友。这次调研是让我印象最深刻的一次。

因为有前两次的经验，调研本身对我来说是轻车熟路。因此，我是怀着轻松的心情到达重庆的，可接下来的日子完全不是轻松的体验。每天坐在车里行驶在重庆的山路上，从一开始感叹秀丽的山景，到后来晕到怀疑人生；调研第二天，就在一家农户被蜜蜂蜇了，也是遭遇了人生第一次，手肿了三四天；每天顶着烈日工作，在40多度的山城穿着长裤长袖，把自己裹得像个粽子。一切一切全是不曾想象过的新鲜体验。

那我是怎么度过这样的20多个日日夜夜的呢？现在回想，可能是每天早上从组长怀里掏出的晕车贴支持着我；可能是每天归队后，带队老师吆喝着我们吃西瓜安慰了我；可能是跟同组的小伙伴每天饥肠辘辘围在一起埋头吃饭感动了我；也可能是我的搭档新星同学虽然也害怕狗狗但护在我面前、在陡峭湿滑的山路上拉我一把、在我发脾气时无限包容我的画面支撑了我。

调研时感觉20多天过得很慢，可现在又觉得那20多天过得很快，快到来不及跟重庆的山山水水合个影，快到还没有机会好好跟小伙伴们告别，这一切就结束了。

（二）思考

精准扶贫是指针对不同贫困区域的自然条件、不同贫困农户的具体状况，运用科学而有效的程序对扶贫对象实施精确识别、精确帮扶、精确管理的治贫方式。精准扶贫不同于粗放扶贫，对乡镇政府提出了高规格的要求。我在这次调研中有过一些思考。

这次贫困县退出评估工作的重点就是调查精准识别、精准帮扶和精准管理中存在的问题。一个乡镇或者村庄的脱贫工作做得如何？是否有的家庭真的贫困却没有享受国家的政策与帮扶？是否有的家庭没有达到脱贫户的标准却因政府的业绩需要而"被脱贫"？

精准扶贫不仅关乎贫困人民的福祉，也左右着政府与老百姓的关系。在调研过程中发现有一些村子的干群关系比较紧张，在村民眼中，村干部一手遮天，只给与他们关系好的家庭评贫困户；而在村干部眼中，有些村民没有大局意识，家庭条件很好却想享受国家政策。经常听见村民讲一句话：上头政策很好，下面做得不好。我认为，在政策落实的过程中难免出现上下矛盾，这就反映出政策宣传和政策落实是否到位的问题。再好的政策也要宣传到位，让他们知道哪些是他们应该享受的，才能让老百姓安心。政策落实到位才能重振政府的形象，表示政府在用心工作，也能起到监督政府的作用。

干部与群众是脱贫攻坚的重要力量，缺一不可，贫困群众既是脱贫攻坚的对象，更是脱贫致富的主体。因此，只有搞好干部和群众的关系，精准扶贫工作才能顺利推进，才能取得成效。

重庆行

文/潘雯

（一）期待

出发前，听说会与其他学校的老师和同学们一起开展评估，就有一些期待与担心：期待与新朋友的相见、期待领略重庆的风采；担心与新伙伴合作的契合度，事实上这种担心是多余的。

越过一座座山，穿过一个个隧道，终于来到重庆。进入万州区后，见到层层山峦之上高楼耸立的景观，一眼望去，长江无边无尽，不禁心生赞叹。

第二天，我们就正式开始工作。当地的准备工作做得很充分，我们评估工作也严谨有序。山路蜿蜒盘旋，引导人们通往致富路。我调研中发现，有的人因受惠于帮扶政策生活越来越好，心存感激；有的人因帮扶工作不到位而感慨上头政策好、下头执行不力。有的村里面貌一新，干群和谐；而有的村子变化不大，群众怨声载道。

20多天的调研工作非常辛苦，但每天都过得非常紧凑。尤其刚开始几天，每天只有四五个小时的睡眠，第二天还要开始新的任务。虽然工作量一天一天在增加，但后来明显感到大家的配合越来越好，而且跋山涉水去农户家，即使酷暑难耐、汗流浃背也未想过要放弃。想起我们在学校时连下楼拿个外卖都不愿意的日子，不禁有所感叹。身上的责任与使命是我们一丝不敢懈怠的强大动力。

（二）感知

各地扶贫工作的力度都很大，但也存在一定差异。有的地方将每项政策都落实到位，而有地方只是盲目而机械地执行，不能做到因人因户施策。

调研中发现，有些地方因学致贫的比例很高。很多农户都是因为家中有上学的孩子而被评上贫困户。这一类型的贫困户只要孩子毕业，或是孩子上学可以享受补贴及优惠政策，脱贫就较为容易。

新农合制度是只有住院了才给报销，而有些农户因为慢病或用药不在目录内而无法报销，生活存在困难。家中一年的药费就让家中喘不过气，这类费用又无处报销，只要家中有人生病，尤其是缺乏劳动力的家庭，家中情况极容易变得糟糕。因此，医疗保障应更加人性化，支持农户更有效地对抗疾病。

当问到农户帮扶责任人来家里都做些什么时，有些农户的回答往往是问：问我家中的情况、打扫家中卫生等，他们获得的帮扶可能只是国家的补贴。这种情况也与精准帮扶、精准施策有一定差距，帮扶工作不应当停留在慰问这一层面。

重庆之行，此生不忘

文/肖伟真

我非常庆幸能够参加这次调研，这是一次非常有意义的活动，也是让我一辈子都难以忘记的活动。参加这次调研有很多感触，也有很多收获。

首先，这次调研让我认识了重庆农村的真实情况，感受到了农民那种纯朴的品质。农民对扶贫工作及扶贫效果很满意。当问到是否还有需要改善的地方时，他们中的很多人都会回答政府已经做得很好了，他们很满足，没有需要改善的了。农民太容易知足常乐，他们的满足和满意是对当地政府最好的肯定和认可。

当地政府在精准扶贫方面做了很多工作，也取得很好的效果，但仍然需要通过更加有力的帮扶政策帮助他们永远摆脱贫困。我觉得能为农民做些好事、实事是很有成就感的，这种感觉比自己挣更多的钱更快乐，希望以后还有机会继续为人民服务。

其次，我们是一个有趣而又高效的团队。我在这次调研中认识了很多小伙伴，特别负责的小伙伴，与他们的配合很愉快。此外，还有各位辛勤付出的老师，他们是我们圆满完成调研任务的根本保障。丹姐老师认真的工作态度折服了很多人，我想在此表达对老师的崇敬之情。这次调研是难忘的，希望以后能够秉持初衷，怀揣着这份记忆继续为人民服务。

再次，通过这次调研，我对于农村的贫困以及政府的扶贫工作都有了深入的认识。农村的脱贫标准和我理解的小康生活还有一定距离。"两不愁、三保障"只是解决了农民的基本生活需求，消除了绝对贫困，要达到全民小康的生活还有一定距离。即使达到"两不愁、三保障"，如果农户因为得了重病而需要花好几万块钱去治病时，虽然医疗保险可以报销一些治疗费用，但他们的负担仍然很重，凑齐几万元去治病还是不容易。对于这样的农户，我不觉得是达到了小康生活。而且，已脱贫的农户抵御未来风险的能力还很弱，很有可能因为得病、意外事故等原因再次成为贫困户。所以，扶贫工作还得继续，同时，脱贫的农户也还得继续奋斗，为了更加富裕的生活而努力。

在蓝天白云下，我们的调研小分队去看谱写在美丽大地上的脱贫攻坚成绩，是一件非常有意义的事。

一段奇妙的经历

文/张亚梅

（一）感恩，珍重

评估工作很辛苦，但真的太有意义，所以我宁愿把它称为一段奇妙的旅程：踩在脚下、走在人生道路上的旅程。

每天在山水田野间奔波，看到了祖国大好河山的壮丽，感受到了各地群众的善良与热情。此生无悔入华夏，来生愿在种花家。

调研过程中见识了很多身残志坚的故事，也看了太多不易的人生百态，我才发觉自己是多么得幸运，因此要更加珍惜自己所拥有的一切。参加调研之后，我特别希望自己能够成为一个对国家有价值的人，用我们的努力支撑中国梦的实现。

走访过的农户虽然贫困、到过的村庄虽然落后，但每个人都在努力地生活着，向前走着。所以我坚信，我们的未来会更好。

回到家的那天，一觉醒来没有了集合、没有了爬山，没有了入户调研，才感到这次调研真的结束了。20 多天的集体生活太过丰富，这其中的酸甜苦辣无法用语言表达出来。十分感谢老师们的关照、小伙伴们的陪伴以及搭档们的包容，也谢谢自己的坚持！

不同高校的合作真是一件十分美妙的事，说不上志同道合，但相同的境遇总是能让我们很快变成朋友。聚是一团火，散是满天星，有些人可能这辈子再也见不到了，感恩，珍重！

（二）脱贫，任重

四十多年的改革开放使数亿中国人甩掉了贫困的帽子，但中国的扶贫仍然面临艰巨的任务。习近平总书记指出：扶贫工作已进入"啃硬骨头、攻坚拔寨"的冲刺期，精准扶贫需下更大的功夫。这次参加重庆贫困县退出评估，让我看到了基层政府在扶贫路上迈出的坚实脚步。

政府动员很多有能力的干部积极参与到扶贫工作中，建立了十分详细的贫困户数据库，还精心谋划了一系列的精准扶贫方案。而且，政府下大力气推动产业扶贫，丰都县南天湖镇的产业扶贫给我留下深刻印象。

这是调研的最后一天我走过的最崎岖的山路。

南天湖镇海拔两千米左右，地域偏僻，但这里种出的烤烟和大黄十分受市场欢迎。因此，政府便组织成立了合作社，帮忙联系收购商，还利用各类社会资源对当地农户进行种植技术的统一培训。由于有了技术、又不愁销路，在短短几年里便有大批贫困农民靠着自己勤劳的双手脱贫致富。这种因地制宜、发挥农户主体作用的扶贫模式值得借鉴和学习。

成绩是可喜的，但扶贫工作仍有待扎实推进。改善干部工作作风，瞄准对象，抓住重点，做到扶真贫依然是任重道远的任务。帮扶措施应当有针对性，侧重效果。例如，有些完全无劳动力且确实无法改善现状的农民，可能通过兜底的方式实现脱贫会更好些。很多地方保障教育和住房的政策很多，倾斜力度也很大，但一部分无劳动能力的老人无法享受到这些扶贫政策。因此，认真分析致贫原因、制订合理的扶贫计划仍旧需要付出更多的努力！

跋山涉水只为你

文/田泽强

（一）时光会记得

据统计，2013年至2016年，我国累计脱贫5564万人。我国扶贫工作的巨大成效推动了全球贫困人口下降，是世界上其他国家的榜样。对我而言，这些年一直在"闭门造车、不问世事"，直到有幸参与此次调研，才真正接触和了解我国的精准扶贫工作。起万州、经武隆、抵秀山，一路在基层感受我国脱贫攻坚工作落地的真实情况，感慨良多。

一座座青山养育着巴蜀儿女，金山银山不如绿水青山。巴渝之地，绿林遍野，群山坐卧。游万州，流川瀑布泻山涧，水雾缭绕；览武隆，天生三桥夺天工，怪石嶙峋。

一条条天路通往高山幽谷。行车山间，与云共舞，与雾齐肩；峰回路转之际，驻足环视，路网群山，延绵不绝。脱贫攻坚时兴修公路，条条天路越高山、跨深涧，为群众带来方便。

一句句誓言唱响脱贫战役。驻足聆听，各地的脱贫报告结构严谨、气势磅礴，读来朗朗上口、铿锵有力，让人不由地激情满怀、热血沸腾。在工作中立"军令状"、啃"硬骨头"等，体现着地方领导干部的脱贫攻坚毅力和决心。

一份份深情荡起心中涟漪。每每入户，老乡热情洋溢、笑脸相迎；嘘寒问暖，老乡满怀感慨、感谢党与国家；访谈离户，老乡送吃送喝、依依不舍。

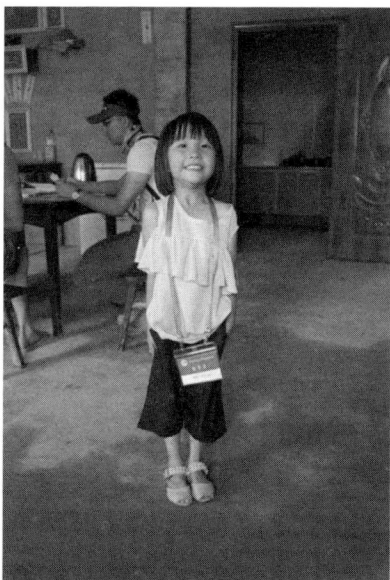

工作之余与小女孩玩耍。她好奇地看着我的工作牌，我便将工作牌挂在她胸前。她顿时表情严肃、站得笔直。

一滴滴汗水彰显青年风采。评估组百余名青年队员，冒着高温酷暑，顶着暴雨，翻山越岭，跋山涉水，只为承担起第三方评估的责任，为自己、为群众、为地方干部、为党和国家负责，为贫困负责，为全人类的事业负责。

（二）扶贫需继续

虽有青山入眼帘、天路通边远、誓言战贫困、深情动柔心、汗水彰风采，但也需要深入思考脱贫攻坚中存在的不足。

第一，基础设施大建设。乡村一级政府多将时间、精力、资金和工作重心放在基础设施建设上，如：兴修乡村公路、饮水设施、医疗中心等，其中以修路最为普遍。补齐短板是关键，但扶贫措施有多样。

第二，乡村产业应惠农。乡村产业初具规模，但贫困农户因土地流转与入股分红资金有限，无法实现高效的增收创收。以合作社形式参与产业发展，对于贫困户自身的要求较高，学习成本大，难以普及到广大贫困户。

　　第三，技术培训应对症。许多家庭有在外务工人员，但培训与市场需求脱节，实用性不强。农业培训虽具有较强实用性，但参与者多为老人，增收不明显，而大规模养殖种植技术培训也只惠及少部分贫困人口。

不负韶华，做有意义的事

文/陶冶华

（一）实事求是做调研

我国的贫困县制度从 1986 年开始实施，以县为单位开展扶贫为的是确保政策可以覆盖绝大部分贫困地区，同时有利于扶贫政策的执行和扶贫资源的协调。2013 年 11 月，习近平总书记在湖南湘西考察时首次提出"精准扶贫"，要求扶贫要实事求是，因地制宜；要精准扶贫，切忌喊口号，也不要定好高骛远的目标。之后，各级政府相继将精准扶贫工作作为中心工作来抓，并取得显著成效。

2017 年 7 月 12 日，北京师范大学、南昌大学、首都经贸大学、中共中央党校等高校作为第三方机构，对重庆的贫困县退出进行评估。作为一名调查员，我去了万州区、丰都县、黔江区三个区县，在为期 20 多天的调研中，我收获许多。

第一，评估组调研纪律严格。调研过程中，评估组严守工作纪律，保密工作到位，从而保证了第三方评估的客观性和严谨性，使评估结果更具有真实性和可靠性。

第二，评估组调研程序规范。两名调研员为一个小组，相互配合完成入户问卷调查并录入 app，事后进行数据校核及录入等工作。在工作中，为保证调研的全面性及判定结果的真实性，还必须完成许多辅助工作，如录音、录像、拍照等关键环节。

第三，评估组强化质量控制。评估组由带队老师、组长、督导、调研员构成。遇到疑似问题户，首先要小组进行协商判定，然后老师进行复核与指导，给出判定意见。另外，我们在调研中防干扰的工作也切实到位。经过前期培训，调研员都具备很高的警惕性和保密意识，对于干扰工作的现象更懂得委婉处理，确保调研结果的真实性。

此次调研让我亲身接触了第三方评估的实际操作，掌握了相关技术要领。同时，通过团队合作，大家结下了深厚友谊，搭档们互帮互助，形成良好的团队精神，这些都有效助推了评估工作的顺利开展。

（二）认真深入想问题

我在20多天的调研中收获了许多，同时也对一些问题进行了深入思考。

首先，在精准识别与帮扶方面，各级地方政府的做法是值得肯定的。但是通过走访农户，我发现生活在深山中的农户相对更加贫困。由于他们住得偏远、道路难行，再加上扶贫干部的工作精力有限，无论是在贫困户识别方面，还是扶贫帮扶方面，都存在顾及不到他们的现象。如果地方政府可以指派几个干部专门负责深山中的农户，使干部们投入更多精力去帮助那里的农户，有助于解决扶贫死角的问题。

其次，在政策与人情发生冲突方面，我发现政府已经对有些农户帮助了许多，但这些农户依然生活困难，特别是岁数较大的老人们。我认为这涉及一个人情的问题，老人们有儿有女，是儿女不对父母尽孝致使老人们的生活很困难，而在政府帮扶中会将他们的子女赡养考虑在内。在政策与人情发生冲突的时候，如何平衡二者关系是当前扶贫工作中的一个棘手问题。要解决这个问题，可能除了需要很多方面的协调，更要落实法制，要教育子女尽到赡养父母的义务，这方面还有很长的路要走。

最后，在帮扶措施落实方面，尽管帮扶干部更多给予贫困户慰问金和慰问品，这些东西并不能从根本上解决贫困户的实际问题。因此，为了帮助贫困户脱贫，帮扶干部需要更多了解贫困户的需求，提供产业帮扶，拓宽市场营销渠道，使农户的生产有依托、产品能够更好地销售出去。

　　　　　　　　　　　　　　　　　　　　　　　知行兼修玉成器

扶贫路上，常伴彼此身旁

文/李坤

（一）参与其中

有幸参加了重庆的调研，我才理解国家投入了巨大的人力、物力和财力，在全国各地轰轰烈烈开展精准扶贫工作，为的是在 2020 年打赢这场脱贫攻坚战，保证实现全面小康。我国是社会主义国家，实现全国人民共同富裕是国家发展的目标，因此，党中央高度重视扶贫和脱贫工作。

我在调研中也深刻了解到重庆的贫困县在脱贫方面所做的努力，见证了重庆的脱贫成效，感受到群众心中对政府工作的满意。为帮助贫困群众脱贫致富，地方政府采取了一系列措施，例如，大力发展地方特色产业、引导贫困农户外出就业等，扶贫方式已经由"输血式"转变为"造血式"。"授人以鱼不如授人以渔"，过去的走访式和慰问式扶贫无非是给钱、给东西。但给的钱再多，终究会有花完的一天。现在通过引导贫困群众参与到地方产业发展中或者外出就业等方式，可以极大降低贫困户返贫的可能性，而且能够有效避免"养懒人"的现象。

通过调研中的切身感受，我对地方政府为脱贫而采取的扶贫措施是非常支持和认可的。但是，在这些贫困县脱贫摘帽后，地方政府是否还会一如既往地致力于扶贫工作、村里一些耗资较大的项目是否会继续实施下去、贫困群众在医疗和住房等方面的救助是否还能继续享受等一系列问题，我还是存有一些疑虑和担忧。

（二）思考扶贫

7月31日是我们的调研活动结束的日子。这天晚上9点左右，我回到了家乡，我的父亲来长途汽车站接我回家。在路上，父亲问我这20天都具体干了些什么。我回答说：在重庆做精准扶贫调研啊，检查地方扶贫工作做得怎么样。父亲笑着说：你们就是去走个形式，扶什么贫，国家这是在浪费钱财。无独有偶，我在农户家走访的时候也遇到过这样的情况。部分群众不理解国家为什么要扶贫，认为扶贫资金都被滥用了。我当时思考过这个事情，但父亲的话让我陷入了深思，国家为什么要扶贫？为什么会有群众不理解？扶贫资金是否真的会被滥用？

对于部分群众不理解或不支持精准扶贫这一政策，我个人认为原因有多方面。第一，群众对精准扶贫的了解不够，导致对精准扶贫的认识出现偏差，这与地方政府没有很好地进行宣传有很大关系。第二，留在农村的大部分为老弱病残群众，受其自身因素的限制，难以理解政策，也很难去支持政策的贯彻实施。第三，受政府某些干部以前不良行为的影响，对政府的公信力下降，所以不理解、不支持精准扶贫的相关政策。第四，有部分群众自我意识很强，认为贫困不贫困是自己的事情，不希望政府干预。

对于扶贫资金是否有滥用的问题，我认为可能或多或少存在一些扶贫资金使用或分配不当的现象。因此，地方政府应强化扶贫资金使用的公开和透明，让群众知道实情和真相。对于一些政府不太适合做的公共设施项目等，应该通过第三方来完成，通过投标选出。扶贫资金应该在内外双层（上级政府和群众）监督下合理使用，有条件的可以通过召集群众开会，进行下年度的财政预算讨论，让群众来参与扶贫资金使用的决策。

知行兼修玉成器

勇担责任，你我同行

文/李一鸣

（一）协同作战

经过这次第三方评估调研，我感受到了国家实现共同富裕、不让任何一个人掉队的决心。从产业扶贫、技术扶贫、教育扶贫以及精神扶贫，政府通过多种多样的方法帮助贫困户脱贫，很多贫困户依靠着政府的帮助和自己的努力实现了脱离贫困的愿望。作为一名调研员，真的希望能够为他们做点什么、能够实实在在地帮助他们。在脱贫攻坚的路上，大家拧成一股绳、一起努力奋斗是一件多么美好的事情。

在调研中，我更感受到每个贫困户对于党的政策的满意，感受到他们对于美好明天的向往。我们恪守客观、中立的原则，对每家每户的情况进行详细的询问，并且在理解基层干部工作的前提下，掌握基层政府的工作逻辑，为调研数据的真实性打下坚实的基础。

非常感谢调研期间认识的一群伙伴，大家一起协同作战、取长补短，才使评估工作能够圆满完成。未来可期，希望以后有机会能再次从事这项神圣的工作。

（二）助推脱贫

我们从四面八方来到大西南进行贫困县退出评估，根据调研中的所见所闻，我将个人的感受和思考总结为以下几方面。

1. 授人以鱼，不如授人以渔

我在调研中不断地问自己，导致这些人贫困的原因到底是什么？很多人认为贫困只是家庭经济方面有暂时解决不了的困难，还有人认为是因为没有产业挣不到钱。在扶贫材料上写着各种致贫原因：因病、因学、因缺技术等。我觉得这只是表象，导致贫困的根本原因应当是精神上的贫困，不重视教育或者说没有条件接受教育是绝大部分贫困者的现状。没有钱不可怕，不上学才可怕，孩子接受教育才是最大的事情。政府以"两不愁、三保障"为根本，充分保障了孩子的上学问题，其结果可能会改变一代人的命运。我们在调研中也尽可能给贫困户灌输"凡事靠自己，有困难实在解决不了找政府"的想法，让其从思想意识上有所改变，这样才能真正实现脱贫！还是那句话：授人以鱼不如授人以渔！

2. 少年强则中国强

参加这次调研的学生基本都是 90 后，从这些天的朝夕相处中，我感受到大家对于这份神圣工作的坚持。我们不管身体的不适，顶住蚊虫的叮咬和酷暑的考验，为的是在脱贫攻坚战中贡献自己一份绵薄的力量。人们都说我们这一代是被宠坏的孩子，是长在温室的花朵！通过这次调研，我想我们不再是那个要靠爸爸妈妈保护着的孩子，我们是未来中国社会主义的接班人，我们将是这个社会的中坚力量，我们将用我们的行动告诉世界，我们准备好为祖国贡献自己的力量。

3. 人心齐则国昌盛

在挨家挨户的走访中，我听到最多的一句话就是：现在政策好啊！我想说的是，我们做得还不够，中国梦是我们每一个人的梦，只要有一个人掉队，这个梦就不算实现。为实现中华民族伟大复兴，政府关心到每一个贫困户，以"两不愁、三保障"为核心，关注每一个贫困家庭是否吃不上饭、孩子上不起学、老人瞧不起病。医疗保险、教育助学贷款、危房改造等惠民政策实打实地帮助贫困家庭解决问题、改变现状。人心齐国昌盛，我相信 56 个民族拧成一股绳，一定会实现全面建成小康社会的目标！

炎炎夏日，高温使来自北师大的学长浑身浸透汗水，但他只顾着咨询农户家里面的情况，连头都不抬。

道路且长我们一直走

文/曹思洁

（一）这是高尚的事业

很荣幸能在这个暑期参加精准扶贫这一项高尚的工作，让我有机会了解中国的农村。我在这短短的 20 天里收获了许多，交了一群志同道合的朋友、感受了中国的乡土文化、体验了当地的民俗民风，更重要的是，对农村有了深刻的认识。

俗话说，没有调查就没有发言权。借助这次调研，我走进农户，与农户进行深入的、面对面的交流，给我最大的感触就是农村中的孤寡老人与留守儿童。随着城市化的发展，越来越多的年轻人外出务工，家中只留下了老人和小孩，农村也因此空心化，土地变得荒芜。这一切似乎又都在情理之中，城市化需要大量的劳动力，而从事农业生产不仅劳累还得不到高额的报酬，在经济利益的驱使下，劳动力就转移到了城里。中国作为一个人口大国，对粮食的需求很高，农业生产如果得不到高度重视，后果将会怎样？这是一个巨大的挑战。

（二）我们任重而道远

我们经常会在村里看到"扶贫先扶志、扶贫必扶智"之类的标语。扶志就是扶思想、扶观念、扶信心，帮助贫困群众树立起摆脱困境的斗志和勇气；扶智就是扶知识、扶技术、扶思路，帮助和指导贫困群众着力提升脱贫致富的综合素质。

如果扶贫不扶志，扶贫的目的就难以达到，即使一度脱贫，也可能会再度返贫。如果扶贫不扶智，贫困户就会知识匮乏、智力不足、身无长物，甚至还会造成贫困的代际传递。要从根本上摆脱贫困，必须智随志走、志以智强，实施"志智双扶"，才能激发农户的活力，从根本上铲除滋生贫穷的土壤，这确实是扶贫的关键所在。

如果仅仅是依靠政府的救助，贫困户只能摆脱暂时的贫困，一旦离开政府的帮助，他们的生活还是会变回原样，这样的扶贫对于贫困户来说只是"解近渴"，而且当政府对农户的帮扶取消了以后，容易引发群众的不满。政府在精准扶贫中的主要作用是搭建平台、提供政策，让群众学会自己"造血"，而不是简单地为群众"输血"。

调研中经常有群众来找我们反映不公平的情况，而当我们去家里一探究竟时发现他们的生活条件很好；更有一些群众常常与其他贫困户相比较，认为自己没有得到公平的待遇。显而易见，他们对扶贫政策的理解是不正确的。因此，思想教育在精准扶贫中有着举足轻重的作用。

大雨冲毁了去农户家的道路，但阻止不了我们的决心。翻山越岭，跋山涉水，只为扶贫。路陡且滑，捡一根木棍既可当拐杖，还能赶狗，无论路途多么艰难，我们都会竭尽所能完成任务。

遇见最可爱的人

文/刘莲

（一）现实在眼前

在上次参加井冈山脱贫调研工作中，我学到了很多在学校、在书本上学不到的知识，了解了我国贫困山区的实际情况。所以，这次我又毫不犹豫地报了名。这次调研不仅仅让我积累了丰厚的调研经验，更让我收获深厚的师生情谊与同学友谊，也让我深深地感受到了世间冷暖。

我们走访了重庆市的万州、武隆、秀山的农村。虽然经过这些年的扶贫工作，这里的条件已经大有改观，但崎岖陡峭的山路、漏风漏雨的土坯房、糟糕的通信条件与城市的高楼大厦、车水马龙形成了鲜明的对比，一切都出乎我的意料。

在每天与农户们的一次次交谈中，总会有几次不经意间触动我的内心深处。因病致贫、因病返贫的事情在这里太普遍，可以说每天都会发生，每个家庭都可能发生；尽管现在有了新农合、大病保险，但真的遇上了大的变故，这些贫困的农村家庭还是很脆弱，还是不堪一击。不可预见的疾病、意外或自然灾害，都可能断送一个家庭所有的希望，使整个家庭陷入永久的泥淖。

当然，我们更多看到的是积极的一面，是我国脱贫攻坚工作的全面落实。基层干部们的认真负责以及他们对于贫困户的无微不至的关怀都让我感动。面对山区的艰苦条件，帮扶干部们没有退缩，他们真正做到了走进农村、驻在农村，一次次走进农户家，为贫困户出谋划策、解读政策、帮农户解决实际困难。当然，他们的工作也得到了农户们的认可，他们是脱贫攻坚战中最可爱的人。

我相信，在以习近平同志为核心的党中央的领导下，在我们所有人的共同努力下，全面落实扶贫政策方针，我们伟大的祖国一定能打赢这场脱贫攻坚的硬仗，在 2020 年实现全面脱贫，步入小康社会！

（二）路在脚下

"两不愁、三保障"是我们此次调研的标准，但是，满足这个标准就真的实现脱贫了吗？我认为，不愁吃与不愁穿的标准偏低。在当今社会，如果仅仅满足吃得饱、穿得暖，应当不会有太大问题。

关于住房有保障，在调研中我们发现，很多农户通过危房改造或者易地搬迁都住上了安全的砖混房，但空空荡荡的房子里说话都有回声，没有什么像样的摆设及基本的家具，有些农户家里甚至没有像样的桌子可以使用。

关于医疗有保障，虽然有新农合与大病保险，但报销机制还存在一些问题，即在当地校医院报销比例高，而在外地医院报销比例偏低。在这种机制下，一旦农户家庭患上重大疾病，在当地医院无法医治时，就不得不在城市大医院自付高额的医疗费用。所以在调研中常常碰到一些农户因病致贫或因病返贫，家中欠下沉重的外债。

关于教育有保障，当地政府在教育帮扶方面做得还不错，存在的问题是大多数家庭并不重视教育，很多孩子不愿念书，早早出去打工补贴家用。当地相关部门应加强宣传和引导，并提高义务教育水平。

实践出真知

文/段涛

（一）参与实践

时光飞逝，在研究生的第二个暑假，我参加了国家贫困县退出评估调研。在这个火热的七月，我们暂别舒适的生活，带着青年人特有的蓬勃朝气走入农村社会、了解农村社会。

从我的成长过程来说，经历了无比快乐的孩童时代、忙碌充实的学生时代、再到以后的参加工作阶段。实践是很重要的，它就像联系着学习和工作的一个链子，也是运用所学知识服务社会的一个过程。

在本次调研中，我们一方面锻炼了自己的能力，在实践中成长；另一方面，我们也为国家的扶贫事业做出了自己的一份贡献。当然，我们在实践中也表现出了经验不足、处理问题不够成熟、书本知识与实际结合不够紧密等问题。这会促使我们回到学校后更加珍惜学习时光，努力掌握更多知识，为今后更好地服务于社会打下坚实基础。

调研已经结束了，但很多场面却深深地印在我的脑海里。虽然又苦又累，但我觉得是一次难忘的经历，我结识了新的朋友、开阔了眼界，从中学到了不少东西，也增长了才干。我懂得了一个人不管做什么，都要认真对待，坚持不懈；要明确目标，端正态度；要虚心学习，不耻下问。只有这样，别人才会重视你、重用你。我懂得了一些看似细微的东西可能是至关重要的，比如，一句简单的问候，却能表现出你对别人的关怀，让人感觉到被重视与被关心。社会是残酷的，光是有文凭而没有社会经验，你的生存和发展会有一定的阻碍。

20 多天的调研虽然比较辛苦，回想起来才发觉，原来乏味中充满着希

知行兼修玉成器

望，苦涩中蕴含着甘甜。我最大的感触就是社会才是一所真正的学校，作为即将走上社会的学生，只有通过不断参与实践、减少磨合期的碰撞，才能加快融入社会的步伐、站稳脚跟，才能扬起理想的风帆、驶向成功的彼岸。通过此次调研，仿佛自己一下子成熟了，懂得了很多做人和做事的道理，也明白学习的意义、时间的宝贵和人生的真谛。

（二）关注贫困

根据我在调研中的观察与思考，认为目前扶贫工作中还存在一些需要进一步改善的方面。

重视物质与资金扶贫，轻视精神扶贫。虽然常常强调扶贫先扶志，但在现实中往往是以物质扶贫为主，比如发放钱物等，其结果是有些农户不愿自己劳动、不种植粮食，只等国家救济生活。扶贫政策是救助贫穷，但不能惯养出一些懒汉。

产业扶贫的针对性有待提升。不论是整村帮扶还是针对普通贫困户，发展产业的政策大多是给予养殖牛羊的补助和种植农作物的补助，这样的政策引导有一定作用，而且在有些地方也显现出良好的产业发展潜力，但这些地方真的适应这样发展吗？

资金投向是否妥当。就产业扶持政策来说，惠及的对象都是贫困户，而贫困户中的大多数在发展经济方面呈弱势，无论是在家庭基础，还是个人前瞻性与能力等方面，他们与一般农户比起来有较大差距。这样就造成一个矛盾，即：想发展的一般农户没有资金支持，而有资金支持的贫困户因受各种主客观因素制约难以发展得很好。

扶贫的核心是什么？很多人认为扶贫的核心就是持续增加贫困户的收入，而我认为事实上还应包括社会保障，涉及教育、医疗、养老、住房等方面的保障，扶贫的核心应当是提高贫困人口的生活水平与生活质量。

感谢山城，爱你山城

文/林鸿儒

（一）难忘山城调研

从小在海边长大的我，一直很向往去领略不一样的祖国山河，去欣赏诗一般的各种美景。20 多天的重庆调研，遇到过 42 度的高温，每天工作都深夜，但我却没感到累，反而很享受。因为我爱自己做的事情，欣喜自己每天的所见所闻。

大重庆有着壮美的山河风景，这些美景在城市里是看不到的。连绵不绝的山峰，漫山遍野的深绿，山峰顶环绕着淡淡的云雾，一切如梦幻般的仙境。

重庆的天气很热，这里的老乡比天气还热情。无论去到哪一户，他们都犹如看到了来自远方的朋友，拿出家里最好的瓜果和小吃，期盼着你和他们一起吃饭、唠嗑。有时候，看着整座大山就那么一两户人家，家里只有两位六七十岁的大爷和大娘，真的不忍心走，真的想多陪老人家聊聊天。

这次参加调研的有北师大、首经贸、中央党校、南昌大学等好几所高校的同学，同学们对待工作都很认真，做事也都很干练，有一种说不出的魅力，因此我很享受调研的过程。我的搭档是一名南昌大学的女孩，一个活泼好动的女孩子，她问问题的技巧很值得我学习，我们建立了很好的友谊，希望她回到学校以后，工作学习顺利开心！

当然，调研中也有感觉压抑的时候。当我看到一些人家里条件非常一般，就很想把他们的情况反映给上级，希望自己能做一些给老乡带来一丝改变的事情，哪怕只是替他们发出"声音"。

知行兼修玉成器

我喜欢重庆的山水和生活在这里的人们，更享受和一群可爱的人一起工作。再见山城，希望下次再来时人民的生活变得更加富裕而美好。

（二）转变扶贫观念

20 多天去了差不多 20 多个村子，感觉路越好的地方，农户家里的状况也越好。

首先，把山里的路修好是最重要的。路修好了、交通便利了，山里农户才能把农作物的生产成本降低，从而提升农产品的竞争力，收入才会跟上去。在村级公共服务设施方面，需要进一步解决医疗卫生条件改善和自然村生活饮水安全的问题。从长远发展的角度，应根据当地土质、气候等自然条件，扶持村民种植经济收入较高的作物，确保农户有稳定的收入来源，实现稳定脱贫。

其次，要做好宣传教育和帮扶指导等工作。群众思想意识的改变事关扶贫成效，政府需要加强这方面的工作，同时做好产业方面的帮扶指导。中华民族有着优秀的传统美德，一方有难，八方支援。但是，这种支援必须建立在充分发挥群众主动性的基础上。

还有就是要加强教育。我在调研中发现贫困户的学历普遍不高，授人以鱼不如授人以渔，少年强则中国强。提高贫困地区群众的文化水平和身体素质，对促进经济发展和民生改善有着重要的推动作用和现实意义，这才是从根本上改变山区面貌、发展山区经济的关键。

巴渝扶贫，一路同行

文/徐涛

报名参加这次重庆贫困县退出评估调研时，我以为应该不会是件太辛苦的事。而第一天调研结束后，我觉得"大错特错"了，这次调研确实带给我很大的触动，让我觉得需要我们做的工作真的还有很多很多。

作为一个在城市里长大的青年，之前待在农村的日子加在一起都不超过半个月。而这次20多天的调研让我真真切切地感受到了中国的农村现状。我清楚记得我走访的第一个农户，家里有一个先天残疾的儿子，腿脚行动不便，母亲就一直秉持着一个信念，要把孩子的病给治好。全靠这个坚定不移的信念，丈夫在外打工，妻子在家办缝纫铺。年复一年的辛勤努力，他们终于攒够钱，让孩子做了手术，治好了残疾。不只是我，其他同学也都在调研中遇到过这样或那样的感人故事。这些故事反映了我国农村贫苦老百姓的真实生活状况。正如习近平总书记所说，没有农村的小康，特别是没有贫困地区的小康，就没有实现全面建成小康社会的目标。在脱贫致富奔小康的道路上，我们绝不能落下一户贫困家庭。

在这次调研中，我也深深地被老师们的专业与敬业、同学们的团结与努力所打动。每当遇到疑惑时，总能得到老师们认真而耐心的解答；每当需要帮助时，都会看到同学们伸出友爱的双手。大家在工作中都很疲惫，但却从未听到过大家有任何抱怨，看到的都是热情、拼搏和笑容。正是有他们在身边，让我学到很多，也让我懂得在今后的学习和生活中要更加认真、负责、坚持。想到刘学敏老师的那句话，我们是干事业的一群人！

真心感谢这一路上遇到的良师益友，祝福你们！来日方长，后会有期！

知行兼修玉成器

谁在烈日下，唯我调研员

文/黄品文

七月，太阳像火炉一样烧到正旺的时候，我们来到了美丽的山城——重庆。对于远道而来的我们，素有"火炉"之称的重庆并没有有所照顾而变得凉快些，热浪迎面而来，重庆以其最"热烈"的方式迎接我们。

热并不能使我们退缩。从第一天开始，藿香正气水成了好多同学的必备饮品，有的同学甚至一天喝了几瓶。情系于山里人家，天气再热也热不过我们心中的一团火；天气再热也热不过我们工作的热情。我们翻山越岭只为寻找仍住在深山里的人家，只为不错过任何一个错退或者漏评的农户。

每天，我们早早出发，一出去就是一整天，即使在中午最热的一两点，我们依然翻山越岭，走家串户；即使已经热得快中暑，喝下一瓶藿香正气继续寻找隐于山间的农户。烈日阻挡不了我们的脚步，农户幸福的笑容是对我们最大的鼓励。为了守护您的幸福，即使翻山越岭、日晒雨淋都值了。

两位老人和蔼可亲，满脸幸福洋溢。我的搭档和两位老人聊得很融洽，情真意切。陪伴是最长情的告白，哪怕只有一小会儿。只想和您聊聊天，唠唠家常，只希望幸福的笑容能常挂在您的脸上。

七月，一群有志的调研员齐聚重庆。我们求真，我们务实，我们愿意为还生活在贫困中的人们翻千山、涉万水。请接受我们最长情的告白，我们要守护好你们的幸福。

知行兼修玉成器

迎接新征程，共圆小康梦

文/李高磊

现在还记得我们一行早上 5 点就到北京火车站的样子，拖着行李箱，背着双肩包，站在车站入口等着和大部队合流。夏季的太阳格外精神，早早地便从地平线探出了头。等到大家集合完毕，我们一同前往目的地重庆。

从火车上下来的那一刻，调研就算是开始了，没有一点经验的我不免有些不安。晚上开完会之后，我们同自己将要合作 20 天的小伙伴碰了头。我的搭档是一个很拼的姑娘，即使晕车很严重，她也从不喊累叫苦。记得有一次她在车上吃了一个桃子，下车后吐得一干二净，她吐了一会儿后抬头看着我，笑着说："有心的人会不会把这些重新拼成一个完整的桃子？"那一刻我是真的很佩服她能够以苦为乐，用她的一句口头禅来讲，应该是"开心就好"。

当我第一次听说贫困线为人均年收入 3000 元的时候，还是很吃惊。一台冰箱或者一台液晶电视都不止 3000 元，真的会有人均年收入 3000 元都达不到的家庭吗？这个疑问在调研过程中得到了证实，这样的家庭在中国是确实存在的。一直听有些老师或者同学说着精准扶贫，但并没有理解这里的"贫"究竟到什么程度。因为自己没办法想象在现在的社会还有吃不饱、没水喝的情况。

不知不觉中为期 20 天的调研结束了。除了对中国的农村有了进一步的理解之外，同时也结识了许多同学，尤其是与自己合作了 20 多天的搭档。临行前，我们所有人都说着"后会有期"。但是大家都明白，这一走不知道还能不能再见面？"后会有期"不过是大家心知肚明的谎言，但同时也是我们的期望，希望未来有一天能不期而遇，然后笑谈当时一起吃过的盒饭、晒过的太阳。

20 多天，我们不过是针对重庆直辖市的 5 个区县进行了调研，中国有 31 个省份，区县更是数不胜数，扶贫工作谈何容易？经过 20 多天的调研，我改变了自己以往的一些看法，一个地区的巨大改变与当地政府的作为是紧密相关的。

还有另外一个现象，就是很多非贫困户都会有这么一句无奈的话："我们也想申请贫困户，但是我们家在村委会没有人，申请不上。"如果我们接着问："你们到底申请了没有？"他们会回答没有。我想说的是，很多农民都有一种观念，即：要想取得某种利益并不需要依靠客观实际，而是依靠关系。另外，基层干部对农民的基本情况最了解，他们如果在一些事情上处理不当，便会激起群众的不满，进而影响农户对于整体扶贫工作的客观评价。

扶贫工作任务艰巨，需要举全国上下之力共同努力。

去往第一户的途中，烈日炎炎却不能阻止我们的脚步。

知行兼修玉成器

了解真实的社会是当下
青年的第一要务

文/都梦蝶

（一）书香浸润扶贫路

能参加这次扶贫调研，我感到非常荣幸。在重庆停留了数十日，虽时间不长，却也感想颇多。

由于我是后半程出发，同行的伙伴只有 7 位，大家一起坐火车过去。除了我们自己的行李，还有 3 个半人高的资料箱子需要我们带到重庆武隆。很不幸，我在来的路上患了重感冒，并在接下来的几天里严重影响了工作。其实，在半程的时候参与到调研中，如何融入已经磨合较好的团队是一个比较棘手的问题。但在众多伙伴的帮助下，我一天之内就适应了工作。烈日炎炎挡不住我走向农户家中的脚步，从一开始与队友的生疏与摩擦，到后来的逐渐默契，更到最后工作的圆满完成，我在这一过程中明白了及时适应环境和团队配合的重要性。

调研中除和自己的搭档接触最多以外，更多接触的就是当地的村民、干部和村里的向导。在和村民的接触中，我看到了真正的中国农村是什么样子，在这个正走向富强的国家，尚有一些人还挣扎在贫困线上；地方官员的一些行为和情绪，也让我一窥中国基层政府运作的程序，比书本上学到的知识更加复杂。

（二）扶贫尚需再努力

我这次扶贫调研中主要去了武隆与秀山。我发现虽然是两个地方，却存在一些共性的问题。

1. 脱贫工作好与坏的关键在于修路、危房改造或易地搬迁

一般而言，这两方面做得好的村子，村民的生活水平也相对较高；而做得不好的村子就情况较差。这就好比"授之以鱼不如授之以渔"，修路带来的经济效益是有目共睹的，而且村民因为出行条件的改善，可以发展农业之外的其他产业，如建筑业等。这就使农民的收入由主要来自种地逐渐向工业、服务业等转变。易地搬迁或者危房改造则是在保障农户住房安全，给予每一户农民一个可以避风挡雨的家。俗话说"家和万事兴"，如果农民无房可住，那么发展经济、增加农民收入就成了一句空话。在这些方面做得不好的村里，扶贫的主要方式是分配来自国家政策的各种补贴，这犹如远水近火。

2. 贫困村的扶贫工作普遍比非贫困村好

非贫困村的贫困户往往因为村里得到来自国家的资源较少而生活水平改善不大。这一点主要体现在贫困村的脱贫户对村里扶贫工作的满意度整体高于非贫困村。细想原因，一方面可能是因为贫困村得到的国家资源更多；另一方面则可能是上级领导更加重视贫困村的扶贫工作，而对非贫困村的工作缺乏行之有效的监督作用。

知行兼修玉成器

不负初心

文/颜明杰

（一）感恩大家

随着列车的轰鸣声，我们离开了奋斗了 20 多天的地方，回到各自的出发地，不舍之情由然而生。20 多天的相处，虽然会有些小矛盾，但是总体来说还是很和谐，感谢大家在整个调研过程中对我的照顾。我从北队同学的身上学习了很多，知道有些事情的处理方式可以不一样，可以有更好的方式，知道了怎么处理人际关系能够让大家更加团结。

在整个调研过程中，我发现科学有效的安排能够更好、更快地完成既定的任务，一个团队的核心竞争力在于领导者的决策能力及其成员的执行能力。优秀的团队领导者，需要有较强的决断能力，在应急处理上要粗中有细，能够分清楚事情的轻重缓急，充分而合理地调配资源，使有限的资源发挥最大的效用。

我也在工作中学会针对不同的调研对象采用不一样的方法。首先，对待调研对象应当采取平等的态度，采用聊天模式和其充分沟通，这样得到的成果比单纯问答形式好得多。沟通的形式有很多种，高高在上的"审问"模式并不能取到良好的效果，反而会使调研对象产生警觉性，他们对于问题并不会正面回答，有时甚至会有所保留。所以，要想拿到较为真实的第一手数据，和调研对象交心是不错的选择。喝杯水，吃个水果，或者给小朋友吃糖，这些小细节都能够降低调研对象对我们的戒备心理，接地气的访谈能够无形中拉近彼此之间的距离，最终获得更为真实的数据，在相同的时间内完成更多的工作。总的来说，就是运用更为科学的处理方法，能够在一定程度上提高办事效率。

本次调研给我的感触很多，也让我成长很多，懂得如何与人相处，懂得如何用合适的方式解决不同思想碰撞产生的矛盾。

（二）改进工作

在这次调研中，我思考了地方脱贫工作中的一些问题，形成一些粗浅的看法。

1. 重庆的户口问题急需解决

在本次调研中，我发现每家的户口本新旧程度不一，且同住不同户的问题十分严重，一对夫妻可以是两个户口，且户籍性质也不一样。其结果是造成扶贫政策落实起来难度很大，农户信息的核查十分困难。

2. 脱贫方式较为单一

重庆的贫困户脱贫方式大多是依靠劳务收入。这样的方式虽然能够解决当地人口的收入增加问题，但是人口流失问题很严重，随着二孩政策的开放，留守儿童的问题将变得更加严峻。

3. 当地的支柱产业发展不均衡

主要问题是支柱产业对于农户脱贫的作用不很明显。

针对这些问题，我认为重庆市的户籍问题属于历史遗留问题，解决这个问题是重庆完成全面建成小康社会目标的根本问题。在产业上，采用劳务输出的办法帮助贫困户脱贫，可以使有劳动力的农户增加经济收入，但这种方式有着较高的不稳定性。所以，发展当地适宜的产业更为重要。重庆有些乡镇已开始探索烟叶种植、金银花种植、花椒和辣椒等的种植，创收效果相较劳务输出更为稳定，且对于劳动力不足的农户更适宜。

要想真正全面建成小康社会，在精准扶贫方式上要多条腿走路，采用单一的模式不能从根本上解决农户的收入问题。只有因地制宜地贯彻落实国家的扶贫政策，才能实现农村经济的全面提升、农户生活状况的全面改善。

山城行杂记

文/李华容

　　2017 年夏天是我终生难忘的一个生命段落，因为我非常荣幸地成为重庆贫困县退出评估检查的一名调研员。经过基础培训之后，我与所有调研员怀揣着无尽的遐想，于 7 月 10 日奔赴"山城"重庆。

　　此次的调研队伍由来自五湖四海的 140 多名老师和同学组成，我们在工作中相识相伴，相互帮助，培养了团体合作意识，使我们的工作十分默契，效率很高。在 20 多天的调查中，我们小组一共走访了 3 个区县的 21 个村子的众多贫困家庭，获得 133 份有效的调查问卷。

　　通过这次调查，我们目睹了我国农村的现状，留给我深刻印象的是农村中的"空巢老人"与"留守儿童"。绝大多数家庭里的青壮年劳动力为了改善家庭生活而选择了外出打工，在农村留下的基本都是高龄老人与幼龄孩童，这些家庭只有在每年春节的时候才会有一次短短数日的合家团圆。因此，村子里的老人们对于我们的到来显得格外热情，他们始终真诚地与我们交谈家长里短，事无巨细。或许他们在这个过程中把我们当成了自己的孩子，也或许比起经济上的扶持，这些老人跟孩子们更希望得到精神上的告慰与家庭的团聚。

　　调查结束回家后，我的脑海中依旧保留着在重庆经历的一幕幕场景。我在这次调研中获得了两点感悟。首先，对待工作要认真负责，不仅能够局限于自己独立的空间，更要融入整个团队的系统中，在当好一颗螺丝钉的同时，更要学会成为润滑剂，只有这样，所有的困难才会迎刃而解，所有的工作才能顺利进行。其次，对待亲人要倍感珍惜。不要总觉得他们都还好，自己的时间还多。如果不好好抓紧时间多陪陪父母和长辈，也许他们转眼间就老了，逝去的日子再也回不去了。"树欲静而风不止，子欲养而亲不待"是一种莫大的悲哀。

在全面建成小康社会的过程中，最艰巨、最繁重的任务是消除农村的贫困。习近平总书记指出，扶贫要实事求是，因地制宜；要精准扶贫，切忌喊口号。从"精准扶贫"四个字的内容上看，"扶贫"是根本目标，而"精准"则是保证这一目标有效实现的唯一措施。

我觉得在整个扶贫过程中，必须做到精准识别、精准帮扶、精准管理，并最终达到精准脱贫。精准识别是前提，各地政府需要对辖区内的各家各户做足调查研究，做到不偏不倚，公平、公正、公开，把扶贫对象找准。精准帮扶是关键，在精准识别的前提下，需要进一步分析贫困户的致贫原因，诸如自然条件恶劣、生产技术与设施不足、家庭劳动力缺失等，并有针对性地拟定帮扶计划。精准管理是保障，应该确保扶贫资源真正用在贫困户身上、真正用在贫困地区，不跑冒滴漏。另外，精准管理更应该实时了解扶贫对象的发展变化，使稳定脱贫的村子与农户及时退出，使应该扶持的贫困户及时纳入，实现扶贫对象有进有出。

习近平总书记对于精准扶贫工作提出三点要求：一是发展生产要实事求是，二是要有基本公共保障，三是下一代要接受教育。因此，仅仅靠帮扶、靠输血是远远不够的。要通过进一步加强水、电、交通等基础设施建设，从根本上改善农村群众的生产和生活条件；通过进一步加大对教育的投入力度，做好下一代的教育工作。只有不断增强贫困地区及贫困人群的造血能力，才能够从根本上帮助贫困地区发展，让贫困不再滋生，将精确扶贫进行到底，真正实现全社会的全面小康。

知行兼修玉成器

调研员在给小女孩讲解暑假作业。该户家庭共有 4 个孩子，图中的小女孩排行老二，上小学四年级。孩子们跟自己的爷爷奶奶一起生活，他们的父母在外务工。

调研员在去往贫困户的途中，路过一片足有一人高的玉米地，夏日炎炎，但是大家的工作热情都很饱满。

打造脱贫致富的"巴蜀模式"

文/张浩

　　刚得知要跟着老师和同学们去重庆调研时的兴奋与激动仿佛还在脑海中没有散去，转眼之间，调研就已经到了收尾阶段。我在这次调研中收获的不仅是知识，更多的是对于百姓疾苦的切身感受。

搭档走在蜿蜒崎岖的小道上。即使路上布满荆棘，她也毅然决然地走过去。

　　经过将近两天的日夜颠簸，我们抵达了此行的第一站：重庆市万州区。对于从小在北方城市长大的我来说，第一次走进重庆的深山之中，就被这里的绿水青山所震撼，这里的山水纵横是在广袤的华北平原看不到的景象。但是，当我第一次走进农户家里、看到他们艰苦的生活环境时，我再也没有心情去欣赏三峡两岸的美景。

由于地势的原因，这里的耕地零星破碎、起伏不平，使当地的种植业发展受到限制，老乡们只能靠种少量的玉米、稻谷来维持生计；另一方面，山高沟深，道路崎岖，交通运输极其困难，也成为制约当地经济发展的重要瓶颈。一些农户家距离村镇很远，他们天天走的都是崎岖陡峭甚至有几分危险的羊肠小道。仍旧有一些农户住在不能避风遮雨的土坯房里，他们的艰难生活条件让我痛心。

我国的脱贫攻坚任重而道远，需要我们所有人付出努力。我相信只要我们全力以赴，一定能在 2020 年实现全面小康，所有人民都能过上幸福的生活。

幸运的调研之行

文/陈浩

有幸与多所高校的老师和同学们一起赴重庆,对万州、武隆、丰都、秀山、黔江等 5 个贫困县退出进行评估。通过 20 多天的评估经历,我对第三方评估工作有了深刻的认识,同时对贫困县的农村现状以及扶贫工作有了更深入的思考。

(一) 认真观察

做好调查员的工作。作为第三方评估的调查员,我们的目的是对基层扶贫工作进行评估检查。这是一件十分严肃的事情,我们必须要认真对待。在面对可能存在问题的时候,要掌握充分的证据;存在不确定或者矛盾的证据时,要及时采取电话询问、走访邻居等方式进行佐证。同时,要保证收集证据的过程符合要求,礼貌地请可能影响调研的干部回避。除此之外,还应该牢记我们是当代青年学生的形象代表,在调研过程中要注意自己的言语表达和行为举止。遇见主动反映问题的群众时,要认真听取他们的问题。虽然他们的问题可能和我们的调研无关,但如果可以,还是要给出一些合理的建议。

摆正学生的态度。地方政府对于我们的评估相当重视,调研过程中存在诸多诱惑。这时候,我们就应该时刻牢记自己仅仅是个学生,面对恭维和诱惑,应该保持谦虚的态度,不能被这些"糖衣炮弹"击中而认不清楚自己。同时,态度要和善,不能错误地认为我们与地方干部有等级高低之分,对待干部和向导都应该有礼貌。

认真观察，勤于思考。有幸参加这样一个可以深入基层了解农村现状的调研，我们应该好好珍惜。通过这次调研，我对农村的贫困问题有了新的认识，在与其他同学的交流中，也收获了新的思考。相信这段难忘的经历将会成为我人生中的宝贵财富。

（二）勤于思考

根据 20 多天调研中的观察，结合调研前期所掌握的知识，我认为当前的扶贫工作中还存在着许多需要解决的问题。

1. 精准识别方面

很多村子存在"致贫理由单一"的现象。比如，有的村几乎全部是因学致贫，唯一的标准就是家中有无在上学的大学生，这显然是不符合逻辑的。村庄中不同家庭的情况是多样，致贫原因也应当是多样的，精准识别就是要因户而异，找到农户真正需要帮扶的地方。

2. 精准帮扶方面

存在帮扶针对性弱、力度小的问题。在问及自己是否知道自己享受了哪些帮扶措施的时候，他们的回答主要是危房改造补贴、子女上学补贴、帮扶责任人的走访慰问、政府的现金补贴等。总体来看，除了五保和低保兜底外，大多数贫困户是靠家中劳动力外出打工实现脱贫的，虽然这一点体现了脱贫主要靠贫困户自身的能动性，但也说明帮扶工作需要进一步加强，通过有效的帮扶措施给农户带来切实的经济效益。

3. 产业帮扶方面

产业帮扶是通过发展产业使贫困户能够凭借产业发展带来的资本性收益而实现脱贫，各地的产业帮扶措施主要有三大类：一是发放鸡苗和饲料。这种方式虽然可以给贫困户减少养殖的成本，但是由于养殖规模有限和养殖技术有限，大多数时候鸡苗的存活率较低，且在将鸡养大卖出后，后续没有持续性收益。二是直接发放现金补贴，但是依然属于"输血式"的帮扶。三是通过引进或发展种植或养殖大户，给贫困户提供更多的就业岗位。这种形式看起来比较可行，但只适用于家中劳动力没有外出打工的农户，受益范围较小，效果不佳。总体来看，产业帮扶应该有更多的思路和途径，需要提高产业发展的持续性和影响力。

4. 精准退出方面

大多数贫困户并不知道什么叫"脱贫不脱政策"，一些脱贫户表示自己担心脱贫后就不再享受政策了，这也反映出脱贫政策的宣传不够到位。

5. 群众满意度方面

存在非贫困户不满意较多的情况。大多数贫困户对于扶贫工作还是比较认可的，但对于非贫困农户，他们的满意度较低。主要可能是相关政策宣传不够到位、贫困户的评定程序不够透明造成的。

后坪乡离驻地酒店有3个多小时的车程，下午7点返回。由于工作量大，我们在返程中就开始整理纸质问卷。天已经黑了，我的搭档就用手机的手电筒功能为我照明。

知行兼修玉成器

贫困是暂时的

文/高琪

（一）与其苦等，不如苦干

重庆评估调研已经结束，我去了很多完全不同于北方家乡的山城乡村，解到了不一样的风土人情，心中时时发出感慨。甚至，在独处的某些时刻，灵魂不知道被什么东西重重一击⋯⋯

在 20 多天的调研中，我看到了国家实行精准扶贫政策以来，各地为了摆脱贫困状况，立足所处区域的地理环境特点，充分发挥自身优势，大力发展扶贫产业的工作成效；也看到了各级政府和基层干部为了实现脱贫目标，在帮助贫困户改善生活环境、鼓励其参加扶贫产业、为其寻求外出务工机会、提供教育和医疗保障等方面开展了切实有效地帮扶工作。

我在到过的一些村庄里经常看到"与其苦等，不如苦干"的标语，这是激励群众奋发图强的正能量。贫困只是一种暂时的状态，只要踏实肯干，有决心、有毅力，一定可以摆脱贫困。因此，上到政府职能部门，下到村民百姓，都要为了摆脱贫困而不断奋斗。

我去过贫困村，也到过非贫困村，看到许多贫困户依靠政府的帮扶以及自身的努力改善了生活条件，实现了"两不愁、三保障"，获得了稳定的生活收入。实现脱贫之后，他们脸上洋溢着幸福和喜悦，他们对政府的帮扶不断赞赏。

脱贫之路必定艰辛，但只要有完善的政策支持，并且将这些政策付诸实施，再加上农户自身的努力，脱贫致富不是一道难以逾越的鸿沟。

20 多天的调研不仅使我更加深入地了解了国家的精准扶贫政策，也让我认识了一群团结协作、互帮互助的小伙伴们。这是一段让人难忘的经历。

（二）克难奔小康

消除绝对贫困是我国全面实现小康社会必须要攻克的一大难题。在20多天的调研中，我看到了上上下下为了实现脱贫所付出的努力。

虽然政府实施了很多帮扶措施，但其中也存在一些问题。比如，扶贫对象具有一定的局限性。我在调研中发现，有一些没有被评为贫困户的家庭，生活条件相对也比较困难，有些农户的住房存在漏雨、漏风等问题；有些农户的经济收入完全依赖种植业，收入相对较少。由于这些农户并不是贫困户，他们得到的帮扶相对很少，因而不能更好地改善生活环境和经济状况。因此，可否在力所能及的范围，适当扩大扶贫政策的惠及对象，在帮扶贫困户的同时，也顾及那些有困难的非贫困人口，使他们也能够享受政策，改善生活。

精准扶贫是全面实现小康社会必须要做且一定要做好一件事情，只有真正实现脱贫，才能够建成小康社会。因此，精准扶贫任务艰巨。政府部门需要把政策真正落实到需要帮助的农户身上，才能真正解决贫困人口的脱贫问题，为我国全面实现小康社会打下良好基础。

难忘山城

文/丁杰

7 月 10 日到 8 月 1 日，重庆调研历时 22 天。这 22 天里，我经历了很多，也收获了许多。

这是一次多校联合的调研，由北京师范大学、南昌大学、天津师范大学、中央党校、首都经贸大学五所高校共同参与。在调研过程中，我们实行"南北混搭"的方式，这样一方面可以"以老带新"，帮助新同学尽快熟练和掌握调研技巧，另一方面也可以促进双方同学的交流。经过 22 天的共同奋斗，我们结下了深厚的友谊。很幸运，在美丽的重庆遇见美丽的你们；很开心，在前行的路上有你们陪伴。有这么一种感情让我们终生难忘，那就是友谊。

在调研的前几天，我曾看到一则新闻：重庆的四名干部下乡扶贫发生车祸，三死一伤。我们都知道重庆被称为"山城"，用"山路十八弯"来形容也不为过，往往一个弯还没拐完，又要拐另一个弯。当问到基层干部经常走这样的路会不会害怕时，他们都说"习惯了，有时候有紧急情况，晚上都得这么走"。有的时候，农户的要求没有得到满足，他就会不开心或者不满意，就会有牢骚和抱怨，如果我们选择相信农户，就会使驻扎农村的基层干部几年来的付出得不到客观的评价。基层干部也很辛苦，他们为了脱贫长期驻扎在村里，不能回家；他们在"火炉之首"的重庆，顶烈日抗高温，无怨无悔。有这么一种人让我们感动，他的名字叫人民公仆。

近几年，"老人跌倒扶不扶""七旬老人跌倒赖上好心人"等报道层出不穷，人性问题成为热点话题。但在调研中，我们却被农民的朴实、真诚所感动。有一次，我们刚吃完午饭便入户了，走进一幢木制房屋，家里有一位爷爷、一位阿姨和一位刚刚高中毕业的小弟。我们表明来意后，阿姨就开始问我们吃饭了吗，要不要给我们做饭。我们说已经吃过了。紧接着阿姨就跑到里屋给我们拿牛奶，阿姨的热情和真诚、朴实让我感动。他们朴实的外表下是一颗美的心灵，纯真的笑容感染着我们每个人。

调研时间很短，我却收获很多，这些收获将会成为我一生的财富。而且，我还有一些自己的思考，比如，有些帮扶措施针对性不强，农户一味想得到政府的帮助，缺乏靠自己的能力脱贫的意识。我对此的建议是以下几点。

由于贫困户的致贫原因是不同的，要想帮助贫困户摆脱贫困，必须根据他们的致贫原因展开针对性的帮扶。例如，因缺乏技术致贫，则可以多开展一些劳动就业培训，提高农户的劳动就业能力等。授人以鱼不如授人以渔，教会贫困户如何自己脱贫致富才是重要的。

对于贫困户自我脱贫意识较差的问题，最主要的是应加强对贫困户的教育和激励，使其树立自我创业、自我发展的思想，根据自身的家庭情况，选择适合的脱贫路径，通过自身努力实现脱贫。

　　　　　　　　　　　　　　　　　　　　知行兼修玉成器

健康扶贫让幸福不再遥远

文/金旻

（一）对评估工作的感想

从 7 月 7 日的南昌培训会开始，我一直按捺不住激动而复杂的心情，其中包含着对这次评估工作的向往，也隐含着对未知前路的惴惴不安。在这 20 多天的日子里，我有过对贫困户家徒四壁的怜悯、有过对烈日当空的叹息，但对评估工作的责任感让我一次次收拾起情感，坚持完成每日的任务。当 7 月 31 日评估工作落下帷幕时，一种空荡的感觉充斥着我的内心，但我知道在未来的某个夜晚，我能想到的都是满满的回忆。

根据我在调研中的观察，我觉得重庆各区县的扶贫工作可以归纳为以下几个方面的特点。

第一，各抽查乡镇与村部的精准扶贫资料较为齐全，对建档立卡贫困户的家庭情况能够做到详细记录，并且经调研员确认，大部分记录能够做到实事求是。

第二，地方政府的干部与村部向导对我们的评估工作干预较少，主要源于他们对于长期以来所做脱贫攻坚工作的一份自信。

第三，各村的到户路硬化情况较好，村级医务室、垃圾处理等公共设施和公共服务覆盖率较高，在改善村容村貌的同时，也有效提升了农户日常生活的便利度。

第四，易地搬迁扶贫工作细致而深入。我们发现众多曾居住在深山里的农户通过搬迁工程而顺利脱贫，仍居住在山区的农户较少，体现出地方政府对易地搬迁这项工作的高度重视。

（二）问题思考

1. 户籍管理较为混乱的问题

一家三口人有三个户口本的例子不在少数，此类情况对于扶贫工作中要求的精准到户会造成很大影响。

2. 木质房屋存在修缮滞后的问题

因为在 2012 年提出要规划建设特色小镇，某村不允许拆除木质房屋，但到现在都推进缓慢，致使很多急需修缮的房子存在很大的安全隐患。

3. 非贫困村的基础设施与帮扶力度有待提升的问题

由于国家给予非贫困村的资源分配往往比贫困村少很多，导致非贫困村的基础设施很不完善，农户的满意度也略低于贫困村。

知行兼修玉成器

同心共赴使命

文/陈鑫

"万州区××乡××村××户，国家精准扶贫第三方评估入户调查，现在开始……"伴随着这一段熟悉的开场白，重庆国家贫困县退出第三方评估正式开始。从2016年5月算起，这已经是我的第八次精准扶贫评估，但每一次都有不一样的体会。

尽管我参与了多次评估，到过很多县市，但因异地交叉评估来到重庆却还是第一次。来之前，我早已听闻重庆的山多、路远、高温。初到重庆，我感叹其扶贫工作的力度之大，围绕"两不愁、三保障"的核心，重庆的干部们下足了力气、想尽了办法，也作出了卓有成效的业绩，但是否已经足够完善？带着这个疑问，我在入户调查中重点关注了重庆的扶贫工作是如何开展的，并尝试解析其缘由。

7月11日至7月30日，我在重庆完成了20天的入户调查，对重庆的扶贫工作有了更深入的了解。

我觉得"高压态势"下的干部扶贫是重庆的主要特点。从受访农户对驻村干部和帮扶责任人的满意度来看，重庆市的驻村干部和帮扶责任人工作还是很到位的。但干部们私下里也跟我们吐露心声：组织部规定驻村干部一个月下村不少于20天，每月得做一次工作汇报，原先的工作又不能丢，自己还有家庭需要照顾，只能村里和单位来回跑，太累了。还有一名干部从原单位借调到另一个单位，同时又担任扶贫第一书记，他得三头跑，连家庭都兼顾不到。

一位书记谈及自己的工作时显得颇为无奈："规定了要帮扶，可是我们单位又没什么资源，为了出成效，我们只能自己掏腰包，逢年过节给农户买点米、买点油。"另一位帮扶的干部讲道:"扶贫真的是累啊,一个行政村一年的转移支付是 6 万元,村两委一般是 4~6 人,平均每人就是 1 万块钱,钱少事多,只能没日没夜地干。不说别的,单单贫困户的建档立卡资料就做了厚厚一本,都是手抄的啊!"

还有村主任也向我们抱怨:"这两年我们几乎没有怎么休息过,去年国庆节只休息了 2 天。5+2、白加黑是我们工作的常态。"

基层干部们在上面一级级的高压态势下开展扶贫工作,不敢出现任何一点差错,因此对待评估检查工作表现出高度紧张。各单位也以扶贫为第一要务,上上下下都是围绕扶贫转。

经过几年的精准扶贫和脱贫攻坚,重庆市的这五个区县的贫困户确实受益了,大部分农户的生活发生明显变化。但是,这种成效源于高压态势下的干部投入,究竟这种做法能坚持多久?干部的积极性又靠什么维持?能维持多久?如何维持?这些问题都值得我们深思并找到解决的办法。

知行兼修玉成器

用心交出脱贫答卷

文/李闯

  此次二十来天的重庆调研之旅让我感触良多。我们在万州区、丰都县、黔江区的三大阵地，经过 20 多天不间断地实地走访农户，一方面真真切切地了解到当地的扶贫工作效果，另一方面也深切地体会了重庆大山深处人民的生活状况。

  重庆有"山城"之称，也恰恰是因为当地多山的地形，阻碍了经济社会发展。随着现在村村通的实现，当地的交通问题已基本解决。同时，由于重庆多山的地形，也促使当地人习惯走山路，身体素质很好，很多七八十岁的老年人依然能够从事基本的体力劳动。

为了寻你，我不远万里、跋山涉水而来。只为得到大山深处的你的一句："要的，要的！"

从我个人的角度出发，我认为当地人民若想完全摆脱贫困的困扰，不仅仅是依靠地方政府的救济和帮助，而是要寻找到能够让当地发展且适合当地发展的新型产业。当地贫困的根本原因在于生产力落后，所以更应该结合当地的自然条件，发展当地优势和特色产业，通过产业带动经济发展，从而真正实现脱贫。当地政府也在致力于发展地方的主导性产业，对当地的发展起到举足轻重的作用。

最后，我在此次调研活动中收获颇丰，不仅增加了社会实践经历，更结识了很多全国各地的好朋友，感谢此次调研过程中的老师们和小伙伴们。

知行兼修玉成器

难忘调研的每一天

文/刘立威

我很荣幸成为这次重庆调研组的一员，在近 20 天的调研过程中，我收获了许多，也感悟了许多。

俗话说：有缘千里来相会。这次能够跟来自各高校的小伙伴合作完成这项高尚而光荣的任务，我感到无比幸运。在重庆的近 20 天里，我结识了我的搭档，认识了许多优秀的同学。我为整个调研团队感到自豪，因为我从团队中看到了坚持、懂得了纪律。

如果没有亲自到过中国最基层的乡村，我们永远无法真正了解中国农村老百姓的生活现状。我在调研中感觉到农民致贫的主要原因有三个：一是因为孩子上学，二是因为家里有身患重病的人，三是家里没有劳动力。通过我的观察，我觉得家里有严重病人的和家里没有劳动力的农户是最难脱贫的，这些家庭应该是我们重点帮扶的对象。

一部分农民对国家的政策不是十分了解。比如，有些农户对于医疗报销并不是很清楚，导致因病花费了许多钱。所以，我希望村干部能够加强宣传，让每一个农户都知道国家政策。最令我感到难过的是农村的老人。老人致贫的原因也有许多，或因为重病，或因为孩子不赡养。百善孝为先，应该是刻在我们每个炎黄子孙心中的传统，孩子不赡养最让人痛心疾首。

习近平总书记说过，在实现全面小康的道路上，我们不能落下一个人。刘学敏老师说，当我们宣布实现全面小康时，如果还有很多贫困户，那就不能让人信服。所以，扶贫攻坚战任重道远，需要我们每个人都贡献出自己的一份力量。

一项认识农村的活动

文/邱观林

（一）没有调查就没有发言权

精准扶贫调研为我们面对面地认识农村、了解农民、观察农业提供了很好的机会。在未参加调研之前，我们对农村贫困的认识停留在表层上，仅仅知道中国有约 7000 万的农村贫困人口这个数字。农民的贫困程度是怎样的？脱贫路径又是怎样的？唯有通过深入到农村、深入到农民的生活当中，我们才能有深刻理解。

2017 年 7 月 12 日到 7 月 31 日，我参加了重庆贫困县退出评估调研。山城重庆的交通虽不方便，但无法阻挡我们调研员深入农户调查的步伐。调研过程中，我们不仅展现了吃苦耐劳的大学生风范，而且展现了作为第三方机构在精准扶贫检查评估中的专业性和客观性。老师说评估调研是一项神圣的工作，我觉得更是一种责任和担当。我们唯有做到摆平位置、摆正心态、肩担责任，才能真正做好这项工作。入户调查时，我们既要做到不诱导农户回答，又要做到在短时间内掌握农户的真实情况，既不虚与委蛇，又不囫囵吞枣。

农村贫困是一个历史发展的问题，不同时期有不同的特点，产生的原因也很复杂。根据我在调研中的观察和思考，我觉得自然环境恶劣、交通条件落后是造成重庆农村贫困的重要原因之一。

知行兼修玉成器

（二）思考脱贫路径

贫困县退出评估调研对于提升大学生的理论联系实际能力具有重要的价值，通过在重庆20多天的调研，我深刻了解了农村发展现状，同时也深深感受到精准扶贫的任重道远。

我在调研过程中发现，大批的干部参与到精准扶贫工作中，既有省市领导包县包村，也有市县帮扶单位的大量党员干部，还有驻村第一书记等。但恰恰是应该参与其中的主角——贫困群众的态度比较消极，他们或被动接受、或冷眼旁观。相当一部分贫困群众对精准扶贫政策不了解；对自己如何脱贫缺少规划，只是被动地接受扶贫部门给予的增收项目，对增收项目的经营缺少主动性；还有很多贫困群众对帮扶责任人、有关领导等的一次次家访和一次次核查、填表、签字有抵触情绪；部分贫困群众"等靠要"思想仍然很严重，自我脱贫意识较弱。

此外，产业发展滞后致使脱贫效益不甚明显。我在调研中发现，产业扶贫表面上热热闹闹，但实际上并未形成稳定的、规模较大的、能够吸纳贫困人口就业、有发展前景或可持续发展的产业，做大做强还有待时日。而且，大部分扶贫产业只注重能够实现脱贫目标的短、平、快种植和养殖项目，产业结构也较为单一。

附录
照片特辑——背后的故事

失孤

文/邢乐

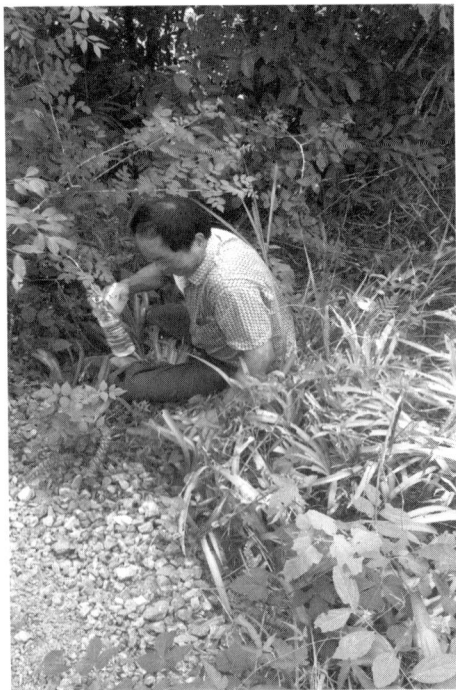

他，今年 54 岁，7 月 29 日那天，他是我们的向导。看似很普通的一个大叔，背后却有些心酸的故事。

山路比较陡，他走在我们前面，试图拉着我们下山，可是路太陡，石头太滑，他还是不小心滑了下去，手也被尖锐的石子磨破。我和小伙伴吓得一身冷汗，他却抓着草，抬起头来，笑着对我们说：没事，没事哈，看我不是站起来了吗？那种笑容就像是父亲在安慰他自己的孩子。简单帮他包扎后，我们继续前行。我们来到今天最后要访谈的一户，向导大叔拿出了户口

知行兼修玉成器

本和身份证，他说他就是我们今天要访谈的最后一位非贫困户。走进他家，我们看到的是没有装修、很简单的一个房子，一位消瘦的阿姨（向导妻子）站起身来，直勾勾地盯着我们，说实话，当时我挺害怕的，觉得这个阿姨挺奇怪的。在接下来的访谈中，我彻底明白了。

大叔告诉我们，就在去年，他们刚刚失去他们23岁的儿子，这也是他们唯一的孩子。去年，他们老两口正在家里欢天喜地地张罗着儿子婚礼的时候，从新疆（儿子打工的地方）传来了噩耗，说他们的儿子溺水身亡了。我想，这对他们来说简直是晴天霹雳。说到这里，叔叔抬头对我们看了看，微笑了一下，我想他是把我们当成他的孩子了，一旁的阿姨眼里早已充满了泪水。叔叔说他们不想申请贫困户，因为现在他们还有力气，他们会努力干活，努力地活下去。

我们失去了父母，还可能会有自己的生活，但父母失去了我们就等于失去了一切。

阳光下的小男孩

文/邢乐

他，黔江中塘人，苗族人，八岁，笑得很可爱的小男孩。他的父母 54 岁，母亲有点精神病，还有一个 94 岁的奶奶。刚进去他家的时候，小男孩一直躲来躲去很害羞，我们笑着看着他，问他叫什么，读几年级，考了多少分，并拿出了一包饼干给他，他便渐渐地跟我们熟悉起来，因为语言问题，我们非常需要小男孩做我们的翻译。在做访谈的过程中，我们一直很小心，最终他的父亲也被我们打动，配合我们做完了访谈，访谈结束后，我们打算去看他们的老房子，老房子在山上，小男孩跑在我们前面，一会儿就不见了，阳光照在我们身上，火辣辣地疼。我们正在大汗淋漓地往上爬的时候，小男孩背着个大背篓冲了下来，里面装着满满的牛草，原来他是跑去山上接他奶奶了，阳光照在小男孩的身上，显得格外可爱。

穷人的孩子早当家，阳光下的小男孩，乐观、坚强、懂事的小男孩！

知行兼修玉成器

背篓里的小娃娃

文/邢乐

这个小男孩，不到一岁，看起来很可爱。他的父母在外地打工，基本不回家。从他生下来就由 70 多岁的爷爷奶奶抚养。他爷爷说小男孩还有一个两岁、一个五岁的姐姐，都由他们来抚养。小男孩的爷爷脑溢血刚刚有点好转，大病初愈的爷爷说话显得并不是很利索，我问孩子吃奶粉不，他说得吃，现在还不会吃饭，但是他只能买几十元一袋的奶粉，听后，心里一震，在我印象里21世纪的孩子应该是生活在蜜罐里的，吃穿都是最好的，几十元的奶粉对孩子的健康会造成怎样的影响，我们可想而知。对于他们，我们只能尽我们最大的努力去帮助他们。精准扶贫，任重道远！

珍惜每一滴水

文/邢乐

这个小姑娘，20岁，父母离异后，各自组成了家庭，她跟着84岁的奶奶一同生活，现在的奶奶已经半边瘫，生活不能自理，她不能外出打工，必须在家里照顾养育她长大的奶奶。

我问到他们喝水有无保障的时候，小女孩回答有，在我们进门后，我们在他们家里看了一圈，厨房里并没有自来水，也没有卫生间，我就问她喝的什么水，她说是泉水，我们不放心，就让她带我们去看，结果令我们非常震惊，这哪里是泉水，就是一个直径不到一米的小沟。里面的水是浑浊的，我问她就喝这个水吗，她说是的，洗衣服也是靠这个水，有时候天干了也会没水，所以水对她们来说很重要，因为住在半山坡上，自来水无法接通，同时家里也没有多余的钱来支付自来水费。这种现状不禁令我们唏嘘，也不禁想到我们每一个地球人，珍惜每一滴水多么重要，也许现在水在我们雨水充沛的地方没那么珍贵，但是对那些住在大山里的人们又是多么珍贵！

战斗力爆棚的小伙伴

文/邢乐

　　他，北方小伙，看他壮壮的身体，最终也敌不过重庆的烈日与崎岖的山路，还是发高烧住院了，在医院吊了两天水后，第一时间归队了，这是他大病初愈后上岗的第一户人家，当然，还是难逃烈日与山路。可能是因为葡萄糖全部转化为力量了，我的小伙伴的战斗力爆棚。

　　是的，第一张照片上的小帅哥就是今天的主人翁，第二幅照片上被圈出来的房屋就是我们要去的地方。大自然的鬼斧神工酿就了美丽的大山，当然也给我们的走访造成了很大的困难。

也许是这些天跋山涉水给我们带来了强大的力量，我们花了近半个小时的时间走到了农户家进行了访谈，又走了近半个小时回到了能通车的路上。大汗淋漓，我们却感觉很开心，因为我们又前进了一步。

知行兼修玉成器

重庆调研二组师生篮球友谊赛

文/程成

在海拔 1000 多米的太平坝乡居委会旁，重庆二组在提前完成当天调研任务后组织起了一场师生篮球友谊赛（其实每个人都很疲惫，但依旧有着对于篮球的热情）。

1. 蓝队

张韧：主力得分手，图片左侧底角正在投篮就是他，天天催交 json 的就是他，霸屏有木有，不过这个球好像投进了。

程成：中间白色短袖正在45 度仰望天空的就是我，我打得这么认真，红队竟然叫一妹子防守我！！！

王新星：三分线外穿黑色短袖的就是他，外号灵魂摄影师，据传闻他偷拍过二组每个人（主要代表作：北哥各种睡觉照），不要惹他，他会爆照的。

潘明东：图片最右侧戴眼镜的小伙，外号潘总，人称大哥，二组最欢乐的人，大哥走到哪儿，哪儿就有欢笑。

2. 红队

刘湖北老师：人称北哥，群里最火的睡觉照全取自他。

叶磊：和他好基友——灵魂摄影师站在三分线附近，穿红色短裤就是他，据传闻他就是那个时常站在北哥后面微笑的男人，大家不信可以去看有北哥的照片，他都站在身后，面露诡异的微笑。

昝骁毓：说实话，她名字我刚开始是一个字都不认识，全场唯一的女队员，别看外表柔弱，打球可猛了。

丰都小哥：名字忘了叫啥，他不在图片里，当时站在篮底下，红队主要得分手，中距离跳投无解。

一张再普通不过的照片

文/姚翠

　　3 个月前丈夫的突然离世让原本贫苦的家庭雪上加霜。她拼命假装，却还是在两个陌生人面前流下泪来。访问结束的时候，她洗脸梳妆，对着镜子一遍遍地整理衣裳，直到被二女儿催促说："好了，够美了，去拍照啦。"美，是你应有的样子，我无法给出更好的赞美，却沉浸在你藏于皱纹里的可爱。

调研中遇见的可爱孩子们

文/黄京萍

两个调皮的哥哥和文静的妹妹

不畏镜头的大眼睛小弟弟

感觉手指很好吃的小妹妹

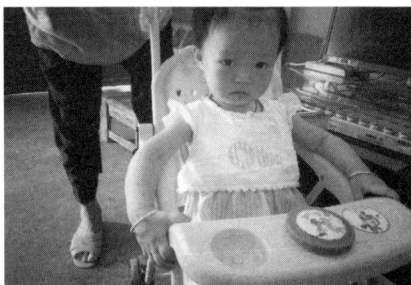
不知道镜头是什么的小妹妹

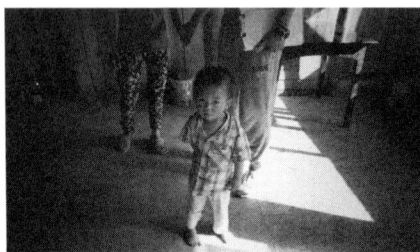
哥哥姐姐要走了，还没看够镜头的小弟弟

知行兼修玉成器

这组图我一直存在我的手机里，这些可爱的小孩子们总是用他们澄澈的目光看着我，让我忍不住用相机记录他们最简单的对未知的好奇。

　　孩子总是天真单纯的，他们不知道贫穷是什么，不知道大人们一直在谈论什么，高兴了就笑，难受了就哭，看见陌生的事物就瞪大眼睛一直看。我想就这样保留他们的天真无邪。

调研中遇见的另一波小可爱

文/黄京萍

　　这组图我也一直存着，这些小动物们真的很可爱。我想，这次调研途中，除了人和风景，这些小动物们就是最美的回忆。

　　你总能在忙碌之余不经意间看见它们在你身边走来走去，才惊觉原来自己那么沉心于工作，连身边有一群小可爱在与你搭讪都不曾注意到。我想，这些小动物们和孩子们一样都那么无邪吧。

一只想变成狮子的狗

在唱歌的黑羊和白羊

两只丑小鸡

调研工作中的我们

文/黄京萍

这组图记录着我和我的搭档，我的小团队。

我们一起工作了20多天，从陌生到熟知，并肩作战，勇往直前。生病的时候有搭档陪着去看病，有老师们无微不至的关心，有同学们体贴的照顾。在重庆的20多天，我们就是一家人，有家的感觉，有家人的温暖。

我们的第四小组在秀山

我的搭档和向导叔叔

我的搭档正在询问向导大哥

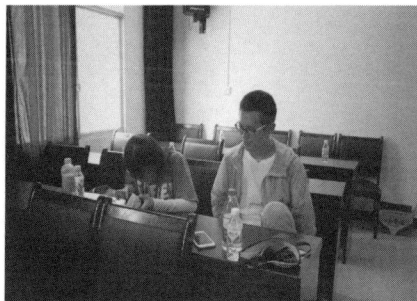

休息时在工作的搭档和我

我的搭档最美

文/王芬

    7月20日，在丰都县保合镇马家场村，简单的午饭过后，等待大雨停歇，我们便立即投入下午的工作。行路难，行路难，莫愁路难行，只叹无路可行。有几家农户住在山上，行进中有一段是没有路的，只能靠向导摸索，

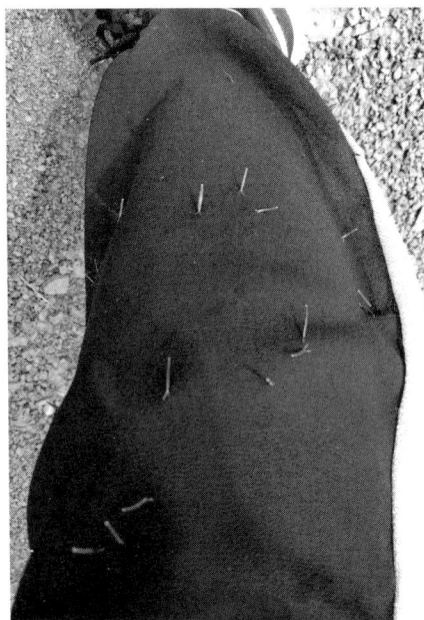

一路全是没过膝盖的草和泥泞的土地，我的胖搭档行动不太矫健，经常摔跤，感动的是，就这样他也一路把我照顾得很周到。走了大概20分钟，我们终于到达农户家。这时腿上全是草刺，尤其是搭档，俨然变成了两条刺猬腿，进行了简单的清理后，搭档擦了擦脸上的汗水，开始工作。

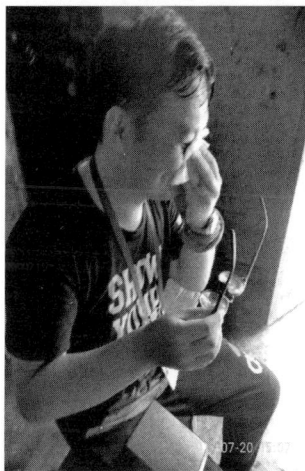

我们为你翻山越岭

文/计晨

那句"你好"之前，可能是一条 40 分钟的湍急着雨水的山路，可能是他第一次赤脚趟过的河流，可能是一路颠簸……可这句"你好"之后的相遇，像久别的相见，我问你好不好，你说："那么远的路，孩子别累坏了。"感谢温暖的相遇，我们曾与你在北纬 108°的重庆聊过一次天。

知行兼修玉成器

我们的"双超"模式

文/杨斌

记得那天的情况是这样的：吃过午饭后，我们就换了一个新向导，中午是特别地热，还没上车，就觉得向导身体不对劲，有点晕的样子，上车之后我们就问向导身体是不是不舒服，他说他有脑梗塞，可能是因为早上就在给我们带路，加之天气炎热，身体有点不行了，于是我们就让向导先把我们带到村里，然后他就在车上待着，我们自己在村里去找农户。我们就开始了"双超"模式，虽然太阳很大，但是我一下午都很亢奋，然后队友就趁我不注意，给我来了个笑得特别开心的特写。

热情纯善的农户

文/刘梦琦

　　这是在重庆调研的第 10 天，此时的调研队伍已经兵分两路，而我则随同前往了武隆。参加调研以来，一直秉承着"不拿群众一针一线"的原则，但在这位 80 岁高龄的老奶奶面前，我和小伙伴却头一次未能"遵守原则"。

在 7 月 21 日下午的走访中，我们遇到了这位调研以来最热情的老人，80 岁但仍旧健朗的老奶奶，在听明我们的来意之后，很积极地配合了我们的调研。访谈结束之后，我们硬是被奶奶拉着不让走，怕老人家不高兴，我和小伙伴在确认不耽误工作进度的前提下，在她家逗留了十来分钟，奶奶给我们煮了糖水荷包蛋（向导告诉我这是当地用来招待女婿的），我当时感念奶奶的热情纯善，遂留了影，离开时，奶奶和家人将我们送出很远……

愿你们拥有如画般多彩的童年

文/刘梦琦

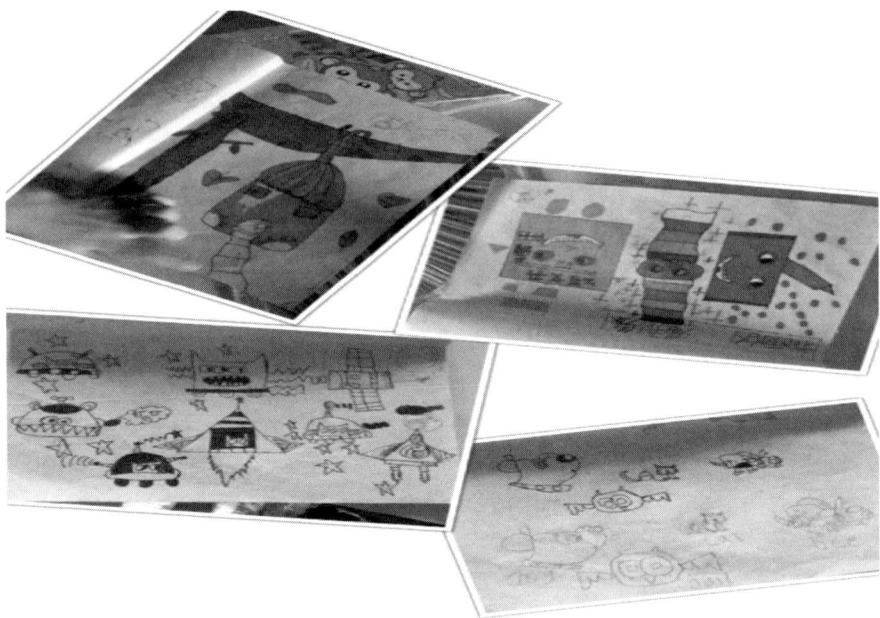

　　隽美秀山，这里是沈从文先生名著《边城》的原型地，独特的边城文化吸引着四方的游客前来观瞻，但在这秀美山川的背后，普通山民的生活并非如山川一样美好。在秀山的调研中，走访的一家农户令我印象颇为深刻。两间水泥房，简单的室内陈设，便是我在这家农户家中见到的全部，奶奶带着五个孙女，一个小孙子。许是不怎么接触外人，小男孩在跟我说话的过程中稍显拘谨，但终归是孩子，慢慢地他开始向我展示他的画，握着铅笔写他学过的数字，指着自己的膝盖告诉我划破了，扯扯自己的小衣服让我看上面的小破洞……

中国崛起之万州崛起

文/李坤

    这些是在宾馆透过房间的玻璃以及在长江边上拍摄到万州城区景观照，这些照片展现了近年来万州城区翻天覆地的变化，是万州崛起最好的证明，也是中国崛起的写照。

知行兼修玉成器